中等职业教育课程改革"十四五"规划教材
中职会计专业课程改革系列教材

企业与会计认知

主　编　○陆世皓
副主编　○黄爱华

立信会计出版社

图书在版编目(CIP)数据

企业与会计认知 / 陆世皓主编. —上海：立信会计出版社，2021.7
ISBN 978-7-5429-6730-5

Ⅰ.①企… Ⅱ.①陆… Ⅲ.①企业会计—中等专业学校—教材 Ⅳ.①F275.2

中国版本图书馆 CIP 数据核字(2021)第 139233 号

策划编辑　　王斯龙
责任编辑　　王斯龙
封面设计　　南房间

企业与会计认知
QIYE YU KUAIJI RENZHI

出版发行	立信会计出版社		
地　　址	上海市中山西路 2230 号	邮政编码	200235
电　　话	(021)64411389	传　　真	(021)64411325
网　　址	www.lixinph.com	电子邮箱	lixinaph2019@126.com
网上书店	http://lixin.jd.com		http://lxkjcbs.tmall.com
经　　销	各地新华书店		
印　　刷	浙江临安曙光印务有限公司		
开　　本	787 毫米×1092 毫米　1/16		
印　　张	19		
字　　数	439 千字		
版　　次	2021 年 7 月第 1 版		
印　　次	2021 年 7 月第 1 次		
印　　数	1—2 100		
书　　号	ISBN 978-7-5429-6730-5/F		
定　　价	48.00 元		

如有印订差错，请与本社联系调换

序 言

本书根据《国家职业教育改革实施方案》《关于在院校实施"学历证书＋若干职业技能等级证书"制度试点方案》等文件精神，按照财政部发布的现行会计准则体系、企业内部控制应用指引和国家税务总局最新发布的税收法规政策等规定，根据"财经法规与会计职业道德""企业与会计认知"课程教学标准，结合近几年会计教学改革实践的成果编写而成。

"企业与会计认知"是新设的一门课程。经过对市场的广泛调研，我们发现企业设立、税务登记、开户办理等外勤会计相关工作是学生对企业和会计认知的必备技能，在我校会计专业申报的4个"1＋X"证书中，有3个证书均有上述工作领域的技能点。本书是编者依据工学结合人才培养模式的基本要求编写而成，通过行业调研、专家访谈等环节，提炼出典型工作任务和代表性工作任务，在做中学、做中教，体现会计工作过程特征，符合行动导向教学要求，力求情境创设真实、任务要求明确、指导过程详细、学习评价合理，实现理论与实践、学习与工作、能力培养与工作岗位的对接。

本书共包含5个参考性学习项目，即项目一财商认知；项目二企业认知；项目三会计认知；项目四法规道德认知；项目五业务单据认知。每个学习项目包含若干个学习任务及活动。本书编排新颖，一是通过大量实际工作中的表单，学习和填写常见单据，力求通俗易懂、由浅入深；二是通过对已做单据或业务的表述归纳，使学生认清逻辑关系，做到举一反三。

本书全部内容建议安排120学时，项目一6学时，项目二60学时，项目三12学时，项目四6学时，项目五36学时。

本书由江西省商务学校党委书记陆世皓担任主编，由商务管理系副主任黄爱华担任副主编。具体分工如下：陆世皓负责制定编写总体规划、协调和审稿；项目一和项目二由陆世皓编写；项目三由周丽、刘涛和张慧编写；项目四由张芸、赖海涛和黄玉兰编写；项目五由黄爱华、彭艳霞和蔡文新编写。南昌旭阳财务咨询有限公司、厦门网中网软件有限公司和江西航天信息有限公司南昌分公司对本书的编写给出了许多宝贵意见。

本书是会计及会计电算化相关专业通用教材，可作为会计人员继续教育的教材，同时也是广大财经管理工作者自学会计实务的工具。

本书编写过程中，编者进行了多次讨论、研究，力求合理，避免错误，但限于编者的水平和实践经验，书中难免存在疏漏和不妥之处，敬请读者批评指正，我们将在修订版中予以更正。

编　者

2021年7月

目　　录

项目一　财商认知 ··· 001
　　任务一　认知财商 ··· 002
　　任务二　智慧财商 ··· 010
　　任务三　理财规划 ··· 025

项目二　企业认知 ··· 043
　　任务一　认识企业 ··· 044
　　任务二　企业设立 ··· 057
　　任务三　企业经营 ··· 104
　　任务四　企业注销 ··· 133

项目三　会计认知 ··· 149
　　任务一　认识会计 ··· 150
　　任务二　会计工作 ··· 157
　　任务三　会计岗位 ··· 163
　　任务四　会计机构 ··· 166
　　任务五　会计资格 ··· 171
　　任务六　会计档案 ··· 174

项目四　法规道德认知 ·· 182
　　任务一　认识会计相关法规 ··· 183
　　任务二　认识会计职业道德 ··· 215

项目五　业务单据认知 ·· 224
　　任务一　认识业务单据类型 ··· 225
　　任务二　业务单据填制 ·· 248
　　任务三　原始凭证的审核 ·· 278

项目一 财商认知

【知识目标】

1. 认识智商。
2. 认识情商。
3. 认识财商。
4. 认识智商、情商和财商的关系。
5. 能解释世界观、人生观和价值观。
6. 能复述社会主义核心价值观。
7. 能解释正确的财富观。
8. 能概括富有财商的条件。
9. 认识财商意义。
10. 认知理财能力。
11. 认识理财产品。

【技能目标】

1. 能正确记账。
2. 能编制简单的财务收支表和资产负债表。

【知识导图】

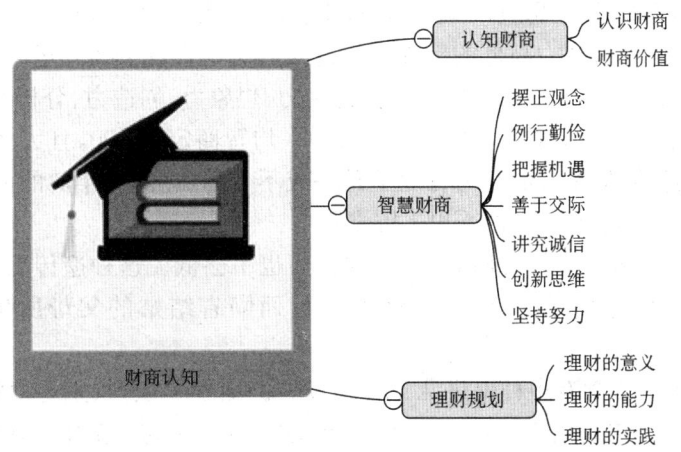

任务一　认知财商

活动一　认识财商

【活动场景】

　　2019年9月，小张和小王分别以506分和320分的成绩考入某学校，两人均来自江西省赣州市，是老乡，也是好伙伴、好朋友。小张的生活费标准为每月500元，小王的生活费标准为每月800元。

　　小张专业是会计，学习很刻苦，一直是学霸。他看到学校食堂招收勤工俭学的学生，就毫不犹豫地申请并加入。

　　小王乐于助人，总是会帮助家庭特别困难的同学，还喜欢为同学排忧解难，有一定的号召力。班级选举班干部时，小王得票最高，顺利当选为班长。

　　一个学期下来，小张的生活费为每月300元，小王的生活费为每月880元，且与入校前相比，两人各方面进步都很大，她们都觉得很欣慰。

【活动准备】

　　很多人对智商、情商的观念并不陌生，但是对财商好像不太熟悉。其实我们早已身在其中，只是没有意识到而已。财商和情商、智商都是我们头脑中的观念和理念，并具有正确与否和高低不同的差别。

　　智商高的人，学习能力强；情商高的人，情绪控制得好。但是，世界上最聪明、性格最好的人，就一定会是最有钱的人吗？答案当然是否定的。

一、智商内涵

　　智商，即智力商数（Intelligence Quotient，IQ），是个人智力测验成绩和同年龄被试成绩相比的指数，是衡量个人智力高低的标准。它是人们认识客观事物并运用知识解决实际问题的能力。智力表现在多个方面，如观察力、记忆力、想象力、创造力、分析判断能力、思维能力、应变能力、推理能力、语言能力等。一般人的平均智商定为100，且大多在85到115之间。智商主要靠遗传，但是人的智力肯定不是一成不变的，它随着年龄的成熟而发展，因教育和训练而改变。一般而言，智商受以下因素影响：

　　（1）遗传。一般来说父母智商高，孩子的智商也不会低。这种遗传因素还表现在血缘关系上，父母同是本地人，孩子平均智商为102；而隔省结婚的父母所生的孩子智商可达109。

　　（2）母乳。母乳中含有多种促进儿童智力发育的活性物质，特别是对智力发育有重要影响的牛磺酸比牛奶要高出10倍之多。据调查，吃母乳长大的儿童比吃代乳品长大的儿童智商要高出3~10左右。

（3）饮食。饮食单调导致某些微量元素不足，或者饮食量过少，蛋白质等营养严重缺乏的情况下会导致智商发育受阻。摄入过多重金属元素如铅、铜等，也会影响智商。

（4）体重。体重超过正常儿童20%的孩子，其视觉、听力、接受知识的能力都会处于较低的水平。这是因为肥胖儿童过多的脂肪进入脑内，会妨碍神经细胞的发育和神经纤维增生。

（5）环境。生活在枯燥环境里的儿童，如弃婴，得不到母爱及良好的教育，智商会较低。据调查，处于枯燥环境中的孩子3岁时平均智商仅为60.5；反之，处于良好环境中的3岁儿童其平均智商为91.8。

（6）药物。某些药物会影响儿童的智力，如长期服用抗癫痫药物可使智商偏低，当停药若干年后，智商便会有所提高。

二、情商内涵

（一）内涵

情商（Emotional Quotient，EQ）通常是指情绪商数，又称情绪智力。它是心理学家们提出的与智商相对应的概念，主要是指人在情绪、意志、耐受挫折等方面的品质，包括导商（LQ）等。以往认为，一个人能否在一生中取得成就，智力水平是第一重要的，即智商越高，取得成就的可能性就越大。但现在的心理学家普遍认为，情商水平的高低对一个人能否取得成功也有着重大的影响作用，有时其作用甚至超过智商。总的来讲，人与人之间的情商并无明显的先天差别，更多与后天的培养息息相关。提高情商是把不能控制情绪的部分变为可以控制情绪，从而增强理解他人及与他人相处的能力。戈尔曼和其他研究者认为，这种智力是由五种特征构成的，即自我意识、控制情绪、自我激励、认知他人情绪和处理相互关系。情商越来越多地被应用在企业管理学上。对于组织管理者而言，情商是领导力的重要构成部分。

（二）重要性

情商由两位美国心理学家约翰·梅耶和彼得·萨洛维于1990年首先提出，但当时并没有引起全球范围内的关注。直至1995年，时任《纽约时报》的科学记者丹尼尔·戈尔曼出版了《情商：为什么情商比智商更重要》一书，引起了全球性的EQ研究与讨论。因此，丹尼尔·戈尔曼被誉为"情商之父"。

在全球的教育领域，由于SEL计划（Social and Emotional Learning）的深入人心，一般将"社会情绪能力学习（SEL）"等同于"情商训练/情商学习"，专业人士反而较少提及EQ。EQ成为一个与IQ对应的商业化名词。如今，人们面对的是快节奏的生活、高负荷的工作和复杂的人际关系，EQ会影响IQ的发挥，没有较高的EQ是难以获得成功的。人际关系是人生的重要资源，良好的人际关系往往能带来更多的成功机会。EQ高的人，人们都喜欢同他交往，他总是能得到众人的拥护和支持。

应试教育压力下，家长总是不惜花费大量时间、精力、金钱对孩子进行教育投资，但经常达不到预期效果，导致孩子厌学、学习独立性差、任性自私等，甚至因学业压力、与父母沟通问题而选择离家出走、自杀。因此，心理专家说，孩子学会做人比学会做学问更重要。

(三) 培养提高

情商形成于婴幼儿时期，成型于儿童和青少年阶段，并主要在后天的人际互动中培养起来。青春期是一个人的黄金时代，因为这是一个人走向成人的一个过渡时期。在这个时期，其学习和发展任务是非常重要的。但是，中学生由于面临着生理上、心理上的急剧变化，还有学业上的巨大压力，都可能产生心理失衡和复杂的心理矛盾，甚至带来种种不良的后果。据一份22个城市的调查报告显示，我国中学生中有各种心理问题的人高达15%~20%，其中又以亲子矛盾、伙伴关系紧张、厌学和学习困难、考试焦虑等表现形式居多。这些问题的发生大多与学生的自我控制能力有关，并多是源于其心中时常涌出的各种非理性情绪。为此，我们可通过心理教育、心理训练，着重开发学生的非智力因素，提高其自我心理觉察能力和认知水平，使其学会自我情绪控制，改善不适当的情绪行为，学会"做自己情绪的主人"，树立良好的价值观及具有理性信念的人生观，增强心理适应能力，提高情商水平。要培养和提高情商应做到以下几点：

第一，不抱怨不批评。高情商的人一般不批评别人，不指责别人，不抱怨，不埋怨。

第二，热情和激情。高情商的人对生活和工作有激情、有热情，知道调动自己的积极情绪，让好的情绪伴随每天的生活和工作，不让那些不良的情绪影响到自己。

第三，包容和宽容。心有多大，眼界有多大，舞台就有多大。高情商的人心胸宽广，不斤斤计较，有一颗包容和宽容的心。

第四，沟通与交流。高情商的人善于沟通与交流，以坦诚的心态待人，真诚又有礼貌，并且会在实践中不断地总结摸索沟通与交流的技巧。

第五，赞美与表扬。高情商的人善于赞美别人，这种赞美是真诚的、发自内心的。看到别人优点的人，才会进步得更快；总是挑别人缺点的人则会故步自封，甚至退步。

第六，保持好心情。高情商的人每天都会保持好的心情，早上起来送给自己一个微笑，并且鼓励自己是最棒的、是最好的。

第七，聆听。聆听是尊重他人的表现，是更好沟通的前提。高情商的人善于聆听别人的讲话，多听多看，而不是自己滔滔不绝。

第八，有责任心。高情商的人敢作敢当，遇到问题会分析问题、解决问题，勇于正视自己的缺点，敢于担当，不推卸责任。

第九，每天进步一点点。行动力是成功的保证，高情商的人不是光说不做，而是说到做到。每天都在进步的人，也更容易得到别人的帮助。

第十，记住别人的名字。高情商的人善于用心记住别人的名字。记住了别人的名字，别人也会更加愿意亲近你，和你做朋友，你也就会有越来越多的朋友，形成更大的朋友圈子。

三、财商内涵

财商（Financial Quotient，FQ）一词最早由美国作家兼企业家罗伯特在《富爸爸穷爸爸》一书中提出。Financial一词，中文译作"金融"；财商的本意即指"金融智商"。财商就是指一个人与金钱（财富）打交道的能力，指个人、集体认识、创造和管理财富的能力，具体而言，包括两方面的能力：一是创造财富及认识财富倍增规律的能力（即价值观）；二是驾驭财富及应用财富的能力。

财商与智商、情商是现代社会能力中三大不可或缺的素质。可以这样理解,智商反映人作为自然人的生存能力;情商反映社会人的社会生存能力;而财商则是人作为经济人在经济社会中的生存能力。

因此,财商和智商、情商一起被教育学家列入青少年的"三商"教育。

(一) 财商教育

财商教育最重要的一点,是培养孩子延后享受的理念。所谓延后享受,就是指延期满足自己的欲望,以追求自己未来更大的回报,这几乎是犹太人教育的核心,也是犹太人成功的最大秘密。犹太人是这样教育小孩的:"如果你喜欢玩,就需要去赚取你的自由时间,这需要良好的教育和学业成绩。然后你可以找到很好的工作,赚到很多钱,等赚到钱以后,你可以玩更长的时间,玩更昂贵的玩具。如果你搞错了顺序,整个系统就不会正常工作,你就只能玩很短的时间,就得一辈子更努力地工作,没有玩具,没有快乐。"这是延后享受的最基本的例子。

1. 德国:童话打开金钱之门

一向以严谨著称的德国,面对孩子却有生动的一面。向孩子讲述理财童话故事《小狗钱钱》风靡一时。让我们看看这本书讲些什么:"如果你只是带着试试看的心态,那么你最后只会以失败告终,你会一事无成。尝试是一种借口,你还没有做,就已经给自己想好了退路。不能试验,你只有两种选择,做或者不做。""你能否挣到钱,最关键的因素并不在于你是不是有个好点子,而是你是否自信。"这些生动有趣的话语可以让孩子在树立金钱观念的同时,学到很多的人生道理。

2. 美国:卖玩具换收入

作为移民国家的美国,历史很短,所以美国人较少有传统、保守的思想,在生活习惯上也不墨守成规。同样,在子女理财教育方面,习惯花未来钱的美国人也与其他国家颇有不同。美国父母希望孩子早早就懂得自立、勤奋与金钱的关系,把理财教育称为"从3岁开始实现的幸福人生计划"。美国人对于儿童理财教育的要求是:3岁能辨认硬币和纸币,6岁具有"自己的钱"的意识。他们有一句口头禅:"要花钱打工去!"美国小孩会将自己用不着的玩具摆在家门口出售,以获得一点收入。这能使孩子认识到即使出生在富有的家庭里,也应该有工作的欲望和社会责任感。

3. 英国:能省的钱不省很愚蠢

提起英国人,给人们的印象是过于保守。这种作风体现在理财教育方面则表现为,英国人更提倡理性消费,鼓励精打细算。所以,英国人善于在各种规定里寻找最合适的生活方式。英国人从幼儿起就开始接受理财教育,并在不同阶段有不同要求:5~7岁的儿童要懂得钱的不同来源,并懂得钱可以用于多种目的;7~11岁的儿童要学习管理自己的钱,认识到储蓄对于满足未来需求的作用。

4. 日本:管理自己的零用钱

日本人讲究家庭教育,他们主张孩子要自力更生,不能随便向别人借钱,要学会管理自己的零用钱。日本人教育孩子有一句名言:"除了阳光和空气是大自然赐予的,其他一切都要通过劳动获得。"许多日本家长都鼓励孩子在长大一点后就利用课余时间在外打工挣钱。在日本,很多家庭在给孩子买玩具时,都会告诉孩子,玩具只能买一个,如果想要另一个的话就要等到下个月。

(二)财商技能

财商主要由以下四项主要技能组成:

(1) 财务知识,即阅读理解数字的能力。

(2) 投资战略,即钱生钱的能力。

(3) 市场、供给与需求,即提供市场需要的东西的能力。

(4) 法律规章,即掌握有关会计、法律及税收之类知识的能力。

四、智商、情商、财商的关系

(一)智商与情商的区别

首先,智商和情商反映着两种性质不同的心理品质。智商主要反映人的认知能力、思维能力、语言能力、观察能力、计算能力、律动能力等。也就是说,它主要表现人的理性的能力。情商主要反映一个人感受、理解、运用、表达、控制和调节自己情感的能力,以及处理自己与他人之间的情感关系的能力。它是非理性的。

其次,智商和情商的形成基础有所不同。情商和智商虽然都与遗传因素、环境因素有关,但是它们与遗传因素、环境因素的关系是有所区别的。智商与遗传因素的关系远大于社会环境因素。英国《简明不列颠百科全书·智力商数》指出:"根据调查结果,约70%~80%的智力差异源于遗传基因,20%~30%的智力差异是受到不同的环境影响所致"。情商的形成和发展,先天的因素也是存在的。例如,人类的基本表情通见于全人类,具有跨文化的一致性。美国心理学家艾克曼的研究表明,从未与外界接触过的新几内亚人能够正确地判断其他民族照片上的表情。

最后,智商和情商的作用不同。智商的作用主要在于更好地认识事物。智商高的人,思维品质优良,学习能力强,认知程度深,容易在某个专业领域作出杰出成就,成为某个领域的专家。调查表明,许多高智商的人成为专家、学者、教授、法官、律师、记者等,在自己的领域有较高造诣。情商主要与非理性因素有关,它影响着认识和实践活动的能力。它通过影响人的兴趣、意志、毅力,加强或弱化认识事物的驱动力。智商不高而情商较高的人,学习效率虽然不如高智商者,但是,有时能比高智商者学得更好,成就更大。因为锲而不舍的精神使之勤能补拙。另外,情商是自我和他人情感把握和调节的一种能力,因此,对人际关系的处理有较大影响。其作用与社会生活、人际关系、健康状况、婚姻状况有密切关联。情商低的人人际关系紧张,婚姻容易破裂,领导水平不高;而情商较高的人,通常有较健康的情绪,较完满的婚姻、家庭和良好的人际关系,具有较高的领导管理能力,容易成为某个部门的领导人。

(二)智商与情商的辩证关系

(1) 智商是情商的基础。任何情商都必须建立在一定的智商的基础之上,没有基本的智商,就不可能存在任何情商。

(2) 智商是一种特殊的、相对独立的情商,它是一种对自身行为活动所产生的利益关系的认知能力;情商是一种特殊的、相对独立的智商。它是一种对自身利益、集体利益和社会利益的认知能力。

(3) 情商的发展为智商的发展确立基本的方向。情商较高的人能够充分有效地利用自己现有的智力资源,并使自己的智力朝着能够产生最大效益的方向发展,而不是盲目地、凭一时兴致来发展自己的智力。

（4）智商与情商既相互区别、相互独立，又相互促进、共同发展。一般来说，智商的提高将有利于情商的提高，情商的提高也将有利于智商的提高。不过，两者毕竟是相对独立的，智商较高的人，其情商未必较高；情商较高的人，其智商未必较高。

（三）财商与前两者的关系

成功离不开智商、情商和财商这三者能力的结合，而财商是一个最需要却又最容易被众人忽视的能力。一个人是贫穷还是富有，很大程度上取决于其财商。财商是可以通过后天学习来提升的，学习财商有助于我们提升理财观念和理财能力。

提高财商，不一定能让你立刻有钱，但能让你知道如何变得富有。只要能学会打理好手中的每一分钱，就会钱生钱，带给我们更多的财富；若不会打理它们，它们可能就会被别的钱俘虏，成为别人的钱。而你如何守住它们，打理它们，就取决于你的财商。

【活动实施】

根据活动场景中小张和小王的案例和活动准备中的资料，回答下列问题：

1. 上文中的"三商"分别是指什么？
2. "三商"之间是什么关系？
3. 案例中小张和小王的"三商"情况如何？
4. 你认为在一个人实现人生价值的过程中，"三商"里哪个更有价值？

【活动评价】

表1-1 认识财商活动评价表

考核项目	考核内容		考核权重	评分			合计
				教师评	互评	自评	
专业技能	活动准备	智商认知思维导图	10分			√	
		情商认知思维导图	10分				
		财商认知思维导图	10分			√	
	活动实施	"三商"内容	10分		√		
		"三商"关系	10分				
		"三商"情况	20分		√		
		"三商"作用	20分	√			
职业素养		签到	3分	√			
		合作	4分	√			
		整理	3分	√			

活动二 财商价值

【活动场景】

　　学霸小张学的是会计专业,乐于助人的小王学的是电子商务专业。小张在把学业和勤工俭学安排得井井有条的同时,还想学点其他技能,因此拜电商名师杨老师为师,钻研了电商的很多核心课程,并想自己开个网店。同学们都说小张财商很高,将来一定会有建树。小王还是做着他的班长,管理整个班级,是老师的得力助手。到了二年级,小张已经不需要父母亲提供生活费,而小王依旧需要父母提供每月 800 元生活费。

　　显然,小张的财商很高。财商有什么作用和价值呢?

【活动准备】

　　衡量人生价值的根本标准,是以一个人在这个社会进行的各种人生活动是否符合社会发展的客观规律,是否对历史起到了推动作用为依据进行的。而财富又是整个人类社会进行社会活动的物质基础,是构建和维系这个社会运行的必要条件。所以,财富在人类社会活动和人类社会历史中具有重要的作用。很多时候,财富也是体现一个人人生价值的重要标准之一。

　　许多亿万富翁在很小的时候就拥有了很高的财商,比如石油大王约翰·洛克菲勒。洛克菲勒的童年时光是在一个叫摩拉维亚的小镇上度过的。每当黑夜降临,他常常和父亲点起蜡烛,相对而坐,一边煮着咖啡,一边天南地北地聊天,话题总是离不开怎样做生意赚钱。洛克菲勒从小脑子里就装满了父亲传授给他的生意经。7 岁那年,一个偶然的机会,他在树林中玩耍时,发现了一个火鸡窝。于是他眼珠一转,计上心来。他想:火鸡是大家都喜欢吃的肉类食品,如果把小火鸡养大后卖出去,一定能赚不少钱。于是,洛克菲勒此后每天都早早来到树林中,耐心地等待火鸡孵出小火鸡后暂时离开窝巢的间隙,然后飞快地抱走小火鸡,把它们养在自己的房间里,细心照顾。到了感恩节,小火鸡已经长大了,他便把它们卖给附近的农庄。不仅如此,洛克菲勒还想出一个钱生钱的妙计。他把钱放给耕作的佃农们,等他们收获之后就可以连本带利收回。

　　在摩拉维亚安家以后,父亲雇用长工耕作家里的土地,自己则改行做了木材生意。人们喜欢称他父亲为"大比尔",大比尔工作勤奋,常常受到赞扬。另外,大比尔还热心社会公益事业,诸如为教会和学校募捐等,甚至参加了禁酒运动,一度戒掉了他特别喜爱的杯中之物。大比尔在做木材生意的同时,不时注意向洛克菲勒传授这方面的经验。洛克菲勒后来回忆道:"父亲派我翻山越岭去买成捆的薪材以便家里使用,我知道了什么是上好的硬山毛榉和槭木;我父亲告诉我只选坚硬而笔直的木材,不要任何大树或'朽'木,这对我是个很好的训练。"年幼的洛克菲勒如同一轮刚刚跃出地平线的旭日,在经商方面初露锋芒。在和父亲的一次谈话中,大比尔问他:"你的存钱罐大概存了不少钱吧?""我贷了 50 美元给附近的农民。"儿子满脸得意。"是吗? 50 美元?"父亲很是惊讶。因为那个时代,50 美元是一个不算小的数目。"利息是 7.5%,到了明年就能拿到 3.75 美元的利息。另外,我在你的马铃薯地里干活,工资每小时 0.37 美元,明天我把记账本拿给你看。这样出卖劳动力很不划算。"洛克菲勒滔滔不绝,很在行地说着,毫不理会父亲惊讶的表情。父亲看着 12 岁的儿子,喜爱之情溢于言表,儿子的精明不在自己之下,将来一定会大有出息的,也可以为家族带来利益。

根据以上故事,我们可以得出:

第一,财商可以为自己带来财富。财富,是指具有价值的东西,包括自然财富、精神财富等。其含义可以简单分为两点:一是狭义的,指的是有形的资金和资产,例如,现金、房子、车子、珠宝、土地、股票、债券、外汇等,即物质财富;二是广义的,指的是无法用货币尺度评估的资产。例如,专业技术、知识、见识、人脉、亲情、友情、爱情等,即精神财富。无论哪种财富都是我们幸福生活所必需的。学习财商,锻炼自己的财商思维,掌握财商的致富方法,就是为了使自己在创造财富的过程中,少走弯路,少碰钉子,尽快致富。

第二,财商可以帮助自己实现理想。理想,是对未来事物的美好想象和希望,也比喻对某事物臻于最完善境界的观念。理想是指符合理性思考的目标之想象,也是对自己理性对待目标的想法,是人们在实践过程中形成的、有实现可能性的、对未来社会和自身发展的向往和追求,是人们的世界观、人生观和价值观在奋斗目标上的集中体现。对未来不懈追求,是理想形成的动力和源泉。理想,分短期理想和长期理想。短期理想一般指在近期要完成的目标;长期理想一般也称远大理想,奋斗时间较长,甚至不止一代。现在,在市场经济大潮的冲击下,许多人纷纷下海淘金,都想圆致富梦,却又囿于旧思想、旧传统,找不到致富之门。财商理念犹如开启财富之门的金钥匙,用财商为自己创富,就可以实现自己的理想。

第三,财商可以帮助自己实现财务自由。财务自由是指人无需为生活开销而努力工作的状态。简单地说,一个人的资产产生的被动收入至少要等于或超过他的日常开支,如果进入这种状态,就可以称为财务自由。它包括两方面的含义:

(1) 通过理财获得的现金流收入持续稳定,且远大于个人/家庭年总支出。

(2) 个人/家庭财务独立、安全,并且具备持续实现理财年现金流远大于个人/家庭年总支出的能力。

总之,财商可以带来财富,可以帮你实现自己的理想,也就是说,你可以成为财富的主人,可以按照意志支配财富,这时,就有幸福感和安全感。这就是财商的魅力。

我们经常听到这样的言论,"等我赚到 200 万元或 400 万元就解甲归田,到世界各地旅游。"听起来,这个人目标清晰,财商较高。然而,真的是这样吗?

拳王迈克·泰森从 20 岁成为世界冠军以来,赚到的金钱至今没有人知道到底有多少。有人粗略估算,至少是 3 亿美元。按理说,这些钱足够让泰森一生衣食无忧,做任何自己想做的事。但是,由于泰森没有一定的财商能力,不懂得如何支配自己用血汗换来的财富,一边挥霍无度,一边毫不理财。于是,20 年职业生涯赚下的巨额财富,转眼间就灰飞烟灭。最后,他不得不申请破产。

【活动实施】

请问:

1. 假设某个大学生刚刚毕业,每个月收入 5 000 元,请问,他有哪些财富?
2. 财商价值就在于攒钱吗?拳王迈克·泰森缺失了哪些财商价值?

3. 活动场景中,小张的财商体现在哪些价值上?

【活动评价】

表 1-2　财商价值活动评价表

考核项目	考核内容		考核权重	评分			合计
				教师评	互评	自评	
专业技能	活动准备	财商价值思维导图	40分			√	
	活动实施	1	10分	√			
		2	10分		√		
		3	10分			√	
职业素养	签到		10分		√		
	合作		10分		√		
	整理		10分	√			

任务二　智慧财商

活动一　摆正观念

【活动场景】

小张和小王相约在食堂吃饭。小王说,我每月花销比你多,将来要挣更多的钱报答我的父母。因此,我的职业规划是自己创业,要创造更多的财富。我认为,财富越多,越能尽孝,生活越幸福。小张则认为,财富不等于幸福,还有健康、诗和远方,财富是幸福的基础,并不是全部。

【活动准备】

一、人生观、价值观和世界观

人生观是一个人对于人生目的和意义的看法和根本观点。价值观是指一个人处理事情判断对错、做选择时取舍的基本准则。世界观是一个人对世界的总体的、根本的看法。人生观、价值观、世界观三者是辩证统一的,人生观决定了一个人的人生追求,价值观决定了一个人的行为准则,世界观决定了一个人的思想高度。

价值观决定着一个人的财富观。每个人来到这个世界上,都是为了实现自己的理想,过上更幸福的生活。财富是幸福生活的基本保障,但它只是让生活变得更美好的工具。我们只有树立了正确的财富观,客观、正确地看待财富、运用财富,才会让生活变得更有意义。

二、社会主义核心价值观

党的十八大提出,倡导富强、民主、文明、和谐,倡导自由、平等、公正、法治,倡导爱国、敬业、诚信、友善,积极培育和践行社会主义核心价值观。富强、民主、文明、和谐是国家层面的价值目标,自由、平等、公正、法治是社会层面的价值取向,爱国、敬业、诚信、友善是公民个人层面的价值准则,这24个字是社会主义核心价值观的基本内容。

"富强、民主、文明、和谐",是我国社会主义现代化国家的建设目标,也是从价值目标层面对社会主义核心价值观基本理念的凝练,在社会主义核心价值观中居于最高层次,对其他层次的价值理念具有统领作用。富强即国富民强,是社会主义现代化国家经济建设的应然状态,是中华民族梦寐以求的美好夙愿,也是国家繁荣昌盛、人民幸福安康的物质基础。民主是人类社会的美好诉求。我们追求的民主是人民民主,其实质和核心是人民当家作主。它是社会主义的生命,也是创造人民美好幸福生活的政治保障。文明是社会进步的重要标志,也是社会主义现代化国家的重要特征。它是社会主义现代化国家文化建设的应有状态,是对面向现代化、面向世界、面向未来的、民族的、科学的、大众的社会主义文化的概括,是实现中华民族伟大复兴的重要支撑。和谐是中国传统文化的基本理念,集中体现了学有所教、劳有所得、病有所医、老有所养、住有所居的生动局面。它是社会主义现代化国家在社会建设领域的价值诉求,是经济社会和谐稳定、持续健康发展的重要保证。

"自由、平等、公正、法治",是对美好社会的生动表述,也是从社会层面对社会主义核心价值观基本理念的凝练。它反映了中国特色社会主义的基本属性,是我们党矢志不渝、长期实践的核心价值理念。自由是指人的意志自由、存在和发展的自由,是人类社会的美好向往,也是马克思主义追求的社会价值目标。平等指的是公民在法律面前一律平等,其价值取向是不断实现实质平等。它要求尊重和保障人权,人人依法享有平等参与、平等发展的权利。公正即社会公平和正义,它以人的解放、人的自由、平等权利的获得为前提,是国家、社会应然的根本价值理念。法治是治国理政的基本方式,依法治国是社会主义民主政治的基本要求。它通过法治建设来维护和保障公民的根本利益,是实现自由平等、公平正义的制度保证。

"爱国、敬业、诚信、友善",是公民基本道德规范,是从个人行为层面对社会主义核心价值观基本理念的凝练。它覆盖社会道德生活的各个领域,是公民必须恪守的基本道德准则,也是评价公民道德行为选择的基本价值标准。爱国是基于个人对自己祖国依赖关系的深厚情感,也是调节个人与祖国关系的行为准则。它同社会主义紧密结合在一起,要求人们以振兴中华为己任,促进民族团结,维护祖国统一、自觉报效祖国。敬业是对公民职业行为准则的价值评价,要求公民忠于职守,克己奉公,服务人民,服务社会,充分体现了社会主义职业精神。诚信即诚实守信,是人类社会千百年传承下来的道德传统,也是社会主义道德建设的重点内容,它强调诚实劳动、信守承诺、诚恳待人。友善强调公民之间应互相尊重、互相关心、互相帮助,和睦友好,努力形成社会主义的新型人际关系。

三、正确的财富观

那么,正确的财富观是什么呢？伟大的思想家、教育家孔子说:"君子喻于义,小人喻于利"。财富是人类生活的物质基础。改革开放以来,我们国家经济社会不断前进发展,"财富"成为人们探讨的话题和追求的目标,财富观念的碰撞也逐渐引起社会的关注。但"仇富"与"歧穷"都不是人们应有的财富心理,新一代青少年应以社会主义核心价值观为导向,树立正确的财富观。正确的财富观包括三层内涵:一是追求财富是人的本性；二是君子爱财,取之有道,获取财富应有正当合法的途径,应通过创造和劳动获得财富；三是重义轻利,宁愿缺财也要仁义。

从前,有一个很懒惰的流浪汉,他整天做着发财美梦。因为他喜欢大海,他总是在想,如果有一天自己成了百万富翁,定要乘坐全世界最豪华的游艇周游世界。有一天,上帝来到他的面前,对他说:"年轻人,我可以回答你两个问题,并满足你一个愿望,不过你要仔细想好了再说。"流浪汉听了十分高兴,他想,发财的机会终于来了。他仔细地想了一会儿,然后问上帝:"一万年对您来说,是多长时间？"上帝回答说:"像一分钟。""那么,一千万美元对您来说是多少钱？"流浪汉又问道。"就像一美元。"上帝笑着说道,"你的问题已经问完了,你有需要我帮你满足的愿望吗？""我的愿望非常简单,给我一千万美元吧,它对您来说只是一美元啊！"流浪汉兴奋地说道,好像自己已经坐上了豪华游艇,开始了自己梦寐已久的环球旅行。上帝看着他,笑着说:"这太简单了,你只需等我一分钟。"流浪汉的眼神慢慢地暗淡下去,是啊,上帝的一分钟,对流浪汉来说,可是一万年哪！

【活动实施】

根据本活动材料,要求:

1. 你认同小张的财富观还是小王的财富观？
2. 正确的财富观是什么样的？
3. 根据流浪汉的故事我们可以得出什么？

【活动评价】

表 1-3 摆正观念活动评价表

考核项目	考核内容		考核权重	评分			合计
				教师评	互评	自评	
专业技能	活动准备	摆正观念思维导图	40分			√	
	活动实施	1	10分		√		
		2	10分		√		
		3	10分	√			
职业素养		签到	10分	√			
		合作	10分		√		
		整理	10分	√			

活动二　例行勤俭

【活动场景】

又到了小张和小王相约吃晚餐的时间。小王对小张勤工俭学为爸爸妈妈减轻经济负担表示认同,小张对小王的领导力等综合素养也表示了赞赏。

小张说,幼儿园的时候有一次妈妈给她100元,带她到玩具店买玩具,问她是花100元买1个贵的变形金刚,还是花100元买2个不同的玩具。她选择买2个,因为便宜省钱。后来,妈妈说,省钱是节流,如果通过整理玩具、做家务等途径来攒取买玩具的钱则是开源。因此,从小时候开始,开源节流就是她一直会思考的问题。

【活动准备】

一、勤俭的内涵

古人云:"俭,德之共也;侈,恶之大也。""历览前贤国与家,成由勤俭破由奢"。勤俭节约是中国人的一种传统美德,是中华民族的优良传统。小到一个人、一个家庭,大到一个国家、整个人类,要想生存,要想发展,就离不开"勤俭节约"这四个字。可以说修身、齐家、治国都离不开勤俭节约,诸葛亮把"静以修身,俭以养德"作为修身之道;朱子将"一粥一饭,当思来之不易;半丝半缕,恒念物力维艰"当作齐家的训言;毛泽东以"厉行节约,勤俭建国"为治国的经验。

10月31日世界勤俭日是由联合国确定的。仅就地球资源消耗来说,人类也必须做到勤俭节约。这也是确定每年10月31日为世界勤俭日的深远意义所在。

勤俭是什么?传统文化推崇它,因为它是一种行为,更是一种品德;现代文明推崇它,因为它是对有限资源的珍视,对过度消费的抵制。社会要进步,国家要发展,这一切都离不开消耗,但这一切,更离不开勤俭。勤俭,中华民族的优良传统,现代文明的内在诉求;是一种操守、一种品行、一种素养、一种美德。世界勤俭日的确立,可以体现出世界对勤俭的一种呼唤。

二、勤俭与致富

钱自然不是大风刮来的,赚钱不是一件容易的事儿,很多父母都不舍得让孩子去做"求人"的工作,总觉得孩子太小,不宜太早接触社会。但孩子迟早都要进入社会,早点尝试并不是坏事,而且孩子"工作赚钱"也并不是像父母想的那样困难,方法使用恰当,还可以让孩子获得从学校无法学到的知识。

动画片《神偷奶爸》里面有个情节:小女孩们拿着饼干盒,挨家挨户地推销饼干,几乎每一家都很友好地买了一些,唯有大肚子、小细腿儿这个奇葩的奶爸硬是拒绝了。有些家长对孩子上门推销商品这种行为感到讶异,其实小孩子上门推销商品的行为,在美国很常见。美国有一个女童子军组织,加入的孩子要接受童子军派下的差使,该组织创立的目的是培养孩子的生存和经营技能。其实,在美国,女孩子推销饼干这个习惯由来已久。如今一年有270万个女孩参加销售活动,销量达到2亿盒,销售额达7亿美元。一般来说,虽然饼干的售价高于市场价至少30％，但是大人们看见穿童子军制服的孩子，都会特别热情，甚至主动询问并购买。

"黄金本无种，出自勤俭家。"勤劳可以创造财富，而节俭可以聚集财富。要想赚钱，还要学会节约。许多成功商人都是节俭的典范，他们节俭的目的就是要节省开支，降低成本。只有这样，才能拥有更多的财富。所以，请记住这样一句话：要把一块钱当成两块来用，如果在一个地方错用了一块钱，或是白白浪费了一块钱，你并不只是损失一块钱，而是花了两块钱。

在创业之初，卡耐基向一家配件商订购一批汽车配件，在价格与型号都谈好之后，卡耐基要求对方用木箱对配件进行包装，以减少配件在运输装卸中的损耗，并把包装规格详细地告诉了对方。令配件商意想不到的是，卡耐基对包装规格要求十分严格，木板箱要由一条条木板拼装而成，并且对每条木板的尺寸及厚度都有严格的规定。配件商虽然有些不满，但为了和卡耐基保持长期合作，他们只好按图纸的要求一一照做。货物送到以后，卡耐基要求员工把包装箱轻轻地拆开，不许他们弄坏任何一块木板，拆下来的木板需要立即送到新建的办公楼。原来，这批木板是用来装饰新楼地面的，所有包装箱上木板的尺寸厚度，都是按木地板的尺寸厚度而设计的，这些木板为卡耐基节约了近十万美元的支出。也许有人会认为，包装箱不过是废品罢了，充其量可以卖给废品回收站。没想到卡耐基竟然想出了这样绝妙的办法，节省了企业的开支。卡耐基的"节俭"办法，实在是令人拍案叫绝。

【活动实施】

根据本活动材料，要求：
1. 根据小张和小王的对话，谈一谈勤俭与致富的关系。
2. 上述3个案例，哪些是勤劳，哪些是节俭？
3. 开展"我"或"身边事"勤俭致富故事演讲。

【活动评价】

表1-4　例行勤俭活动评价表

考核项目	考核内容		考核权重	评分			合计
				教师评	互评	自评	
专业技能	活动准备	例行勤俭思维导图	40分			√	
	活动实施	1	10分		√		
		2	10分	√			
		3	10分			√	
职业素养	签到		10分	√			
	合作		10分	√			
	整理		10分	√			

活动三 把握机遇

【活动场景】

小张和小王相约在图书馆,小王问小张,除了食堂的勤工俭学,还有没有别的攒钱方法?小张娓娓道来,说自己周末会到香江家具城取些传单到附近的楼盘发放,课余时间还受聘到代账公司做一些辅助财务活动,都可以挣到生活费。总之,机会都是给有准备的人。

小王听了之后,也打算与同学合伙开个淘宝小店,一来学以致用,二来锻炼自己的财商能力。

【活动准备】

一、机遇的内涵

机遇是指有利的条件和境遇。机遇,青睐有准备的人。机遇不相信眼泪,也与懦弱、懒惰无缘。机遇稍纵即逝,只有目光敏锐、勇敢果决者才能抓住它。机遇对任何人都是平等的,能不能抓住它,主动权在每个人手里。

二、机遇与致富

社会永远都不会去适应个人,只有个人去适应社会。社会环境的变化有时只在瞬息之间,你不能要求社会停下发展变化的脚步去适应你,如果你不能跟上时代的脚步,那么在这个适者生存的时代,你就会被淘汰。融入社会,有三点非常重要:其一,要及时把握社会的变化,适时增加自己的能力;其二,要调整好自己的状态,增强自己的心理素质,坦然面对社会中的挑战;其三,要练就越挫越勇的毅力,哪怕经历失败也能重新站起来,总结经验,再创辉煌。

巴鲁克是一名犹太实业家,二十多岁就已经成为人尽皆知的百万富翁。他的成功正是他善于发现并抓住机遇的结果。和其他犹太商人一样,巴鲁克在创业伊始也历尽千辛万苦。巴鲁克拥有一双善于发现事物之间联系的眼睛,在常人看来风马牛不相及的事情,他却能发现它们之间存在的内在联系,并能从这种联系中找到发财的机会。1898年夏天的一个晚上,他得知联邦政府的海军在圣地亚哥将西班牙舰队消灭,这意味着美西战争即将告一段落。那天正好是星期天,第二天就是星期一,一般而言,公共证券交易所在星期天不营业,但私人的交易所则依旧开业。巴鲁克马上意识到,如果他能在黎明前赶到自己的办公室,并大把买进股票,就能大赚一笔。但在当时唯一能跑长途的交通工具只有火车,而火车因晚上客流量太小并不运行。巴鲁克只好在火车站承包了一列专车,火速赶到自己的办公室。就这样,在其他投资者还处于睡梦中时,巴鲁克想尽办法克服困难,抓住了机遇,大赚了一笔。

【活动实施】

根据本活动材料,要求:
1. 谈一谈机遇和致富的关系。
2. 如何让自己变成一个能把握机遇的人。
3. 把握机遇等于取得财富和获得成功吗?为什么?

【活动评价】

表1-5 把握机遇活动评价表

考核项目	考核内容		考核权重	评分			合计
				教师评	互评	自评	
专业技能	活动准备	把握机遇思维导图	40分			√	
	活动实施	1	10分		√		
		2	10分	√			
		3	10分		√		
职业素养	签到		10分	√			
	合作		10分	√			
	整理		10分	√			

活动四 善于交际

【活动场景】

小王告诉小张,自己与班上同学合伙开设了一家淘宝小店,经营小饰品,客户群是学生,小店经营得有模有样,每天的浏览点击量都很高。营销方式是班级推向校级,校级推向校外级,同学传同学、同学传老乡、老乡传同学,关系网就像滚雪球一样越滚越大,因此,小店的经营业绩相当不错。

【活动准备】

一、交际的内涵

交际,即人与人之间的交往,通常指两人及两人以上通过语言、行为等表达方式进行意见、情感、信息的交流过程,是人们运用一定的工具传递信息、交流思想,以达到某种目的的社会活动。

二、交际与致富

当今时代,经济和社会环境的变化使人与人之间的交往显得更加重要。我们只有不断地与各类人员进行交往和信息沟通,才能不断地丰富自己、发展自己。所谓多交朋友好办事,理好人脉理好财。人际关系专家卡耐基说:"成功来自85%的人际关系和15%的专业知识。"在当今社会,学会处理好人际关系非常重要,尤其在商业领域。人脉已经成为一个人通往财富、成功的门票。一个好的商人往往都拥有自己的人际关系网,他能够从中发现商机,能够在他人的帮助下开创事业。

俗话说得好:"一个篱笆三个桩,一个好汉三个帮。"自古以来,凡是成就一番事业的人都少不了别人的帮助。一个人的知识和能力毕竟是有限的,要想做成一番事业,就要善于结交朋友,处理好人际关系,接受更多人的帮助。多个朋友多条路,朋友多了路好走,在生意场上尤其如此。人们常说,做生意,需要有良好的人缘,选对了朋友或者生意上的伙伴,可以使自己终身受益。因此,具有精明的生意头脑和良好的经商心态的人,就会特别注意打造自己超强的人脉,从而能够在生意场上左右逢源。他们特别善于把握和利用各种场合、各种机会,广泛地结交益友良朋,使自己顺利地做成生意。依靠独立奋斗就可以获得成功的时代已经过去了。

艾伦是位音乐爱好者,同时也对天文学充满兴趣。他空闲时不是沉漫在音乐的世界里,就是对着天空发呆。因此,在同学中,他被视为不善交际的人。不过,他也不是没有朋友,比他低两个年级的一位金发男孩就经常到班里来找他,因为艾伦的父亲是图书管理员,金发男孩要通过他借些最新的电脑书籍。在借书还书的过程中,艾伦与金发男孩成了好朋友,于是经常跟他出入于学校的电脑房,与他一起玩游戏编程,从"三连棋"一直玩到"登月",临近毕业时,他也成为仅次于金发男孩的电脑高手。在1971年的春天,艾伦考入了华盛顿州立大学,学习航天;次年,那位金发男孩进入哈佛大学,学习法律。两人虽然不在同一所学校,但经常联系。金发男孩继续向他借书,他们继续探讨编程问题。在1974年的寒假,艾伦在《流行电子》杂志上看到一篇文章,是关于世界第一台微型计算机的内容。他兴奋异常,因为在中学时,那个金发男孩就经常在他面前抱怨:"计算机太笨重了,要是小到家里能放下就好了。"艾伦拿着那本杂志去了哈佛大学,见到那位金发男孩,并对他说:"能放在家里的计算机造出来了。"金发男孩当时正因"是继续学法律还是搞计算机"而苦恼。当金发男孩看到《流行电子》杂志上介绍的那台家用电脑后,便对艾伦说:"你不要走了,我们一起干点正经事。"于是艾伦住了下来,并且一住就是八个星期。在这八个星期里,他和金发男孩没日没夜地工作,用 Basic 语言编写了一套程序,这套程序可以装进那台家用电脑里,并且能像汽车制造厂的大型计算机一样工作。当他们带着这套程序走进一家微型计算机生产厂家时,竟然得到一个意想不到的答复。厂家愿意付给他们300美元的基价,并且以后每出一份程序拷贝,厂家就会付给他们30美元作为版税。艾伦和金发男孩喜出望外,他们再也没有回到学校。三个月后,一家名为"微软"的计算机软件开发公司在波士顿被注册下来,公司的总经理就是那位金发男孩——比尔·盖茨,副总经理就是艾伦。

曾经有人说艾伦是一位"一不留神成了亿万富翁"的人,其实,这是一种误解。《塔木德》中有一句话:"和狼生活在一起,你只能学会嗥叫;和那些优秀的人接触,你就会受到良好的影响。"优秀的人能影响你、带动你,还能让你同样变得优秀。

【活动实施】

根据本活动材料,要求:

1. 谈一谈交际和致富的关系。
2. 比尔·盖茨说:"一个人永远不要靠自己花100%的力量,而要靠100个人花每个人1%的力量。"在现代社会中扩大自己的人脉是非常重要的,从一定程度上来说,人脉有时比自身的能力更加重要。谈一谈如何建立自己的交际圈和人脉。
3. 根据小王的淘宝网店,说说身边通过交际致富的故事。

【活动评价】

表1-6　善于交际活动评价表

考核项目	考核内容		考核权重	评分			合计
				教师评	互评	自评	
专业技能	活动准备	善于交际思维导图	40分			√	
	活动实施	1	10分		√		
		2	10分	√			
		3	10分		√		
职业素养	签到		10分	√			
	合作		10分	√			
	整理		10分	√			

活动五　讲究诚信

【活动场景】

小王的淘宝店开得越来越红火了。有一次小王和合伙人盘点仓库货物时发现供货商提供的银质耳钉饰品竟然有生锈斑点,该批耳钉共进货100件,已售出20件,进价为100元/件,售价为130元/件。小王当即做出决断:

(1) 联系买家和客户,无条件退货退款。
(2) 联系供货商,全部退货退款。
(3) 请分析小王的损失和收益。

【活动准备】

一、诚信的内涵

"诚",是儒家为人之道的中心思想,立身处世,当以诚信为本。宋代理学家朱熹认为:诚者,真实无妄之谓。"诚"即言行须循天道,说真话,做实事,反对虚伪。"信"即信守诺言、言行一致、诚实不欺。"诚"主要是从天道而言,"信"主要是从人道而言。

诚信是一个道德范畴,是公民的第二个"身份证",是日常行为的诚实和正式交流的信用的统称,一般主要是指两个方面:一是为人处事真诚诚实,尊重事实,实事求是;二是信守承诺。

二、诚信与致富

诚信是做人的基本原则,也是积累财富的根基。犹太商人素有"世界第一商人"的美誉,他们的成功离不开其特有的诚信和契约精神。《塔木德》中提到:遵守契约,尊重契约,你获得的将不只是尊重。他们诚信经营,认真履行契约,不贪图小便宜,不靠欺诈发财,从而积累了巨额财富,并在全世界树立了良好的形象。

1940年,奥斯曼以优异的成绩毕业于开罗大学,获得了工学学士学位,并重新回到了伊斯梅利亚城。这位贫穷的大学毕业生想自谋出路,于是当了一名建筑承包商。然而,在同行的商人看来,这简直是白日做梦。奥斯曼虽陷入窘境,但他对自己说:"我虽身无分文,但我立志于建筑事业。为了这个目标,我可以委曲求全,从零开始。"

1942年,奥斯曼开始着手实现自己成为建筑承包商的梦想。他手里仅有180英镑,仍筹建了自己的建筑承包公司。奥斯曼相信事在人为,人要改变环境,不能成为环境的奴隶。他根据所获得的工作经验,确立了自己的经营原则"谋事以诚、平等相待、信誉为重"。创业初期,奥斯曼不管业务大小、盈利多少,都积极争取。他第一次承包的是一个极小的项目——为一个杂货店老板设计铺面,合同金额只有30英镑。然而,他没有拒绝这笔微不足道的买卖,仍是费尽心思、毫不马虎。他设计的铺面满足了杂货店老板的所有需求,杂货店老板逢人便称赞奥斯曼的才干,于是奥斯曼的信誉日益上升,他的承包业务也随之不断增加。

1952年,英国殖民者为了镇压埃及人民的抗英斗争,出动飞机轰炸了苏伊士运河沿岸的村庄,导致村民流离失所。奥斯曼的公司便开始为村民重建家园的工作,在两个月时间内为一百六十多户村民重建了房屋,并获利54万美元。

从20世纪50年代开始,海湾地区的石油资源被大量开发,各国统治者相继加快了本国的建设步伐。他们需要扩建宫廷、建造兵营、修筑公路,这给奥斯曼创造了机会,他以创业者的远见,率领自己的公司成员开进了海湾地区。他面见沙特国王,陈述了自己的意图,并向国王保证,他将以"低成本、高质量、讲信誉"的原则来承包工程,沙特国王答应了奥斯曼的请求。后来工程完工时,奥斯曼请来沙特国王主持仪式,沙特国王对此极为满意。

俗语有云,"人先信而后求能"。奥斯曼讲求信誉、保证质量的经营原则,使他的影响力不断扩大。随后几年,奥斯曼在科威特、约旦、苏丹、利比亚等国创建了分公司,成为享誉中东地区的建筑承包商。

奥斯曼的做法,在一定情况下会使自己吃亏。但吃亏毕竟是暂时的。所谓"有亏必有盈",偶尔的吃亏或经济利益受损,却会给长远的事业带来积极的影响。

1960年,奥斯曼承包了世界上著名的阿斯旺水坝工程。由于存在地质构造复杂、气温高、机械老化等不利因素,修建阿斯旺水坝困难重重。从所获利润来说,承包阿斯旺水坝工程还不如在国外承包一座大楼。奥斯曼为了国家和人民的利益,克服了一切困难,顺利地完成了阿斯旺水坝工程第一期工程。然而,随后发生的一件意料不到的事情却让他吃了大亏。因政策变动,奥斯曼的公司被国有化,他每年只能收取利润的4%作为回报,年薪仅为35万美元。这对奥斯曼而言是一次沉重的打击。然而,奥斯曼没有忘记自己的承诺,他委曲求全,继续修建阿斯旺水坝。纳赛尔总统看到了奥斯曼对阿斯旺水坝工程所作的卓越贡献,于1964年授予奥斯曼一级勋章。奥斯曼保全了自己的形象,同时也坚持了自己的处事原则。事后证明,奥斯曼并没有白白吃亏。1970年萨达特执政后,国家发还了被国有化的私人资本。奥斯曼及其公司的影响力日益扩大,还参加了埃及许多大工程的项目承建工作。奥斯曼本人也成为驰名中东的亿万富翁。

一位研究经济学的教授要汤尼帮忙找15家商店做诚信实验,具体操作是:汤尼在不同的商店各买一次东西,每一次买东西时都付两次钱,看有多少人会拒绝第二次付款。

汤尼先走进一家服装店,给孩子买了一件20元的衬衣。他付过钱出来后,一会儿又进去对店主说:"对不起,刚才我买衣服好像忘了给钱。"店主是一个中年妇女,长得慈眉善目,看样子应该是一个诚实的人。汤尼等着她说"你已经付过钱了",可是她只是看看汤尼,不说话。汤尼把手里的衬衣举到店主的面前说:"你看,我买的就是这件衬衣。你开价30元,我说15元行不行,你说再加点吧,20元才卖,我说20元就20元……"汤尼故意仔细地描述当时买衣服的情景,给店主更多的时间和机会。可是这位妇女却不耐烦地打断汤尼的话说:"行,快交钱吧。"汤尼只好又一次把20元钱给了她。

汤尼一连试了14个店主,竟然没有一个人拒绝第二次付款。态度最好的那个,也只是淡淡地说"你真是个好人",那神情不知道是赞扬,还是嘲笑。

只剩最后一家商店了,汤尼想找个熟人试试。大街对面就有一家卖饮料的小店,它是汤尼高中时的一位同学开的,老同学和她的儿子正坐在店里。汤尼穿过大街,走进老同学的饮料店,买了一瓶矿泉水就出来了。几分钟后,汤尼再进去对老同学说道:"哎呀,老同学,我刚才买矿泉水好像忘了给钱了。"老同学说:"算我送给你喝的吧。"汤尼要把试验进行到底,就说:"那怎么行?"他掏出两元钱递过去,老同学竟然伸手来接。汤尼真不想松手,因为松手,老同学在汤尼心里的形象就矮小了许多。就在那张纸币一半在汤尼的手里,一半在老同学的手里时,老同学的儿子说:"妈妈,叔叔不是给过钱了吗?那钱还在你的手里呢!"老同学的另一只手上,确实握着汤尼刚刚给过的两元钱。老同学非常尴尬,不得不松开手。汤尼很后悔用熟人来做试验,也尴尬地走出了那家饮料店。他刚走到街上,就听到那个诚实的小男孩在店里放声大哭,一定是他的妈妈教训了他。

【活动实施】

根据本活动材料,要求:

1. 谈一谈诚信和致富的关系。
2. 你赞同小王的做法吗?为什么?
3. 读完奥斯曼和诚信实验的故事,有人认为诚信会使自己吃亏,是一件不值得的事,你怎么看待?

【活动评价】

表1-7　讲究诚信活动评价表

考核项目	考核内容		考核权重	评分			合计
				教师评	互评	自评	
专业技能	活动准备	讲究诚信思维导图	40分			√	
	活动实施	1	10分		√		
		2	10分	√			
		3	10分		√		
职业素养		签到	10分		√		
		合作	10分		√		
		整理	10分	√			

活动六　创新思维

【活动场景】

小王的淘宝店开得有声有色,但遇到了一些瓶颈,业绩很难达到令人满意的效果。于是他向小张请教,希望小张能给一些建议。小张给小王讲了一个有趣的故事。

有三个卖梳子的人,他们都向和尚推销梳子,结果说法不同,卖出梳子的多少也不同。第一个卖梳子的人找到和尚,就说:"大师啊,你买把梳子吧!"和尚一听,说:"我没头发,要梳子干什么?"他说:"你虽然没头发,但可以用它来刮刮头皮,挠挠痒,既舒服又疏通经络,经常梳也是一种锻炼,脑子清醒,背经文记性好啊。"和尚一听,就说:"原来梳子有这么多好处啊,反正不贵,就买一把吧"。

第二个卖梳子的人,找到和尚说:"大师啊,买把梳子吧!"和尚说:"我没头发,要梳子干什么?"他说:"梳子不仅可以锻炼身体,清醒头脑,而且在拜佛的时候梳梳头修整仪容,也表示你对佛的尊重。如果让你的弟子在每天朝拜佛祖的时候刮刮头皮,就表示众弟子对佛的虔诚,更表示大师你对佛的一片深情厚谊。"和尚说道:"对呀!的确如此。"于是,和尚就给他的十个弟子每人买了一把。

第三个卖梳子的人,找到和尚说:"大师啊,你买把梳子吧!"和尚说:"我没头发,要梳子干什么?"他说:"你虽然没有头发,但到你庙里烧香拜佛的信徒很多,假如你买把梳子送给他们,让他们清醒头脑,看破世间的一切利益得失、恩恩怨怨,向佛的境界靠拢,这样就显示了佛祖大慈大悲的心肠,普度众生的哲学,那真是功德无量呀!由此,你庙里的香火也会越来越旺。"和尚一听,觉得有道理!马上说:"我买一千把。"

【活动准备】

一、思维的内涵

"思维"与"思考""思索"是同义词或近义词。思维并非神秘之物,尽管看不见,摸不着,来无影,去无踪,但它却是实实在在,有特点、有品质的普遍心理现象。思维科学认为,思维是人接收信息、存贮信息、加工信息以及输出信息的活动过程,而且是概括地反映客观现实的过程,这就是思维本质的信息论观点。从生理学上讲,思维是一种高级生理现象,是脑内一种生化反应的过程,是产生第二信号系统的源泉。所谓第二信号系统,是以语言作为刺激的反应系统,与第一信号系统——以电、声、光等为感官直接接收的信号作为刺激的反应系统相区别。从思维的本质来说,思维是具有意识的人脑对客观现实的本质属性、内部规律的自觉的、间接的和概括的反映。思维是认识的理性阶段,在这个阶段,人们在感性认识的基础上,形成概念,并用其构成判断(命题)、推理和论证。

二、思维与致富

早期的苦难经历,造就了犹太人的品格和与众不同的思维方式。他们善于学习,珍爱各类书籍,尤其是那些凝聚着先贤心血和智慧的书,而其中最为珍贵的书籍要属《塔木德》。在每个犹太人的家庭里,当一个孩子开始记事时,家长会把《塔木德》翻开,在书上滴上一些蜂蜜,让孩子亲吻它,在品尝到蜂蜜的甜味时感受书香。

美国著名心理学专家丹尼尔·高曼说过:"要想在事业上有所成就,必须依靠创造性思维。"很多人都只是看到了事物的表面现象,却忽略了事物的本质。你只有不断地去探索求知,才能得到意想不到的收获。

美国的一位工程师和一位逻辑学家是莫逆之交。一次,两人相约赴埃及参观金字塔。到埃及后,逻辑学家住进宾馆后便写起了自己的旅行日记,而工程师则徜徉在埃及的街头。忽然,工程师耳边传来老妇人的叫卖声:"卖猫啊,卖猫啊!"工程师顺着声音一看,发现一位老妇人的身旁放着一只黑色的雕塑,标价500美元。这位妇人解释说:"这只玩具猫是祖传宝物,因孙子病重,不得已才出售以换取住院治疗费。"工程师用手拿起玩具猫,发现它很重,看起来似乎是用黑铁铸就的。不过,那一对猫眼却是珍珠的。于是,工程师就对那位老妇人说:"我给你300美元,只买两只猫眼可以吗?"老妇人琢磨了一下,觉得行,就同意了。工程师回到宾馆,高兴地对逻辑学家说:"我只花了300美元,竟然买下两颗硕大的珍珠!"逻辑学家一看这两颗大珍珠,它们的价值绝不止300美元,少说也有上千美元,他忙问朋友是怎么一回事。当工程师讲完缘由,逻辑学家忙问:"那位妇人还在那里吗?"工程师回答说:"她还坐在那里,想卖掉那只没有眼珠的黑铁猫!"逻辑学家听后,忙跑到街上,给了老妇人200美元,把玩具猫买了回来。工程师见后,嘲笑道:"你呀,花200美元买个没有眼珠的铁猫!"逻辑学家却独自坐下来摆弄、琢磨这只玩具猫。突然,他灵机一动,用小刀刮玩具猫的脚,当黑漆脱落后,里面露出的是黄灿灿的一道金色印迹,他高兴地大叫起来:"果然不出我所料,这猫是纯金的!"

【活动实施】

根据本活动材料,要求:
1. 谈一谈思维和致富的关系。
2. 你从小张讲的故事中学到什么?
3. 根据工程师与逻辑学家的故事,谈一谈创新性思维的必要性。

【活动评价】

表1-8 创新思维活动评价表

考核项目	考核内容		考核权重	评分			合计
				教师评	互评	自评	
专业技能	活动准备	创新思维思维导图	40分			√	
	活动实施	1	10分	√			
		2	10分	√			
		3	10分	√			
职业素养	签到		10分	√			
	合作		10分	√			
	整理		10分	√			

活动七 坚 持 努 力

【活动场景】

经过一年半的中职生活,小张变化已经很大了:获得了国家励志奖学金;专业成绩全校排名第一;获得会计专业省赛冠军;兼职2份;能自给自足,不用家庭负担学费和生活费等。

校广播站采访小张,要他去说说获奖感言。小张说:"我没有特殊的天赋,只是一个爱折腾、勇于尝试的人,对学习、对实践这些正确的事情,我有着执着和坚持,会合理规划时间。我相信,只要功夫深,铁棒自然磨成针。"

【活动准备】

一、努力的内涵

努力是指尽力使出自己的力气来做事,后来指一种做事情的积极态度。比如说努力工作,努力学习。

在所有的成功者中,有没有努力,坚不坚持,起着决定性的作用;而对失败者来说,缺乏努力几乎是他们共同的毛病。所以努力极其重要,也很可贵。努力会帮助你克服恐惧、沮丧和冷漠;会不断地提高你应付、解决各种困难的能力;会将偶然到来的机遇转变为现实;会帮助你实现他人实现不了的理想。

努力是实现理想的桥梁,是驶往成才的渡船,是攀上成功的阶梯。

二、努力与致富

一个人想要获得成功,只怀有美好的希冀是不够的,更重要的是要靠拼搏和奋斗。战国思想家孟轲曾说:"故天将降大任于斯人也,必先苦其心志,劳其筋骨,饿其体肤,空乏其身,行拂乱其所为,所以动心忍性,曾益其所不能。"由此来看,凡是想成就大事业者,都必须经历艰苦的奋斗,这是流传千年的古训。成功虽然和自身的天赋和机遇有关,但它们却不是成功的主要因素,历数那些古往今来的聪慧者,无不是通过不懈的努力去获得成功的。就拿伟大的发明家爱迪生来说,无疑他是比一般人拥有更多的天赋,但他也曾这样说过:"成功是百分之九十九的汗水加上百分之一的天赋。"这点从他的故事中也能看出。

爱迪生于1847年出生在美国俄亥俄州米兰城一个劳动人民的家庭。他只上了三个月的学就因"愚钝糊涂"被学校勒令退学了。爱迪生最早的兴趣是在化学方面,他收集了两百来个瓶子,并购买化学药品装入瓶中。12岁时,他还到火车上卖报挣钱。1861年,美国爆发了南北战争,爱迪生利用火车的便利条件,创办了一份小报,用来传递战况和沿途消息。他一人兼任记者、编辑、排字、校对、印刷、发行等所有的工作。小报受到欢迎,他也从紧张的工作中增长了才干、知识和经验,还挣了不少钱,得以继续进行他的化学实验。但不幸的是,有一次爱迪生在火车上做实验,列车突然颠簸,一块磷落在木板上引发了火灾。列车员赶来扑灭了大火,把他赶下了火车。然而,挫折并没有使爱迪生灰心。我们知道,爱迪生的一生共有一千多项发明创造,但他从不沉醉于自己的发明。他无时无刻不在向科学新领域的高峰攀登,同时也无时无刻不在对自己的发明创造持否定态度,并加以改进。他对自己说:"我是永远不会满足的""无休止地钻研,不停地改进",这正是爱迪生成功的重要因素。

爱迪生发明的蓄电池成功后,他便创办了一个蓄电池工厂并大批生产,其产品销路一直很好。可是过了一段时间,他发现蓄电池有毛病,一时又找不到原因,于是他就决心改进蓄电池。但是改进需要时间,需要精力,同时工厂也需要停业,这不仅可能降低他发明蓄电池的威信,也将使他在经济上蒙受重大损失。然而,他命令工厂即刻闭门停业。有许多使用他的蓄电池的人比较满意,要求继续增加订货,他却一概不接受;有些人在经济上给他施加压力,他也毫不畏惧。结果,经他用心改进的蓄电池获得了比预料还好的成功,很快畅销各地。

在爱迪生的发明创造中,能够引起当时社会关注的,莫过于留声机了,这也是他的得意之作。爱迪生在发明留声机之初,就一改再改。十年过后,他又从架子上的尘埃中把留声机取下来,仍然要改进它。他连续工作了几天几夜,才终于获得了成功。爱迪生仅在留声机上的发明专利权就超过一百项。

爱迪生的才华并未从一开始就得到人们的肯定,但是他并没有因遭到别人的嘲笑和打击而自暴自弃。相反,他把大部分时间都用在了研究上。所以,请不要轻易放弃每一次可以努力的机会,不要放弃金子般宝贵的时间。

【活动实施】

1. 谈一谈努力和致富的关系。
2. 你赞同小张的想法吗?为什么?
3. 根据爱迪生的故事,谈一谈努力与成功的关系。

【活动评价】

表 1-9 坚持努力活动评价表

考核项目	考核内容		考核权重	评分			合计
				教师评	互评	自评	
专业技能	活动准备	坚持努力思维导图	40分			√	
	活动实施	1	10分		√		
		2	10分	√			
		3	10分			√	
职业素养	签到		10分	√			
	合作		10分	√			
	整理		10分	√			

任务三　理　财　规　划

活动一　理财的意义

【活动场景】

小张和小王聊起了压岁钱的事。小张说,她从小到大,每年都有压岁钱,直到18岁,每年的压岁钱,除了买一些兴趣用品外,其余的全部存起来,加上现在打工挣的,存款约有50 000元。然而,小张也有一些困惑,这些钱放到银行里还抵不过物价的增长,简直就是一笔死钱。

小王太羡慕小张了,虽然她每年的压岁钱比小张更丰厚,可惜,她是个光光族,小张的做法对她有很大的借鉴意义。

【活动准备】

一、理财的内涵

理财是对财产和债务进行管理,以实现财产的保值、增值的一种活动。随着中国股票债券市场的扩容,商业银行、零售业务的日趋丰富和居民总体收入的逐年增长,"理财"概念逐渐走俏。个人理财品种大致可以分为个人资产品种和个人负债品种,如共同基金、股票、债券、存款、人寿保险、黄金等属于个人资产品种,而个人住房抵押贷款、个人消费信贷等则属于个人负债品种。

一般人谈到理财,想到的不是投资,就是赚钱。实际上理财的范围很广,理财包含以下含义:

(1) 理财是理一生之财,不仅仅是解决燃眉之急的金钱问题。

(2) 理财是现金流量管理,每一个人都需要用钱(现金流出),也需要赚钱来产生现金流入。因此,不管是否有钱,每一个人都需要理财。

(3) 理财也涵盖了风险管理。因为未来的更多流量具有不确定性,人身风险、财产风险、市场风险等都会影响现金流入(收入中断风险)或现金流出(费用递增风险)。

理财规划是指运用科学的方法和特定的程序制定切合实际、具有可操作性的包括现金规划、消费支出规划、教育规划、保险规划、税收筹划、投资规划、退休养老规划、财产分配与传承规划等某方面或者综合性的方案,使社会主体不断提高生活品质,最终达到终生的财务安全、自主和自由。

理财规划可分为公司理财规划和个人理财规划。公司理财规划是指企业为了达到既定的战略目标而制定的一系列相互协调的计划和决策方案,包括投资决策、融资决策、成本管理、现金流管理等。个人理财规划又称私人理财规划,是指个人或家庭根据家庭客观情况和财务资源(包括存量和增量预期)而制定的旨在实现人生各阶段目标的一系列互相协调的计划,包括职业规划、房产规划、子女教育规划、退休规划等。

二、理财规划的意义

在当今社会,每个人都背负着沉重的经济负担,除了最基本的衣食住行之外,还有养育子女、赡养父母,以及希望退休后仍然能够拥有足够的财富享受幸福人生等。不管是哪一个阶段,哪一种人生需求,都必须依靠金钱来满足。

买房子需要房产规划,孩子成才需要教育规划,老有所依需要养老规划,资金保值升值需要投资规划等。人生的理财规划常见的有:收支储蓄管理、紧急备用金、保险规划、房产规划、子女教育规划、投资规划、节税规划、信用贷款运用及信托规划等。如果不及早进行理财规划,无论你多么有钱,也会因为不会"花"而使生活质量每况愈下,到了晚年甚至会有陷入经济危机的风险。我国著名的学者、教育家、外交家胡适先生的一生就是一个例子。

胡适先生在当时的社会地位很高,一生始终处于社会的上层。在进入中年之前,他的收入一直很高。27 岁的时候,他就已经是北京大学的教授,月薪 280 银元,这在当时已是很高的收入。41岁的时候,胡适先生从上海返回北京大学担任文学院院长,月薪600银元,再加上丰厚的版税和稿酬,有人估算他一月的收入可以达到1 500银元。但是,谁能想到他在步入中年之后经济就已经拮据起来。

胡适先生赚来的钱都花到哪里去了呢?据说他家的住房十分宽敞,并且雇了6个佣人,平常生活也是大方奢侈,从不注重理财。所以,即使胡适先生收入不菲,却经常花个精光,根本没有任何积蓄。抗日战争爆发之后,国内的经济形势急转直下,胡适先生的收入也骤减,而一向没有积蓄的他自然经济情况不容乐观,生活质量也大不如前。到了晚年,胡适先生每次生病住院医药费都会告急,为此他只好坚持提前出院。胡适先生在晚年曾多次告诫身边的人,"年轻时,要注意多留点积蓄。"

由于通货膨胀的影响,现在的1元比10年前的1元更不值钱。原来1元能买到的物品,经过10年后,要买到等值的物品可能就需要3元甚至4元。因此,钱必须动起来才能生出更多的钱,否则连通货膨胀都抵销不了。那么,理财规划究竟有什么作用?

第一,理清个人和家庭的财务资源和未来生活目标之间的关系。假如你想在3年之内买房,或者每年出去旅游两次,你的财务资源能使你达成这些目标吗?想象一下,你看中一套房子,可是付完首付后却发现自己无力偿还贷款会是什么情况?

第二,实现财富创造和财富管理的适度分离。财富创造的过程往往是令人愉悦的。看着手中的钱不断增加,足以让我们对未来产生种种遐想。但是,如果你忽略了对创造的财富进行打理,那么,你所有的遐想都将变成泡沫,而你的财富也会随着时间的流逝出现风险。

第三,做到量入为出,不会使当期消费超过当期收入。如果能够做到量入为出,无论你一个月的收入是几千元还是几万元,你都能使自己在满足各种生活所需之后还有所节余,避免因过度消费而导致债台高筑。

第四,完成节余的目标。理财规划会时刻提醒你预留资金用于储蓄和投资。制定一个切合实际的理财规划,可以将节省的钱用在真正需要的东西上。

第五,使全家人集中在共同目标上,而不是在个人的愿望上。就年轻人来讲,理财规划会提高婚姻的质量。一个好的规划不仅是个完美的收入支出计划,也是一项重要的沟通工具。好的理财规划可以减少金钱使用的争论纠纷,使生活更加和谐。

由此可见,理财规划是保证个人和家庭生活目标得以实现的最有效途径。在我们的一生中,或许有很多幸福和快乐并不是金钱能够带来的,但对财富进行合理的规划和管理,能确保我们的生活状态稳定安全,能帮助我们协调家庭关系和感情,从而使我们有足够的心情和精力去享受人生。

【活动实施】

根据本活动材料,要求:

1. 根据小张和小王压岁钱的故事,说说你的压岁钱去向,为小张支点招数。
2. 胡适晚年拮据的原因在哪儿?
3. 说说身边理财规划的故事。

【活动评价】

表 1-10 理财的意义活动评价表

考核项目	考核内容		考核权重	评分			合计
				教师评	互评	自评	
专业技能	活动准备	理财的意义思维导图	40分			√	
	活动实施	1	10分		√		
		2	10分	√			
		3	10分			√	
职业素养	签到		10分	√			
	合作		10分	√			
	整理		10分	√			

活动二 理财的能力

【活动场景】

小张告诉小王,从小学开始,爸爸妈妈每周给他50元零花钱,随着年龄的增长,需求增多,零花钱也会往上涨。但是小张的爸爸妈妈有一个要求和奖惩措施,就是一周检查一次钱的去向,对合理的结余会有额外奖励,余得多就奖得多。因此,他从小就养成了记账的习惯。接着小张向小王讲了一个爸爸和姑姑的理财故事:

10年前张爸爸每年向基金公司存入一笔5 000元的教育基金,现在账面上已经达19万元;5年前张姑姑每年向基金公司存入一笔7 500元的教育基金,现在账面上仅有10万元。从本金来看,张爸爸为50 000元,张姑姑为37 500元;从结果来看,张爸爸为19万元,张姑姑为10万元。

【活动准备】

一、学会看懂财务报表

有了生活目标后,就不能只看眼前的收入,还要知道达到目标所需积累的资产数额,这就要了解自己的资产状况及现金流。理财,应学会看懂财务报表。学会看财务报表是信息时代的要求,是管理好个人资产的首要因素。一个不懂资产与负债关系的人,怎么能使自己的资产逐渐增多呢?无论是职场人士,还是刚走向社会的大学生,只要在社会上工作都要懂得财务知识,懂财务报表,会填写财务表格,养成记账的习惯。

财务报表通常包括财务收支表(现金流)和资产负债表。通过这两张报表,我们可以充分了解每项投资对自己现金流量的影响,从而灵活运用资产,并合理分配到各种投资产品中去,使自己的财富增长更快。

财务收支表,顾名思义就是平日里现金收入和支出的数额,如表1-11所示。

表1-11 财务收支表

收入	支出
工薪收入	伙食费
利息收入	服装费
房租收入	水电费
分红收入	通信费
其他收入	人情往来费
	物业费
	子女教育费
	保险费
	赡养老人费
	其他费用
收入合计	支出合计
收支余额(净现金)	

财务收支表是家庭经济的晴雨表,可以清楚地反映家庭的财务状况。

资产是指能够兑换现金价值的物品,包括金融资产和实物资产。金融资产包括现金、银行存款、基金、股票、黄金、外汇、期货、信托等;实物资产包括房产、汽车、商铺等。负债是指借款、贷款等。具体如表1-12所示。

表1-12 资产负债表

资产	负债
现金	房屋贷款
余额宝	信用卡贷款
微信	花呗
银行存款	京东白条
股票	个人借款
债券	
基金	
黄金	
房产	
资产合计	负债合计
	净资产(资产—负债)

资产是有价值产品的组合,负债是向银行或个人借的款。而净资产才是自己拥有的良性资产(实有资产),是真正的个人财富。净资产的数值决定着财务风险度和家庭经济的稳定性;如果负债大于资产就证明财务存在一定风险,那么就要用一些抵御风险的渠道来补救。

以上这两张表很简单。我们每天都要和收入支出打交道,如果将它们记录在财务收支表上,我们就能清楚地看到月底是盈余还是亏损,并通过财务收支表的现金流数字,提醒自己在哪些方面应该开源,哪些方面应注意节流。如果每月没有节余,那么资产就不会增加,资产不增加就会影响人生的目标。

当社会新人走向工作岗位后,承担着许多家庭责任,由单身变为二人家庭,再变为三口之家,就要准备一大笔资金来保证日常的生活。在树立了人生目标后,就要学习一些财务知识,懂得掌控财务收支,这样就可以在人生各阶段努力开源,去提升自己的能力,包括寻找第二份兼职,同时,在支出上也会有所节制。最终保证家庭财务的良性循环,使财务安全自由,实现幸福无忧的人生目标。

二、会算货币时间价值

货币的时间价值是指货币经过一定时间的投资和再投资所增加的价值,也称为资金的时间价值。从量的规定性来看,货币的时间价值是没有风险和没有通货膨胀下的社会平均资金利润率。在计量货币时间价值时,风险报酬和通货膨胀因素不应该包括在内。

(一) 单利的计算

只对本金计息的方式,所生利息均不加入本金重复计算利息。

单利利息的计算公式:

$$I = P \times i \times t$$

其中:P 为本金;I 为利息;i 为利率,通常指每年利息与本金之比;$t(n)$ 为时间(计算利息的期数)。

例:某企业有一张带息期票,面额为 1 200 元,票面利率为 4%,出票日期 6 月 15 日,8 月 14 日到期(共 60 天),则到期时利息为:

$$I = 1\,200 \times 4\% \times 60 \div 360 = 8(元)$$

单利计算下,终值的计算为 $F = P + P \times i \times t$;现值的计算为 $P = F \div (1 + i \times t)$。

(二) 复利计算

每经过一个计息期,要将所生利息加入本金再计利息,逐期滚算,俗称"利滚利"。

1. 复利终值

$$F = P(1+i)^n$$

其中:P 为期初额或现值;F 为本利和或终值;$(1+i)^n$ 为复利终值系数或1元的复利终值,用符号$(F/P, i, n)$ 表示。

2. 复利现值

$$P = F(1+i)^{-n}$$

其中：$(1+i)^{-n}$ 称为复利现值系数，或称 1 元的复利现值，用 $(P/F, i, n)$ 表示。

3. 复利利息

$$I = F - P$$

例：本金 1 000 元，投资 5 年，利率 8%，每年复利一次，则其本利和与复利息：

$$F = 1\,000 \times (1 + 8\%)^5 = 1\,000 \times 1.469 = 1\,469(元)$$
$$I = 1\,469 - 1\,000 = 469(元)$$

三、会估算风险承受能力

投资风险价值是投资者冒风险进行投资而获得的额外利润。风险是不利事件发生的可能性。企业的每一项决策几乎都存在着或大或小的风险。尤其是投资决策，它涉及的时间长，内容复杂，不确定因素多，所承担的风险更为突出。投资者对具有风险的投资所要求的最低报酬率大于无风险投资的报酬率部分，称为投资风险报酬率或风险补偿率。通常，投资者只有当具有风险的投资存在一定的投资风险价值或风险报酬率时，才愿意进行这种投资。

人们总想冒较小的风险获取较多的收益，至少也要所得的收益与所冒的风险相当，这是对投资的基本要求。因此，进行投资决策必须考虑各种风险因素，预测风险对投资收益的影响程度，以判断投资项目的可行性。风险收益具有不易计量的特性，要计算在一定风险条件下的投资收益，必须利用概率论的方法，按未来年度预期收益的平均偏离程度来进行估量。

每个人都属于不同的风险投资类型，即属于冒险型、进取型、稳健型和保守型四种类型之一。风险能力测试是我们投资中的必要环节，如果省略此步骤，我们的资金将陷入高风险的漩涡中。风险承受能力取决于备用金的需要、投资时间的长短和投资者的心理特征。表 1-13 和表 1-14 是投资者的风险偏好和风险承受能力的经验测试表。

表 1-13 主观因素（风险偏好）

能承受金钱损失波动范围	−10%~20%	−5%~10%	0%~5%
风险偏好	高	中	低

表 1-14 客观因素（风险承受能力）

客观状况	年龄	职业稳定性	家庭收入结构	学历
风险承受能力	年轻者承受风险能力大	职业稳定者承受风险能力大	来源分散者承受风险能力大	学历高者承受风险能力大

四、会应用投资法则

"世上没有稳赚不赔的投资秘籍"。投资是一门学问，更是一门艺术。要想真正掌握投资中的门道，不仅需要了解投资相关知识，还要掌握不同的投资工具，另外需要一定的运气。所以，即使是最优秀的投资大师，能传授给我们的也只是投资工具操作中的一些技巧，而这些技巧往往也只能在特定的环境下使用，一旦市场发生变化，就很可能"水土不服"。

尽管如此，作为普通投资者在进行投资之前，依然要尽量多学习一些投资知识，掌握一些万变不离其宗的经验法则。不管市场怎么变化，这些法则都是要遵循的。谨记这些投资法则，然后根据自身情况选择最适合自己的投资方式，会让你在投资的过程中更容易达成心愿。

（一）提高风险防控意识

任何投资都是有风险的。所以，在投资之前必须对自己的资产负债和现金流进行详细的分析，确保自己有一定的投资基础，而不会出现万一投资失败就会倾家荡产，甚至负债累累的情况。对于经济状况不太好而且有负债的个人和家庭，一定要遵循理财规划的原则，量入为出，以储蓄为主，切不可盲目投资，使自己陷入经济危机之中。对于资金充裕准备入市投资的人来说，要十分谨慎小心。因为如果没有掌握一定的投资技巧，并且在不具备良好的投资心态时就盲目投资的话，很容易被市场套住，从而影响生活质量。那么，怎样才算是不盲目投资呢？重点就在于先全面研究自己的资产负债状况，再选择保守、稳健的投资方式来逐步增加财富。

任何投资者在进行投资之前都必须考虑风险因素，因为高收益伴随高风险，风险会让我们遭受损失，收益才是我们要的结果。我们经常看到投资专家建议投资者根据自己的年龄、投资的属性持多少股票、多少基金、多少债务等，实际上这就是一种防范风险的措施。如果我们只考虑收益而忽视了对投资风险的评估以及个人风险承受能力的评测，那么，当风险来临时或购买的投资产品不断下跌时，就会使我们遭受巨大的经济损失和精神损失。一般来说，投资人在购买投资产品之前应该确定三件事：一是这种产品若出现风险是否能够确保本金不流失；二是这种产品的收益是否在可以接受的范围之内；三是这种产品是否与其他金融产品挂钩。

（二）选择恰当的投资工具

投资工具并没有好坏之分。就像世上没有稳赚不赔的投资秘籍一样，同样没有稳赚不赔的投资工具，关键在于我们所选择的投资是否适合自己。比如，你看着身边的人都投资了房子，想着自己是否也应该投资，那么就先要弄清楚你投资房地产赚来的钱用来做什么？你的资产到底有多少？你打算投入多少资金在房地产上？接下来再考虑你想买哪个城市的房地产？要买哪个区段的房地产？要买交通繁忙的市中心还是政府机关与学校集中的地段？要买住宅、公寓还是店铺？最后还要了解房地产目前的涨势。只有把相关的问题都弄清楚了，投资才比较容易获利。

（三）正确看待投资输赢

一些风险承受能力较低的投资人往往赢得起却输不起。赢的时候欢欣鼓舞，一旦价格下跌就失去了风险控制能力，甚至一次危机就可能输掉全部筹码，严重影响生活质量。还有些投资人在股票、基金被套牢时，不愿割舍，结果不但无法从投资中获利，还被市场套住了一笔资金。所以，在进行投资的时候最好对自己的风险承受能力进行科学评估，明确自己能够承受的损失底线在哪里，同时也要考虑，如果失败，自己是否能够输得起。为了降低投资风险，在实际投资中，可以先投入一小部分的资金，然后根据市场情况再慢慢注入资金。一旦出现风险并且觉得自己无法承受的时候，就要果断止损，以保住本金为首要选择。在投资的过程中,要调整好心态,不要让贪婪、恐惧等心理影响对市场的判断。只有心态平和,才能冷静地从市场变化中找到获利的窍门。

(四) 合理配置投资资产

在生活中,我们经常会遇到突发事件急需用钱,所以千万不要把所有资金都放在高风险的投资上,万一事与愿违,就很有可能陷入经济危机之中,连基本生活都出现问题。虽然资金的闲置并不符合理财规划的理念,但我们还是要留有一笔应急的资金,以免在风险来临之时影响我们的投资计划和生活正常开支。按照理财的原则来说,我们需留出1~6个月生活费作为失业等意外或突发状况的应急资金存储在银行。

1. 投资100法则

投资100法则是指投资组合中风险资产比例等于100减去投资者的年龄。以基金为例,假如你今年35岁,那么,100−35=65,即你可以把手中闲置资产中的65%投入风险较高的股票型基金或者混合型基金中,把剩余的35%投入债券型基金、货币基金等稳健性基金产品。如果你今年60岁,就应该把股票型基金、混合型基金等风险较高的产品投资比例降至40%,稳健型基金产品的投资比例相应升至60%。随着年龄的增长,投资者的风险承受能力会不断下降,对风险较高产品的投资比例也应该逐渐降低,同时增加稳健型投资品种的投资比例。如果你是偏保守的投资者,也可以把"100法则"改为"80法则",即用80减去年龄得到应投资高风险理财产品的比例。这种资产配置的方法较为简单直接,将资产配置的比例和个人风险承受能力以及投资标的的风险属性紧密结合在一起,在一定程度上能够规避风险,增加收益。该法则如果能够结合市场状况一起使用,效果会更好。

2. 资产配置4321法则

这是人们在长期理财过程中总结出来的一般化资产配置方法,即将总资产中的40%投资在固定资产、30%投资在金融资产、20%用于银行存款、10%投资在保险。按照这个法则进行资产配置,既可以保障家庭生活的日常开支需要,又可以通过投资理财实现资产的保值增值,还能够为家庭提供基本的保险保障。不过,这个法则主要针对的是有一定资产的家庭,如果你每个月收入只有3 000元,也没用多余的储蓄,就不适合用这个法则来进行资产配置。另外,这个法则只是帮助投资者进行资产大类划分,具体到每个大类投资产品选择还需要投资者结合实际情况以及自身风险偏好进行配置。为了保证资产配置始终保持4321的比例,投资者需要在某种资产价格上涨之后,适时减少这类资产的总额,将其平均分配在其他资产中。比如股市大涨,就应该立即减少股票在所有资产中的金额,确保金融资产的比例保持在总资产的30%。

3. 向日葵法则

"向日葵法则"是根据向日葵的外形来进行资产配置的一种方法。向日葵有一个较大的花心,也就是资产配置的核心,占总资产的比例应该在一半以上,可以投资一些收益稳定、波动较低的资产,比如债券型基金等;外围点缀着一圈较小的花瓣,象征着非核心资产的投资比例,一般在20%~30%,可以投资一些风险高、收益率也高的资产,比如股票、股票型基金等。此外,向日葵还有一个特点,就是花瓣先落,花心结果。所以,对于处在"花心"的核心资产应该长期持有,以获得较稳定的投资收益;对处在"花瓣"的非核心资产则可以中短期持有,随时根据市场的变化进行调整,以获得较高的投资回报。

【活动实施】

根据本活动材料,要求:

1. 张爸爸和张姑姑的故事,不仅说明了理财的重要性,还说明了什么?
2. 某家庭需要5年后得到50万元资金用于孩子出国留学,利率8%,分别计算单利和复利计息时,现在存入的资金数额。
3. 分别从主观和客观因素上评估自己的风险承受力。
4. 分别列示自己本月的现金流和资产负债,并拟出下月财务收支计划。

【活动评价】

表1-15 理财的能力活动评价表

考核项目	考核内容		考核权重	评分			合计
				教师评	互评	自评	
专业技能	活动准备	理财的能力思维导图	30分			√	
	活动实施	1	10分		√		
		2	10分	√			
		3	10分		√		
		4	10分		√		
职业素养	签到		10分	√			
	合作		10分	√			
	整理		10分	√			

活动三 理财的实践

【活动场景】

小王开玩笑让小张从50 000元中拿钱请同学们搓一顿。小张说,她正在了解股票、基金、债券、黄金、信托、外汇和银行理财产品,一定要确保资金安全,还能增值,超过物价上涨水平,然后咨询一些前辈和老师们,等投资有了好消息,一定会请同学们吃饭。

【活动准备】

通货膨胀和风险的存在,使我们不能止步于手头的薪酬。怎样筹措子女的教育经费、养老金,怎样让手头的余钱保值增值,这些都是永恒的话题。

一、子女教育经费积累

(一) 及早安排子女教育经费

刚刚结婚的年轻人,首要支出是房子、车子,一旦有了孩子,那么孩子教育金的积累问题就会被放在首位,其他开销则居其次。中国人民银行调查数据显示,我国城乡居民储蓄的目的中,子女教育费用排在第一位,位列养老和住房之前。有人曾经做过计算,目前养育一个孩子到其大学毕业的直接成本已经超过50万元人民币。

有一对外企职员汪先生夫妇,两人的月收入加起来近两万元,儿子虽然刚满两岁,但夫妇俩就已经开始操心孩子未来的教育计划了。虽说孩子的教育开支是在十多年后的大学阶段才比较大,但是他们发现以他们现在的收入来看,如果不好好进行规划,十几年后恐怕很难负担起儿子可能出国留学的费用。因此,他们正考虑如何为儿子储备足够的教育经费。

(二) 尽量了解教育规划工具

由于教育经费积累是一个漫长而稳定的投资过程,所以除了常用的财务投资工具,还有一些特有的教育投资工具。

1. 个人教育储蓄

国家为了鼓励家长早点开始积累孩子未来的教育金,特别设立了教育储蓄项目,凡在校就读的小学四年级及以上的学生,为应付将来上高中、大学等非义务教育的开支需要,都可以在其家长的帮助下参加教育储蓄,享有免征利息税、优惠利率(即使存款人采取的是零存整取的储蓄方式,其存款利率仍然按定期存款利率计息)等优惠政策。办理教育储蓄须凭储户本人户口簿或居民身份证到储蓄机构以储户本人的姓名开立存款账户,并约定每月固定存入金额,存期为1年、3年、6年,最低为50元,最高为2万元,可一次性存入,也可以分次存入或分月存入。教育储蓄到期支取时,储户须凭存折和学校提供的正在接受非义务教育的证明一次支取本息。逾期或无法提供证明,则按活期利率计息,并不享受教育储蓄的优惠条件。

2. 教育保险

一般来说,孩子从出生到其14周岁都有资格投保教育保险,然后从孩子上初中或高中开始,可获得保险公司分阶段的现金给付。

3. 教育信托基金

这类基金由家长购买,受益人是子女,不过子女在成年之前对这笔资金并没有支配权。家长在投资这类基金之前,必须按照有关法律将资金转到子女的名下,这样才能保证将来的收益用于子女的教育。有的信托基金的收益可以在子女考上大学之前每年支取,但有的不允许。如果子女未能上大学,那么基金的收益就会按照合同的规定转为该子女的房产基金或其他资产。

二、退休养老基金积累

现在你或许觉得退休、养老的事离自己还很远,但是我们谁也不能阻挡时间的脚步,谁也无法回避几十年后的养老问题。所以,无论年龄多大,从现在开始做好养老规划远不嫌早。

(一) 养老理财需建好三个账户

在保障日常生活品质的前提下,要做好养老金储投就必须把每个月的收入分开,做三个账户来管理。

首先,是日常花费的账户。每月先预留衣、食、住、行、育等花销费用,可开一个银行活期存款账户来作为日常花费账户。

其次,是投资账户,如买股票型基金、贵金属、信托等。但高回报必定伴随着高风险,万万不可将超过一半的资金全部投入投资账户。

最后,是保本账户。此账户应投放两类资金,一是商业养老保险,二是债券或债券基金。

(二)养老规划应遵循的原则

养老规划是一条漫长之路,要想在这条路上不走弯路,就必须遵循以下几个原则。

1. 越早储投越好

养老规划不可能一蹴而就,越早开始准备养老金,退休以后的生活就会越轻松。虽然年轻人需要花钱的地方比较多,每个月能够拿来投资的资金并不多,但随着时间的推移,这部分资产会不断地累积增长,从而带动投资收益的增长。

2. 养老金积累方式不能太保守

有些人为了保障养老金稳妥、安全,就选择用每个月定期定额储蓄的方式积累养老金。实际上,扣掉通货膨胀率后,定期存款利率只能提供很少的实际收益。如果只是用定期存款累积养老金,那么,即使从 20 岁开始准备,恐怕到退休以后依然无法弥补养老金不足的漏洞,从而大大降低退休后的生活水平。因此,要想保障老年生活品质,在积累养老金的过程中就不能太保守。当然,为了稳妥,可以选择一些投资回报率稳定的投资方式,如定期定额投资基金等。

3. 统筹安排

在积累养老金的过程中,随着年龄的增长,我们的生活需求也在不断增长,可能既要买房买车,又要考虑子女的教育经费,还要兼顾养老,另外还要留一笔应急储蓄。如此一来,我们就必须对现有的资产进行合理的配置,对不同的理财目标统筹安排,让家庭理财有条不紊地进行,让每个理财目标如期达成。

三、信用卡

大多数年轻人对信用卡并不陌生。作为一种支付工具,它比其他的支付方式更为便利,也因此被众多消费者和商家所青睐。透支是信用卡特有的属性,但是,信用卡的免息期大多较短,而且透支额度有限,一旦持卡人超过还款期限或者超额透支,就必须付出高昂的代价。掌握信用卡使用的一些基本技巧是当今社会投资理财必备的素质之一。

(一)了解信用卡使用费用

信用卡有便利之处,但也不是办理所有业务都免费,如果了解相关规定,会让我们省去一些不必要的费用支出。

1. 避免小额账户收年费

目前我们使用的信用卡基本是第一年免年费,第二年在刷卡次数或者金额超过一定限额后免年费,也就是说我们申请到的大部分信用卡第一年基本不考虑这笔费用,但到第二年就要仔细了解该卡的收费规则。对于白金卡、贵宾卡有很多第一年就收费了(具体要以银行公告为准)。

不少银行为了鼓励持卡人多使用信用卡,以提高银行的手续费收入,均有关于每年消费次数可免下年年费的规定。只要持卡人详细了解这项规定,在刷卡购物时尽量增加刷卡的次数,信用卡的年费就可以轻松免掉。

2. 循环利息

目前大部分银行的利息计算方式是从透支发生之日起开始计算的,而不是从免息期结束日开始,计算方式为日息0.5‰,并按月计收复利,换成年息就是18%以上,因此一定要格外注意利息的产生。

小王办了一张信用卡,账单日为每月的5日,到期还款日为每月30日。小王收到的4月5日的账单包括他从3月5日至4月5日之间的所有交易。3月18日小王用信用卡缴纳电费花费1 000元。4月5日的账单中显示账单总消费为1 000元,最低还款额为100元。如果小王在4月30日之前偿还了1 000元,则在5月5日的对账单中显示循环信用余额的利息为零;如果小王仅还了100元,则5月5日对账单中会显示利息23.75元。

循环利息的计算方法如下:

$$1\,000 \times 0.05 \times 43(3月18日 \sim 4月30日) + 1\,000 - 100 \times 0.05 \times 5(4月30日 \sim 5月5日) = 23.75(元)$$

3. 节省跨行取款费

跨行取款费可谓是一笔不小的额外支出,尤其是信用卡本身取现已经要收取高额的手续费和利息。为了节省这项不必要的开支,我们在办卡的时候应尽量选择网点和ATM数量较多的银行。同时,不到迫不得已,尽量不要用信用卡提取现金,更不要跨行提取。

(二) 防范信用卡使用风险

1. 办卡时注意信息安全

在申请卡的时候一定要注意以下三项:①尽量使用正规渠道,去银行柜台、银行网站申请卡;②在留下身份证复印件时,最好用笔写上"复印无效"的字样,以防被冒用;③提交申请表后,可以打银行客服电话咨询办卡进度,以确认是否将申请材料递交到信用卡中心。

目前由于信用卡推广人员大多属于外包或者临时员工,离职率较高,因此要多采取小技巧保管好自己的信息。

2. 办卡时注意协议条款

有些人办卡的时候是一边看着礼品,一边填申请表,对表里的条款、协议未仔细阅读,这是非常不利的。虽然条款中有很多专业术语比较难懂,但越是难懂的词汇越要搞清楚。对不懂的内容可以咨询客户经理,以免今后遭受损失。

3. 不能忽视还款零头

很多人还款时忽视了零头的存在,有的甚至认为可以四舍五入,这都会给自己带来不必要的麻烦。我们在享受信用卡透支消费的同时,要非常清楚自己的欠款金额和还款日,这是十分必要的。

4. 信用卡遗失要及时挂失

在发现信用卡丢失或者被盗后,要及时致电客服中心或到银行柜台申请挂失。即便在挂失前被人盗用,如果卡片是凭签字(无密码)消费的,只要是在24~72小时(根据各行各卡规则)内,持卡人到派出所报案,并将派出所出示的报案证明传真或快递到信用卡中心,经过确认后可以免除赔偿被盗用的消费额。

四、基金

基金是一种适合长期持有的投资方式,它可以通过复利效应带来意想不到的收益。基金作为投资理财品种的一种,是通过向社会公开发行基金单位筹集资金,并将资金用于证券投资。基金持有人对基金享有资产所有权、收益分配权、剩余财产处置权和其他相关权利,并承担相应的义务。

基金相对于股票来说,风险较小,但依然存在一定的风险。所以,投资者在购买基金的时候,一定要充分了解每个基金种类的特点,同时结合自身的实际情况,根据自己的年龄、收入情况、财产状况与负担、时间与精力、投资收益目标与年限、风险承受能力等来决定应该选择哪一种基金进行投资。

与购买股票相比,基金购买的手续较为烦琐。而且手续费也较高,如果能够降低一定的购买费用,那么就等于提高了基金的收益。

五、债券

在众多投资产品中,债券投资以其风险低、收益稳定等优势受到广大投资者的青睐。对于投资者来说,债券的收益高于银行存款、低于股票投资,但其收益比股票投资更为稳定,所以很适合较保守的投资者。

(一)债券种类

1. 国债

国债是财政部代表中央政府发行的债券,并以国家信用作为偿还的保证。国债是目前市场上流动性最好、风险最低的债券。投资者购买国债的利息收入免征个人所得税。

2. 金融债券

金融债券是由银行和非银行金融机构发行的债券。目前我国的金融债券主要由国家开发银行、进出口银行等政策性银行发行。一般来说,金融债券的稳定性比其他非金融机构债券的稳定性要高。所以,金融债券的利率通常低于一般的企业债券,但高于风险更小的国债和银行储蓄存款利率。不过,金融债券一般面向机构投资者发行,在银行间债券市场交易,个人投资者无法购买和交易。

3. 企业债券

企业债券是企业依照法定程序发行,约定在一定期限内还本付息的债券。目前我国债券市场的企业债券包括普通企业债券和可转换(公司)债券两种。普通企业债券均在中央国债登记结算公司登记发行,发行后可申请到证券交易所上市交易。而可转换(公司)债券则在证券交易所发行并上市,在一定条件下可以转换为公司股票。

(二)债券投资特点

债券投资具有较高的安全性、较好的流动性等优点。一般情况下,即使经济环境有所变化,债券投资的收入也大多很稳定,不会出现过大的波动。因此,对于保守型的投资者来说,债券投资是一个不错的选择。但是债券投资并非适合所有投资者。如果你的风险承受能力较高,而且希望挑战较高的收益率,最好不要选择债券投资,否则很有可能会失望。另外,投资债券要做好长期持有的打算,否则中途转让很容易因为手续费过高而降低收益率。很多中老年投资者,都偏好于买国债,因为其收益稳健,但其中也有些需要注意的风险。比如对于投资期限高于三年的中长期投资者而言,在保值与非保值国债中最好选择保值国债品种。在国债现货市场受周边市场变化影响而出现偏离时,投资者应该顺势而为。

六、股票

股票是一种有价证券,是股份公司在筹集资本时向出资人发行的股份凭证,代表着其持有者(即股东)对股份公司的所有权,购买股票也是购买企业生意的一部分,即可以和企业共同成长。这种所有权是一种综合权利,如参加股东大会、投票表决、参与公司的重大决策、收取股息或分享红利差价等,但也要共同承担公司运作失误所带来的风险。获取经常性收入是投资者购买股票的重要原因之一,分红派息是股票投资者经常性收入的主要来源。

股票收益即股票投资收益,是指企业或个人以购买股票的形式对外投资取得的股利,转让、出售股票取得款项高于股票账面实际成本的差额,股权投资在被投资单位增加的净资产中所拥有的数额等。股票收益包括股息收入、资本利得和公积金转增收益。

股票的优点是投资收益高(只要投资决策正确);能降低购买力的损失(在通货膨胀初期,股份公司的收益增长率一般仍大于通货膨胀率,股东获得的股利可全部或部分抵销通货膨胀带来的购买力损失);流动性很强(上市公司股票);能达到控制股份公司的目的(投资达到一定比例)。其缺点是投资风险较大。

股票投资风险是股票投资者购进股票后遭遇股价下跌损失的可能性。一般可理解为卖出价格低于预期价格的差距,或实获股息未能达到预定的标准。股票市场交易价格往往变动较快,价涨即获利,价跌即亏损,有时连涨数日获利丰厚,有时连跌数日损失惨重。股票市场上的机遇和风险总是同时存在、同时发展、同时减退的,投资者在期望获取高额收益的同时,必然要承担相应巨大的风险。股票投资风险,可分为总体风险和个别风险两大类。

七、银行理财产品

银行理财产品是商业银行在对潜在目标客户群分析研究的基础上,针对特定目标客户群开发设计并销售的资金投资和管理计划。在理财产品这种投资方式中,银行只是接受客户的授权管理资金,投资收益与风险由客户或客户与银行按照约定方式共同承担。

《商业银行个人理财业务管理暂行办法》对个人理财业务的界定是"商业银行为个人客户提供的财务分析、财务规划、投资顾问、资产管理等专业化服务活动"。商业银行个人理财业务按照管理运作方式的不同,分为理财顾问服务和综合理财服务。我们一般所说的银行理财产品,其实是指其中的综合理财服务。

八、保险

投资型保险是保险公司推出的一种投资保障型的产品。购买保险通常是为了确保未来经济生活有保障,或对特定危险事故的发生所导致的损失有所补救和帮助。而投资型保险还拥有投资的功能,选择正确的投资保险,就能享受到避险保障和获利的双重功能。

九、黄金

马克思在《资本论》里写道"货币天然不是金银,但金银天然就是货币。"作为天然的贵金属,黄金目前依然是世界各国所青睐的主要国际储备。作为对抗通货膨胀最好的投资产品,黄金是投资组合中不可缺少的一部分。

(一) 黄金投资的优势

1. 税收优势

与其他投资产品相比,黄金的税收负担明显较轻,基本上只有黄金进口时的报关费用。任何一项投资的净收益都要去除一定的赋税,有些投资虽然收益率较高,但税收比例同样很高。相对来说,黄金就不需要考虑这方面的风险因素。

2. 流动性较好

在黄金市场开放的国家,任何人都可以在公开的场合进行黄金交易。而且黄金还可以像礼物一样进行自由转让和赠送。相对而言,房产、股票、债券等投资产品的转让,都需要办理过户手续,其流动性明显没有黄金那么好。

3. 价值久远

虽然时间会让黄金失去光泽,但其价值并不会有太大改变,更不会出现大幅度贬值的情况。

4. 能够有效对抗通货膨胀

大部分投资产品都会受到通货膨胀的影响,只有黄金会随着通货膨胀而相应上涨。当货币不断贬值时,人们更愿意把手中的钱变成实实在在的黄金。

5. 交易时间灵活

目前,全球的黄金市场主要分布在欧、亚、北美三个区域。全球各大金市的交易时间,以伦敦时间为准,形成伦敦、纽约(芝加哥)连续不停的黄金交易,投资者全天 24 小时都可以进行黄金交易。

(二) 黄金投资的品种

1. 金块、金条

金块、金条是最传统的黄金投资品种。投资金块、金条的优点是不需要相关费用,附加支出不高,投资者基本上可以接近原金的价格买进,而且流通性强,可以立即兑现。通过先进的工艺制造出来的金块、金条图案精致,适合收藏和赠送,且具有较好的保值功能,对抵抗通货膨胀有一定的作用。

2. 金币

金币投资的价值主要在于收藏,其投资功能并不大。金币主要有两种:纯金币和纪念性金币。纯金币的价值基本与黄金含量一致,但其价格和等量金价格相比,总要略高一些。纪念性金币由于发行量有限、选料严格、设计水平较高、制造工艺难度较大,从而具有较大的增值潜力。纪念性金币一般都是流通性币,都标有面值,不需要按黄金含量换算兑现,因此流通性比纯金币更强。由于金币的制作工艺复杂,市场波动较大,所以投资者必须对金币有一定的了解,否则投资起来会遇到很多困难。

3. 金饰品

金饰品由于制作的劳动成本较高,且都算在购买价格之内,因此买进时价格往往高出实际黄金含量很多而卖出时却是"认量不认型",按照实际黄金含量计价。而且,金饰品抗风险的能力相对来说较差。所以,选择金饰品作为黄金投资的品种是非常不划算的。不过,如果是珠宝首饰的爱好者就另当别论了。

4. 纸黄金

纸黄金是现代才产生的一种黄金投资模式。纸黄金交易过程中没有实际黄金中介人,投资者不必进行黄金实物的买卖及交收,而是采用记账的方式来投资黄金,因此,它也称为"记账黄金"。由于不涉及黄金实物的交收,也不用缴纳税金,所以交易成本更低。

十、其他

(一) 外汇

外汇和股票一样,都是高收益和高风险同时存在的一种投资产品。"货币是一种资产,投资是一种时尚。"外汇作为投资产品的一种,俨然成为投资者的新宠。尤其是随着互联网技术的快速发展,外汇市场更是一片火热。但是,要想成为一个成熟的"炒家",投资者还需要在实际操作过程中多多学习。

(二) 艺术品

艺术品投资包括收藏钱币、邮票等。随着经济的发展,越来越多的人开始关注艺术品的收藏和投资。与其他投资相比,艺术品有其独特的性质,在操作上讲究一定的策略,选择艺术品投资需要投资者具备一定的眼光,还要有一定的专业知识。

(三) 房地产

房地产投资是以房地产为对象,为获得预期效益而对土地和房地产开发、房地产经营,以及购置房地产等进行的投资。广义上说,房地产投资的预期效益因投资主体不同而有所不同。政府投资注重宏观的经济效益、社会效益和环境效益;企业投资注重利润指标;购置自用的房地产,则注重其使用功能的发挥。从狭义上说,房地产投资主要是指企业以获取利润为目的的投资。房地产投资是固定资产投资的重要组成部分。它需要动员大量的社会资源(包括资金、土地、物质材料、劳动力、技术、信息等资源),才可能使投资效益得到实现。

【活动实施】

根据本活动材料,要求:

1. 为小张的 50 000 元理财做出恰当的规划。
2. 选出代表阐述各自家庭的理财实践及经验。
3. 分组讨论作为学生应该如何应用理财实践。
4. 你使用过哪些信用卡方式?说说你的经验。
5. 你如何看待子女教育基金和养老基金?

【活动评价】

表1-16 理财的实践活动评价表

考核项目	考核内容		考核权重	评分			合计
				教师评	互评	自评	
专业技能	活动准备	理财的实践思维导图	45分			√	
	活动实施	1	5分		√		
		2	5分	√			
		3	5分		√		
		4	5分		√		
		5	5分		√		
职业素养	签到		10分	√			
	合作		10分	√			
	整理		10分	√			

项目二 企业认知

【知识目标】

1. 认识企业。
2. 认识企业分类。
3. 认识企业组织机构。
4. 认识企业经营活动。
5. 能复述五证合一的内容。
6. 能复述企业印章的种类。
7. 能复述银行账户的种类。
8. 能复述发票种类。
9. 能复述发票验旧。
10. 能区分一般纳税人和小规模纳税人。
11. 能复述特殊情况下的申报种类。
12. 能概括增值税发票税控系统的构成。
13. 能概述企业注销的步骤。

【技能目标】

1. 能办理五证合一。
2. 能办理印章。
3. 能办理银行开户。
4. 能办理税务登记。
5. 能办理税企银三方协议。
6. 能在自助终端办理实名登记。
7. 能办理金税盘发售。
8. 能办理发票申领。
9. 能办理工商变更。
10. 能办理税务变更。
11. 能办理企业年度报告。
12. 能办理社保。

13. 能办理公积金。
14. 能办理发票验旧。
15. 能进行零申报、逾期申报、延期申报、延期纳税和更正申报等操作。
16. 能办理金税盘注销。
17. 能办理税务注销。
18. 能办理工商注销。

【知识导图】

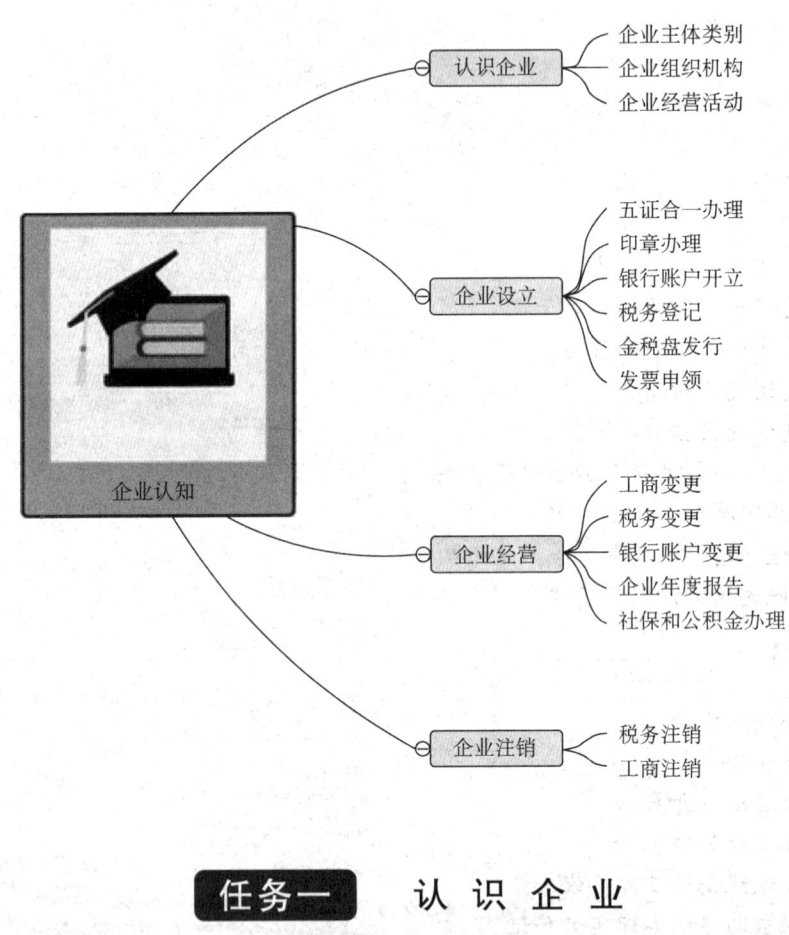

任务一　认识企业

活动一　企业主体类别

【活动场景】

小张和小王又相聚图书馆。小张认为,本学校是一所商科标杆类学校,是赣商培养摇篮和技能人才培育基地,他学习会计,小王学习电商,一个为市场主体计算盈利,一个为市场主体经营获利,缺一不可。

小王觉得小张说得很对。但她同时也发出疑问:我国的市场主体中到底有多少种产业?

【活动准备】

一、企业的内涵

企业一般是指以盈利为目的,运用各种生产要素(土地、劳动力、资本、技术和企业家才能等),向市场提供商品或服务,实行自主经营、自负盈亏、独立核算的法人或其他社会经济组织。

企业是市场经济活动的主要参与者,具有如下特点:

(1) 企业是一种社会经济组织(即市场主体),一般是法人组织。

(2) 企业在经济上是独立经营的。企业独立开展经营活动,为社会提供所需的产品或服务换取收入。

(3) 企业以盈利为目的。企业是市场经济的产物。

(4) 企业具有完整的组织机构(包括企管部、财务部、采购部、生产部、营销部等)。

二、企业类型

企业具有多种属性和复杂形态,按照不同的标准,企业可以划分为不同类型。

(一) 按照三大产业类型划分

按照三大产业类型划分,企业可以分类为第一产业(农业)企业、第二产业(工业)企业和第三产业(服务业)企业。

第一产业(农业)企业是指从事农、林、牧、渔业(不含农、林、牧、渔专业及辅助性活动)的企业。

第二产业(工业)企业是指从事采矿业(不含开采专业及辅助性活动)、制造业(不含金属制品、机械和设备修理业)、电力、热力、燃气及水生产和供应业,建筑业的企业。

第三产业(服务业)企业是指从事除第一产业、第二产业以外的其他企业。第三产业包括:批发和零售业,交通运输、装卸搬运和仓储业、邮政业,住宿和餐饮业,信息传输、软件和信息技术服务业,金融业,房地产业,租赁和商务服务业,科学研究和技术服务业,水利、环境和公共设施管理业,居民服务、修理和其他服务业,教育,卫生和社会工作,文化、体育和娱乐业,公共管理、社会保障和社会组织,国际组织,以及农、林、牧、渔业中的农、林、牧、渔专业及辅助性活动,开采专业及辅助性活动,制造业中的金属制品、机械和设备修理业。

(二) 按照法定组织形式划分

按照法定组织形式划分,企业可以分类为独资企业、合伙企业、公司和个体工商户等。

1. 公司

(1) 股份有限公司。股份有限公司是指由一定人数以上的股东设立,将其全部资本分为等额股份,股东以其所持股份对公司承担责任,公司以其全部资产对公司的债务承担责任的公司。

(2) 有限责任公司。有限责任公司是指由法律规定的一定人数的股东所组成,股东以其出资额为限对公司债务承担责任,公司以其全部资产对其债务承担责任的企业法人。

2. 合伙企业

合伙企业是指自然人、法人和其他组织依照《中华人民共和国合伙企业法》在中国境内设立的普通合伙企业和有限合伙企业。

3. 独资企业

独资企业是指个人出资经营、归个人所有和控制、由个人承担经营风险和享有全部经营收益的企业。它是最古老、最简单的一种企业组织形式。该种企业类型主要盛行于零售业、手工业、农业、林业、渔业、服务业和家庭作坊等。

4. 个体工商户

根据《中华人民共和国民法典》的规定,自然人从事工商经营,经依法登记,为个体工商户。

以上4种组织形式如图2-1所示。

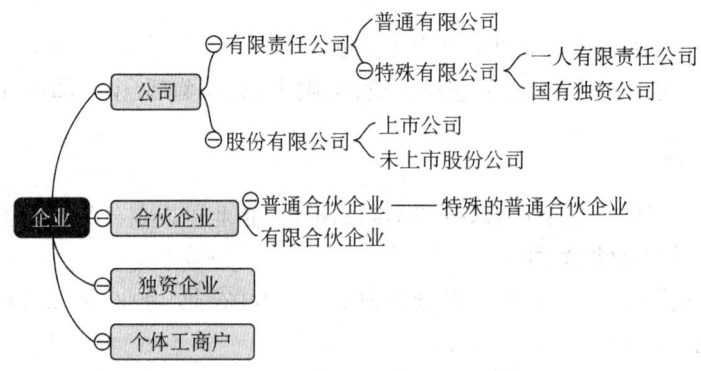

图 2-1　企业组织形式类型

(三) 按照经济类型划分

按照经济类型划分,企业可以分类为国有企业、集体所有制企业、私营企业、联营企业、股份制企业等。

1. 国有企业

国有企业是指企业的全部财产属于国家,由国家出资兴办的企业。国有企业的范围包括中央和地方各级国家机关、事业单位和社会团体使用国有资产投资举办的企业,也包括实行企业化经营、国家不再核拨经费或核发部分经费的事业单位及从事生产经营性活动的社会团体,还包括上述企业、事业单位、社会团体使用国有资产投资举办的企业。

2. 集体所有制企业

集体所有制企业是指一定范围内的劳动群众出资举办的企业。它包括城乡劳动者使用集体资本投资兴办的企业,以及部分个人通过集资自愿放弃所有权并依法经市场监督管理机关认定为集体所有制的企业。

3. 私营企业

私营企业是指由自然人投资设立或由自然人控股,以雇佣劳动为基础的营利性经济组织，即企业的资产属于私人所有，有法定数额以上的雇工的营利性经济组织。这类企业原以经营第三产业为主，现已涉足第一、第二产业，并向科技型、生产型、外向型方向发展。

4. 股份制企业

股份制企业的财产由两个或两个以上的出资者共同出资，并以股份形式而构成的企业。我国的股份制企业主要是指股份有限公司和有限责任公司（包括国有独资公司）两种组织形式。

有限责任公司是指由50个以下的股东出资设立，每个股东以其所认缴的出资额对公司承担有限责任，公司法人以其全部资产对公司债务承担全部责任的经济组织。

股份有限公司是指由2人以上200人以下的发起人组成，公司全部资本为等额股份，股东以其所持股份为限对公司承担责任。

5. 有限合伙企业

有限合伙企业是由普通合伙人和有限合伙人组成的，普通合伙人对合伙企业债务承担无限连带责任，有限合伙人以其认缴的出资额为限对合伙企业债务承担有限责任。有限合伙企业适用于风险投资基金、公司股权激励平台（员工持股平台）等。

6. 联营企业

联营企业是指企业之间或者企业、事业单位之间联营，组成新的经济实体。具备法人条件的联营企业，独立承担民事责任；不具备法人条件的，由联营各方按照出资比例或者协议的约定，以各自所有的或者经营管理的财产承担民事责任；如果按照法律规定或者协议的约定负连带责任的，则要承担连带责任。

7. 外商投资企业

外商投资企业包括在中国境内经过中国政府批准成立的，中外合营者共同投资、共同经营、共享利润、共担风险的中外合资经营企业；也包括由外国企业、其他经济组织按照平等互利的原则，按我国法律以合作协议约定双方权利和义务，经中国有关机关批准而设立的中外合作经营企业；还包括依照中国法律在中国境内设立的，全部资本由外国企业、其他经济组织或个人单独投资、独立经营、自负盈亏的外资企业。

8. 个人独资企业

个人独资企业是指个人出资经营、归个人所有和控制、由个人承担经营风险和享有全部经营收益的企业。投资人以其个人财产对企业债务承担无限责任。个人独资企业适用于个人小规模的小作坊、小饭店等，常见于对名称有特殊要求的企业。

9. 港、澳、台资企业

港、澳、台资企业是指港、澳、台地区投资者依照中华人民共和国有关涉外经济法律、法规的规定，以合资、合作或独资形式在内地（大陆）举办的企业。在法律适用上，均以中华人民共和国涉外经济法律、法规为依据，在经济类型上它是不同于涉外投资的经济类型。

10. 股份合作企业

股份合作企业是指一种以资本联合和劳动联合相结合作为其成立、运作基础的经济组织，它把资本与劳动力这两个生产力的基本要素有效地结合起来，具有股份制企业与合作制企业优点的新兴的企业组织形式。

(四)按企业规模划分

按规模划分,企业可以分类为大型企业、中型企业、小型企业、微型企业等。

根据国家统计局关于印发《统计上大中小微型企业划分办法(2017)》的通知,将企业划分为大、中、小、微型企业,如表2-1所示。

表2-1 大、中、小、微型企业的划分标准

行业名称	指标名称	计量单位	大型	中型	小型	微型
农、林、牧、渔业	营业收入(Y)	万元	Y≥20 000	500≤Y<20 000	50≤Y<500	Y<50
工业*	从业人员(X)	人	X≥1 000	300≤X<1 000	20≤X<300	X<20
	营业收入(Y)	万元	Y≥40 000	2 000≤Y<40 000	300≤Y<2 000	Y<300
建筑业	营业收入(Y)	万元	Y≥80 000	6 000≤Y<80 000	300≤Y<6 000	Y<300
	资产总额(Z)	万元	Z≥80 000	5 000≤Z<80 000	300≤Z<5 000	Z<300
批发业	从业人员(X)	人	X≥200	20≤X<200	5≤X<20	X<5
	营业收入(Y)	万元	Y≥40 000	5 000≤Y<40 000	1 000≤Y<5 000	Y<1 000
零售业	从业人员(X)	人	X≥300	50≤X<300	10≤X<50	X<10
	营业收入(Y)	万元	Y≥20 000	500≤Y<20 000	100≤Y<500	Y<100
交通运输业*	从业人员(X)	人	X≥1 000	300≤X<1 000	20≤X<300	X<20
	营业收入(Y)	万元	Y≥30 000	3 000≤Y<30 000	200≤Y<3 000	Y<200
仓储业*	从业人员(X)	人	X≥200	100≤X<200	20≤X<100	X<20
	营业收入(Y)	万元	Y≥30 000	1 000≤Y<30 000	100≤Y<1 000	Y<100
邮政业	从业人员(X)	人	X≥1 000	300≤X<1 000	20≤X<300	X<20
	营业收入(Y)	万元	Y≥30 000	2 000≤Y<30 000	100≤Y<2 000	Y<100
住宿业	从业人员(X)	人	X≥300	100≤X<300	10≤X<100	X<10
	营业收入(Y)	万元	Y≥10 000	2 000≤Y<10 000	100≤Y<2 000	Y<100
餐饮业	从业人员(X)	人	X≥300	100≤X<300	10≤X<100	X<10
	营业收入(Y)	万元	Y≥10 000	2 000≤Y<10 000	100≤Y<2 000	Y<100
信息传输业*	从业人员(X)	人	X≥2 000	100≤X<2 000	10≤X<100	X<10
	营业收入(Y)	万元	Y≥100 000	1 000≤Y<100 000	100≤Y<1 000	Y<100
软件和信息技术服务业	从业人员(X)	人	X≥300	100≤X<300	10≤X<100	X<10
	营业收入(Y)	万元	Y≥10 000	1 000≤Y<10 000	50≤Y<1 000	Y<50
房地产开发经营	营业收入(Y)	万元	Y≥200 000	1 000≤Y<200 000	100≤Y<1 000	Y<100
	资产总额(Z)	万元	Z≥10 000	5 000≤Z<10 000	2 000≤Z<5 000	Z<2 000

(续表)

行业名称	指标名称	计量单位	大型	中型	小型	微型
物业管理	从业人员(X)	人	$X \geqslant 1\,000$	$300 \leqslant X < 1\,000$	$100 \leqslant X < 300$	$X < 100$
	营业收入(Y)	万元	$Y \geqslant 5\,000$	$1\,000 \leqslant Y < 5\,000$	$500 \leqslant Y < 1\,000$	$Y < 500$
租赁和商务服务业	从业人员(X)	人	$X \geqslant 300$	$100 \leqslant X < 300$	$10 \leqslant X < 100$	$X < 10$
	资产总额(Z)	万元	$Z \geqslant 120\,000$	$8\,000 \leqslant Z < 120\,000$	$100 \leqslant Z < 8\,000$	$Z < 100$
其他未列明行业*	从业人员(X)	人	$X \geqslant 300$	$100 \leqslant X < 300$	$10 \leqslant X < 100$	$X < 10$

三、企业辨析

(一) 企业与公司

企业是所有市场主体的统称。依照中国法律规定,公司是指有限责任公司和股份有限责任公司,具有企业的所有属性。因此,凡公司均为企业,但企业未必都是公司。公司只是企业的一种组织形态。

公司是指依照《公司法》规定的设立条件,在中国境内设立的以营利为目的的企业法人,包括有限责任公司和股份有限公司,如表2-2所示。设立公司时应当依法向登记机关申请设立登记。

表2-2 公司类型和设立条件

公司类型	设立条件
有限责任公司	①股东符合法定人数;②有符合公司章程规定的全体股东认缴的出资额;③股东共同制定公司章程;④有公司名称,建立符合有限责任公司要求的组织机构;⑤有公司住所 有限责任公司含一人有限责任公司和国有独资公司: (1) 一人有限责任公司是指只有一个自然人股东或者一个法人股东的有限责任公司; (2) 国有独资公司,是指国家单独出资、由国务院或者地方人民政府授权本级人民政府国有资产监督管理机构履行出资人职责的有限责任公司
股份有限公司	①发起人符合法定人数;②有符合公司章程规定的全体发起人认购的股本总额或者募集的实收股本总额;③股份发行、筹办事项符合法律规定;④发起人制订公司章程,采用募集方式设立的经创立大会通过;⑤有公司名称,建立符合股份有限公司要求的组织机构;⑥有公司住所 注:股份有限公司符合要求的可以进行IPO成为上市公司,其股票可在证券交易所上市交易

(二) 企业与事业、行政单位

企业单位一般是自负盈亏的生产性单位。所谓"自负盈亏",即自己承担亏损与盈利的后果,有一定的自主权。

事业单位一般是国家设置的带有一定公益性质的机构,但不属于政府机构。一般情况下国家会对这些事业单位予以财政补助,以此可以分为全额拨款事业单位,如学校等;差额拨款事业单位,如医院等。而自主事业单位,是国家不拨款的事业单位。

行政单位是指进行国家行政管理、组织经济建设和文化建设、维护社会公共秩序的单位,主要包括国家权力机关、行政机关、司法机关,以及实行预算管理的其他机关、政党组织等。

(三)企业与法人

法人是具有民事权利能力和民事行为能力,依法独立享有民事权利和承担民事义务的组织。企业有法人企业和非法人企业之分,如表 2-3 所示。

表 2-3 法人与非法人企业

法人企业	非法人企业
法律地位是具有法人资格	法律地位是不具有法人资格
法人企业能够以企业自己的名义独立享有法定权利和承担法定义务	不能独立承担民事责任,不能独立支配和处分所经营管理的财产
投资人以投资额为限承担有限责任	投资人承担无限责任

市场监督管理部门是企业法人登记和营业登记的主管机关。登记主管机关依法独立行使职权,实行分级登记管理的原则。

【活动实施】

根据本活动材料,回答下列问题:

1. 在网上搜索十大振兴产业,完成表 2-4。

表 2-4 十大振兴产业

产业行业类型	产业名称	产业调整振兴规划的亮点
加工制造业		
加工制造业		
现代服务业		
简要了解并说明十大产业相关信息对所学专业的影响:		

2. 在网上搜索表 2-5 中的企业,判断并写出企业类型。

表 2-5 企业类型对照表

企业 logo	产业类型	组织形式	经济类型	企业规模
KFC				
中国平安 PING AN				
中国工商银行				
LI-NING				
McDonald's				
北京现代				
德聚全				
王府井百货 Wangfujing				
中国石化				
中国移动 China Mobile				
Haier 海尔				
宋字担担面				
旺中旺生活超市 WangZhongWang Happy Market				

【活动评价】

表 2-6　企业主体类别活动评价表

考核项目	考核内容		考核权重	评分			合计
				教师评	互评	自评	
专业技能	活动准备	企业主体类别思维导图	24分			√	
	活动实施	1	20分	√			
		2	26分				
职业素养	签到		10分		√		
	合作		10分		√		
	整理		10分		√		

活动二　企业组织机构

【活动场景】

小王与他人合伙开设了一家网店，共有 8 人，其中 4 人是营销客服、2 人是网页设计、2 人是售后兼仓管，小王全面负责网店运营兼财务记账员，每月负责统计销售、库存及财务状况并向大伙汇报。网店虽小，但五脏俱全。

【活动准备】

一、企业组织机构的内涵

企业从事经营活动，需要设置财务部、生产部、研发部等组织机构。企业组织机构是进行企业流程运转、部门设置及职能规划等最基本的结构依据，是企业内部各组织职能分配的一种体现，应按照一定的原则设置。设置企业组织机构应注意：

（1）在公司的组织机构中，要实行决策权、执行权和监督权三权分离的原则。

（2）要把公司组织机构成员的利益同公司经营管理的好坏紧密联系起来。

（3）公司组织机构的成员必须具备一定的素质，但对不同成员素质的要求是不同的。

企业组织结构是企业组织机构的设置和联系方式。组织结构不合理会严重阻碍企业的正常运作，甚至导致企业经营的彻底失败。相反，适宜、高效的组织结构能够最大限度地释放企业的能量，使组织更好地发挥协同效应，达到"1＋1＞2"的合理运营状态。

二、企业组织机构的内容

以公司制为例，公司组织机构包括四个部分，即权力机构、决策机构、执行机构和监督机构。

(一) 权力机构:股东大会

股东大会是由公司全体股东组成的决定公司重大问题的最高权力机构,是股东表达其意志、利益和要求的主要场所和工具。

(二) 决策机构:董事会

董事会是公司的决策机关,成员为3～13名。股东人数较少或者规模较小的有限责任公司,可以不设董事会,仅设置一名执行董事。在股东大会闭会期间,它是公司的最高决策机构。除股东大会拥有或授予其他机构拥有的权力,公司的一切权力由董事会行使或授权行使。作为合议制机构,公司的业务活动必须由全体董事组成的董事会会议加以决定,任何一个董事都无权决定公司的事务,除非得到董事会授权。

(三) 执行机构:经营管理机构

经营管理机构作为公司的执行机构,为选设机构。公司执行机构是指由公司高级职员组成的具体负责公司经营管理活动的一个执行性机构。它是公司业务活动的最高指挥中心,实行首长负责制。其主要职责是贯彻执行董事会作出的决策,下设财务部、生产部、市场部和研发部等。

(四) 监督机构:监事会

监事会对董事、管理人员及公司财务进行监督。设立监事会,其成员不少于3人,监事会应当包括股东代表和职工代表。股东人数较少或者规模较小的有限责任公司,可以不设监事会,设置一到两名监事。公司的决策权和管理权大部分集中在少数人手中,这是提高公司经营管理效率的需要。为了防止他们滥用权力,违反法律和章程,损害公司所有者的利益,所有者及股东要对他们的活动及其组织的公司业务活动进行检查和监督,这种监督权由公司的监督机构来执行。

三、企业组织结构类型

企业组织结构类型包括扁平型、智慧型和金字塔型等,其中金字塔型又包括直线制、职能制、直线—职能制、事业部制、模拟分权制和矩阵制等。

【活动实施】

根据本活动材料,回答下列问题:

1. 在网上搜索企业组织结构类型的特点及适用范围,填写表2-7。

表2-7 企业组织结构类型

结构类型	层次	特点及适用范围	
扁平型			
智慧型			
金字塔型		直线制	
		职能制	

（续表）

结构类型	层次	特点及适用范围	
金字塔型		直线—职能制	
		事业部制	
		模拟分权制	
		矩阵制	

2. 金字塔型企业组织结构是企业传统的组织结构类型，请在网上搜索组织结构样图，完成表2-8。

表2-8 企业组织结构样图

企业组织结构类型	企业组织结构样图
直线制	
职能制	
直线—职能制	
事业部制	
模拟分权制	
矩阵制	

3. 你认为小王网店的组织结构属于哪种类型？
4. 请网络搜索或市场调研一家500强企业的组织结构类型及结构图。
5. 谈一谈企业财务部设置的必要性。

【活动评价】

表 2-9 企业组织机构活动评价表

考核项目	考核内容		考核权重	评分			合计
				教师评	互评	自评	
专业技能	活动准备	企业组织机构思维导图	30 分			√	
	活动实施	1	10 分	√			
		2	10 分			√	
		3	10 分		√		
		4	10 分	√			
职业素养	签到		10 分		√		
	合作		10 分		√		
	整理		10 分	√			

活动三 企业经营活动

【活动场景】

小王的网店经营小饰品，共有 8 个合伙人，每人注资 2 000 元。他们从洪城大市场批发进货，仓库验收，然后在网络平台接单、销售、收款、发货。通过这一系列的营销活动，网店已经收回本金并实现盈利。小王在提供市场需要的服务和产品，为社会奉献力量的同时，也实现了自己的财富增长。

【活动准备】

企业经营活动是指以现金收支为主的企业资金收支活动的总称。社会主义市场经济条件下，一切物资都具有一定的价值，它体现着耗费于物资中的社会必要劳动量。社会再生产过程中物资价值的货币表现，就是资金。拥有一定数额的资金是进行生产经营活动的必要条件。企业生产经营过程，一方面表现为物资的持续购进和售出；另一方面则表现为资金的支出和收回。企业的经营活动不断进行，也就会不断产生资金的收支。企业的经营活动包括筹资活动、投资活动、营运活动和利润分配活动等四个方面。

一、企业筹资引起的经营活动

在商品经济条件下，企业要想从事经营，首先必须筹集一定数量的资金，企业通过发行股票、发行债券、吸收直接投资等方式筹集资金，表现为企业资金的收入。企业偿还借款、支付利息、股利以及付出各种筹资费用等，则表现为企业资金的支出。资金筹集是企业经营活动的起点,筹资活动是企业生存、发展的基本前提,没有资金企业将难以生存,也不可能发展。俗话说,巧妇难为无米之炊。

二、企业投资引起的经营活动

企业筹集资金的目的是把资金用于生产经营活动以便取得盈利,不断增加企业价值。企业把筹集到的资金投资于企业内部用于购置固定资产、无形资产等,便形成企业的对内投资;企业把筹集到的资金投资于购买其他企业的股票、债券或与其他企业联营进行投资,便形成企业的对外投资。无论是企业购买内部所需各种资产,还是购买各种证券,都需要支出资金。而当企业变卖其对内投资的各种资产或收回其对外投资时,则会产生资金的收入。这种便是由投资而引起的经营活动。

三、企业营运引起的经营活动

企业营运活动是指企业投资活动和筹资活动以外的所有交易和事项。营运活动的范围很广,就工商企业来说主要包括：销售商品、提供劳务、经营性租赁、购买商品、接受劳务、广告宣传、推销产品、缴纳税款等。

四、企业利润分配引起的经营活动

企业在经营过程中会产生利润,也可能会因对外投资而分得利润,这表明企业有了资金的增值或取得了投资报酬。企业的利润要按规定的程序进行分配：首先,要依法纳税；其次,要用来弥补亏损,提取公积金、公益金；最后,要向投资者分配利润。

【活动实施】

根据本活动材料,回答下列问题：

1. 通过搜索网络或市场调研,了解以下企业的生产经营范围,完成表 2-10。

表 2-10　企业经营范围搜索

企业	生产经营范围
沃尔玛	
英特尔	
耐克	
可口可乐	
德勤会计师事务所	
麦肯锡	
迪斯尼	
通用汽车	
大中电器城	

(续表)

企业	生产经营范围
北京曲美家具	
中国工商银行	
索尼	

2. 请拟定小王网店的经营范围。

【活动评价】

表 2-11　企业经营活动评价表

考核项目	考核内容	考核权重	评分			合计
			教师评	互评	自评	
专业技能	活动准备	企业经营活动思维导图	30分			√	
	活动实施	1	20分		√		
		2	20分	√			
职业素养	签到	10分	√			
	合作	10分	√			
	整理	10分	√			

任务二　企业设立

活动一　五证合一办理

【活动场景】

进入最后一个学期，小张来到了金金财务咨询公司开始顶岗实习，总经理介绍了金金财务咨询公司的业务范围，包括专业从事代理记账、税务筹划、商标注册、公司注册、经营、变更和注销、办理社保、公积金等。金金财务咨询公司是一家专业性财税咨询公司，竭诚为各类中、小企业合理规划财务和税收，提供全方位、一条龙服务。刚进入的实习生一般从外勤业务做起，即工商事项登记、税务事项登记、金税盘发行与发票申领及发票的日常管理，具体负责代办企业财税基本事项，包括企业的成立、变更、年报、注销、使用各类财税软件及税务自助终端办理涉税业务，开具发票、简单业务咨询，同时还负责社保公积金办理等业务。

小张联想起全日制学习中的五证合一、税务登记、发票开具，开始期待未来一段时间的工作。

【活动准备】

一、企业生命周期

企业在市场中,一般会经过成立、成长、成熟的过程,有些企业还会因为环境的改变、科技的发展等因素,选择转型或者关闭。因此,在企业整个生命周期中,每个阶段都涉及大量财税事项需要处理。在企业准备进入市场阶段,需要依法进行设立登记,取得市场的准入资格、经营资格。企业设立登记成功后,即进入企业的经营阶段,在经营过程中会涉及发票开具、纳税申报、企业年报、企业变更等工作。当企业发生变更情况时,还应当向相应的政府部门申请变更工作。当企业需要注销时,也要在相关政府部门进行注销登记,退出市场,如图2-2所示。

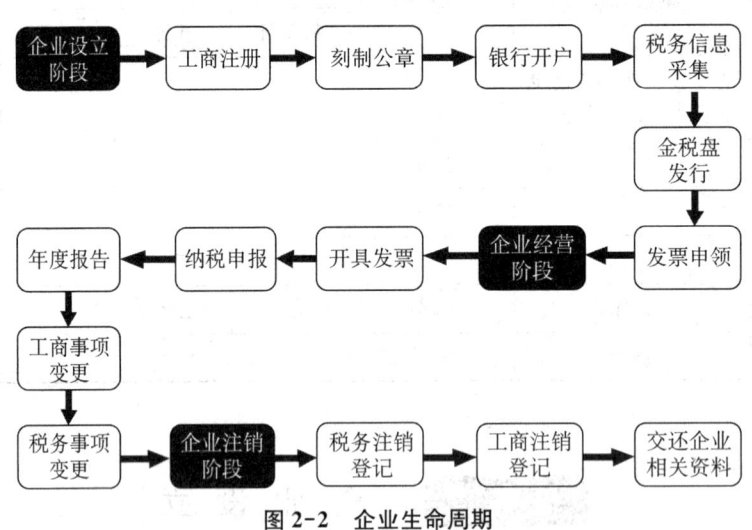

图 2-2 企业生命周期

二、企业设立活动

根据《中华人民共和国企业法人登记管理条例施行细则》,具备企业法人条件的企业,应当根据国家法律、法规及本细则有关规定,申请企业法人登记;依法需要办理企业法人登记的,未经企业法人登记主管机关核准登记注册,不得从事经营活动。申请设立企业法人登记的前提条件是:名称、组织机构和章程;固定的经营场所和必要的设施;符合国家规定并与其生产经营和服务规模相适应的资金数额和从业人员;能够独立承担民事责任;符合国家法律、法规和政策规定的经营范围。

公司设立活动包括形成公司资本、形成公司组织和形成书面约定。有些公司需要在企业设立登记前获得某种或者某些行政许可,也叫前置许可。例如,设立证券公司需要证监会许可,设立保险公司需要银保监会许可,销售烟草需要烟草管理部门许可,销售易燃易爆物需要公安部门许可。

(1)股东出资。股东出资包括认缴、实缴出资、对出资进行评估三个阶段。股东可以货币、实物、知识产权和土地使用权等出资,不可以劳务、信用、自然人姓名、商誉、特许经营权和设定担保的财产等出资。股东出资在公司成立后不得撤回,也不得以任何方式抽逃出资。

(2) 公司名称。公司名称一般应当由行政区划、字号(或商号)、行业或经营特点、组织形式依次组成,法律、行政法规另有规定的除外。登记企业名称时应当严格遵守《企业名称登记管理规定》的规定。一般情况下由企业自主申报,特殊情况下需要预先核准。

(3) 行政区划。企业名称应当冠以企业所在地省(包括自治区、直辖市,下同)或者市(包括州,下同)或者县(包括市辖区,下同)行政区划名称。可以不冠以企业所在地行政区划名称的企业:①全国性公司;②国务院或其授权的机关批准的大型进出口企业;③国务院或其授权的机关批准的大型企业集团;④历史悠久、字号驰名的企业;⑤外商投资企业;⑥国家市场监督管理总局规定的其他企业。

除国务院决定设立的企业外,企业名称不得冠以"中国""中华""全国""国家""国际"等字样。在企业名称中间使用"中国""中华""全国""国家""国际"等字样的,该字样应是行业的限定语。使用外国(地区)出资企业字号的外商独资企业、外方控股的外商投资企业,可以在名称中间使用"(中国)"字样。

企业名称中的行政区划是本企业所在地县级以上行政区划的名称或地名。市辖区的名称不能单独用作企业名称中的行政区划。市辖区名称与市行政区划连用的企业名称,由市市场监督管理局核准。省、市、县行政区划连用的企业名称,由最高级别行政区的市场监督管理局核准。

国家市场监督管理总局负责核准的企业名称包括,冠以"中国""中华""全国""国家""国际"等字样的;在名称中间使用"中国""中华""全国""国家"等字样的;不含行政区划的。地方市场监督管理局负责核准的企业名称包括,冠以同级行政区划的;符合将名称中的行政区划放在字号之后,组织形式之前条件的含有同级行政区划的:①使用控股企业名称中的字号;②该控股企业的名称不含行政区划。

(4) 字号(或商号)。企业可以选择字号:①字号应当由两个以上的字组成;②企业有正当理由可以使用本地或者异地地名作字号;③行政区划不得用作字号,但县以上行政区划的地名具有其他含义的除外;④企业为反映其经营特点,可以在名称中的字号之后使用国家(地区)名称或者县级以上行政区划的地名(上述地名不视为企业名称中的行政区划);⑤私营企业可以使用投资人姓名作字号。

(5) 行业或经营特点。企业应当根据其主营业务,依照国家行业分类标准划分的类别,在企业名称中标明所属行业或者经营特点。企业名称中的行业表述应当是反映企业经济活动性质所属国民经济行业或者企业经营特点的用语。企业名称中行业用语表述的内容应当与企业经营范围一致。企业经济活动性质分别属于国民经济行业不同大类的,应当选择主要经济活动性质所属国民经济行业类别用语表述企业名称中的行业。企业名称中不使用国民经济行业类别用语表述企业所从事行业的,应当符合以下条件:①企业经济活动性质分别属于国民经济行业5个以上大类;②企业注册资本(或注册资金)1亿元以上或者是企业集团的母公司;③与同一市场监督管理机关核准或者登记注册的企业名称中字号不相同。企业名称不应当明示或者暗示有超越其经营范围的业务。

(6) 组织形式。企业应当根据其组织结构或者责任形式,在企业名称中标明组织形式。

所标明的组织形式必须明确易懂。《公司法》规定：设立有限责任公司的，必须在公司名称中标明有限责任公司或者有限公司字样；设立的股份有限公司的，必须在公司名称中标明股份有限公司或者股份公司字样。

企业名称注意事项如下：

第一，企业名称应当使用汉字，民族自治地方的企业名称可以同时使用本民族自治地方通用的民族文字。企业使用外文名称的，其外文名称应当与中文名称相一致，并报登记主管机关登记注册。

第二，企业名称不得含有下列内容和文字：①有损于国家、社会公共利益的；②可能对公众造成欺骗或者误解的；③外国国家(地区)名称、国际组织名称；④政党名称、党政军机关名称、群众组织名称、社会团体名称及部队番号；⑤汉语拼音字母(外文名称中使用的除外)、数字；⑥其他法律、行政法规规定禁止的。

第三，企业法人只准使用一个名称，在登记主管机关辖区内不得与已登记注册的同行业企业名称相同或者近似。申报通过后的企业名称在规定的范围内享有专用权。

第四，企业名称自主申报通过后，将设有保留期。在保留期内不得调整登记机关、投资人、注册资本等事项，也不得将企业名称用于从事经营活动，或转让该企业名称。

第五，自主申报的企业名称经登记机关注册登记，办理营业执照后正式生效。

第六，企业的印章、银行账户、牌匾、信笺所使用的名称应当与登记注册的企业名称相同。从事商业、公共饮食、服务等行业的企业名称牌匾可适当简化，但应当报登记主管机关备案。

第七，企业名称相关罚则如表 2-12 所示。

表 2-12　企业名称相关罚则

出现情形	处罚措施
使用未经核准登记注册的企业名称从事生产经营活动的	责令停止经营活动，没收非法所得或者处 2 000 元以上、2 万元以下罚款，情节严重的，可以并处
擅自改变企业名称的	予以警告或者处以 1 000 元以上、1 万元以下罚款，并限期办理变更登记
擅自转让或者出租自己的企业名称的	没收非法所得并处以 1 000 元以上、1 万元以下罚款
使用保留期内的企业名称从事生产经营活动或者保留期届满不按期将《企业名称登记证书》交回登记主管机关的	予以警告或者处以 500 元以上、5 000 元以下罚款
违反本规定第二十条规定的	予以警告并处以 500 元以上、5 000 元以下罚款

擅自使用他人已经登记注册的企业名称或者有其他侵犯他人企业名称专用权行为的，被侵权人可以向侵权人所在地登记主管机关要求处理。登记主管机关有权责令侵权人停止侵权行为，赔偿被侵权人因该侵权行为所遭受的损失，没收非法所得并处以 5 000 元以上、5 万元以下罚款。对侵犯他人企业名称专用权的，被侵权人也可以直接向人民法院起诉。

(7) 公司住所与经营地。公司的住所是公司章程载明的地点，是公司章程的必要记载事项,是企业法人从事生产经营活动的必要条件,它可以:作为确定企业登记主管机关管辖的依据;作为确定诉讼管辖的依据;作为法律文书收受的处所;作为债权债务的接受地和履行地等。《公司法》:公司以其主要办事机构所在地为住所。公司在其日常经营过程中,开展主要业务活动、经营活动的,为其经营地。公司住所和经营场所二者从法律意义的角度来看是不同的,但在实际工作中,企业住所和经营场所一般是同一地点。

(8) 公司章程。公司章程是股东共同一致的意思表示。公司章程是公司依法制定的,并规定了公司名称、住所、经营范围、经营管理制度等重大事项的基本文件。公司章程是公司必备的规定公司组织及活动基本规则的书面文件。公司章程是公司组织和活动的基本准则。公司章程对公司的成立及运营具有十分重要的意义,它既是公司成立的基础,也是调整公司活动的基本准则。公司章程具有法定性、真实性、自治性和公开性。

(9) 组织机构,详见任务一活动二。

三、五证合一登记制度

目前的营业执照为"多证合一"。"多证合一"是指证照整合改革,实现企业一照一码走天下。一照一码的营业执照将成为企业的"身份证",而全国统一信用代码便是企业的身份证代码。

"五证合一、一照一码"登记制度,是我国深化商事制度改革、优化营商环境、推动大众创业、万众创新的一项重要举措,强调完善一站式服务工作机制,推进部门间信息共享互认。五证是指营业执照、税务登记证、组织机构代码证、社会保险登记证和统计登记证。营业执照是指市场监督管理机关发给工商企业、个体经营者的准许从事某项生产经营活动的凭证。其格式由国家市场监督管理总局统一规定。组织机构代码证是对中华人民共和国境内依法注册、依法登记的机关、企事业单位、社会团体和民办非企业单位颁发一个在全国范围内唯一的、始终不变的代码标识。税务登记证是从事生产、经营的纳税人向生产、经营地或者纳税义务发生地的主管税务机关申报办理税务登记时,所颁发的登记凭证。社会保险登记是指根据相关规定应当缴纳社会保险费的单位,按照程序进行登记、领取社会保险登记证的行为。统计登记证是统计部门颁发的,用于报送统计数据的证书。其主要目的在于查清各类统计单位的地区分布、行业类别、单位类型、规模以及资产构成等情况。

营业执照是企业拥有合法经营权的凭证。依企业自愿的原则领取纸质营业执照和电子营业执照。

(一) 纸质营业执照

纸质营业执照分为正本和副本。营业执照的正本和副本没有本质区别,二者具有相同的法律效力。在使用过程中,正本应当置于公司住所或营业场所的醒目位置,副本用于外出办理业务使用。无论是营业执照的正本或副本均不得伪造、涂改、出租、出借、转让、出卖。

1. 统一社会信用代码

营业执照左上角为统一社会信用代码共18位,组成如图2-3所示。

代码第1位——登记管理部门代码:企业进行登记注册时,其登记管理部门为市场监督管理部门的,其代码为9。

代码第2位——机构类别代码:登记管理部门为市场监督管理部门的,企业代码为1,个体工商户代码为2,农民专业合作社代码为3。

统一社会信用代码	第一部分	第二部分	第三部分						第四部分									第五部分
代码序号	1	2	3	4	5	6	7	8	9	10	11	12	13	14	15	16	17	18
代码	X	X	X	X	X	X	X	X	X	X	X	X	X	X	X	X	X	X
说明	登记管理部门代码1位	机构类别代码1位	登记管理机关行政区划码6位						主体标识码（全国组织机构代码）9位									校验码1位

图 2-3 统一社会信用代码组成

代码第 3~8 位——登记管理机关行政区划码：是国家对行政区域的划分，每个区域都有一个唯一的代码标识。

代码第 9~17 位——主体标识码：即全国组织机构代码。

代码第 18 位——校验码：由系统自动生成。

2. 二维码

营业执照右上角为二维码，与国家企业信用信息公示系统上公示的企业信息精准连接。查询人可通过扫描二维码直接查询该市场主体的公示信息。

3. 名称、类型、法定代表人和经营范围

名称：企业在市场监督管理部门登记的名称。

类型：有限责任公司或股份有限公司。

法定代表人：公司章程约定的，公司法定的有权签字人。法定代表人不一定是股东。

经营范围：由公司章程规定，并依法登记，分为一般经营项目和许可经营项目。

4. 注册资本、成立日期、营业期限和住所

注册资本：全体股东认缴的出资额。

成立日期：营业执照签发日期为公司成立日期。

营业期限：公司存续的有效时间，分为有期限和无期限。

住所：公司的主要办事机构所在地。公司营业执照登记的住所应当与实际经营场所一致。

（二）电子营业执照

电子营业执照是指由市场监管部门依据国家有关法律法规、按照统一标准规范核发的载有市场主体登记信息的法律电子证件，是市场主体取得主体资格的合法凭证。电子营业执照与纸质营业执照具有同等法律效力，其文件的内容和版式与纸质营业执照基本相同，但电子营业执照文件中标注"电子营业执照"水印和数字签名，不显示登记机关印章。

电子营业执照需要绑定到某一自然人的手机上进行使用，其中企业法定代表人、执行事务合伙人、投资人或负责人是默认领照人。企业的默认领照人，需要根据其在登记机关登记

的姓名和身份证信息,辅以面部识别,经过实名实人认证,并通过身份验证后,方可在手机移动端APP(微信、支付宝小程序)下载领取电子营业执照。

电子营业执照适用于需要提供市场主体身份凭证的场合,包括但不限于下列情形:

(1) 出示营业执照以表明市场主体身份,或使用营业执照进行市场主体身份认证和证明的;

(2) 办理市场主体登记注册业务的;

(3) 以市场主体身份登录网上系统或平台,办理各项业务、开展经营活动的;

(4) 登录国家企业信用信息公示系统报送年度报告、自主公示信息的;

(5) 以市场主体身份对电子文件、表单或数据等进行电子签名的;

(6) 在互联网上公开营业执照信息和链接标识的;

(7) 授权相关个人或单位共享、传输或获取其市场主体数据信息的;

(8) 按照法律、法规和相关规定需要使用和提供营业执照的。

根据国市监注〔2018〕249号市场监管总局关于印发《电子营业执照管理办法(试行)》的通知规定,电子营业执照的使用方法如图2-4所示。

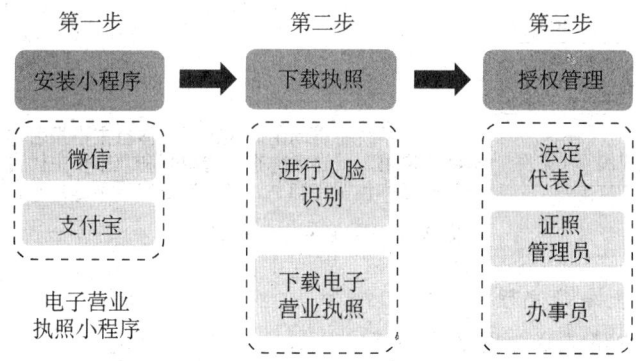

图2-4 电子营业执照使用方法

【活动流程】

企业设立登记注册的主要事项包括:企业法人名称、住所、经营场所、法定代表人、经济性质、经营范围、经营方式、注册资金、从业人数、经营期限、分支机构。目前"多证合一"的办理有两种方式:①现场办理;②网上办理。

一、操作流程

(一) 现场办理

现场办理营业执照的具体流程如图2-5所示。

图2-5 现场办理营业执照流程

(二) 网上办理

网上办理营业执照的具体流程如图 2-6 所示。

图 2-6　网上办理营业执照流程

1. 企业名称自主申报流程

企业名称自主申报流程如图 2-7 所示。

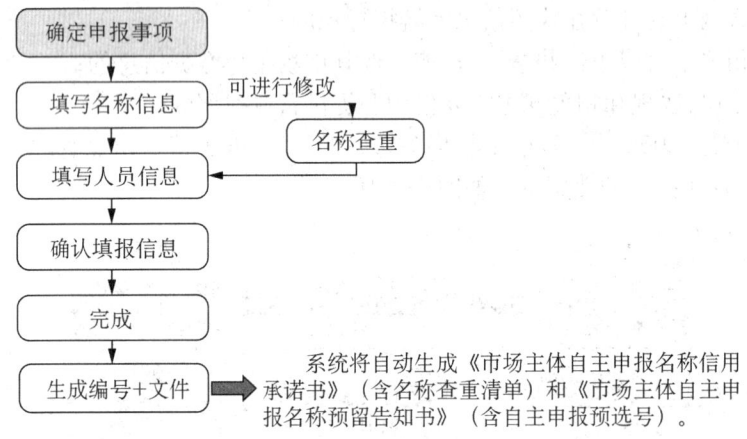

图 2-7　企业名称自主申报

2. 设立登记网上申请流程

设立登记网上申请流程如图 2-8 所示。

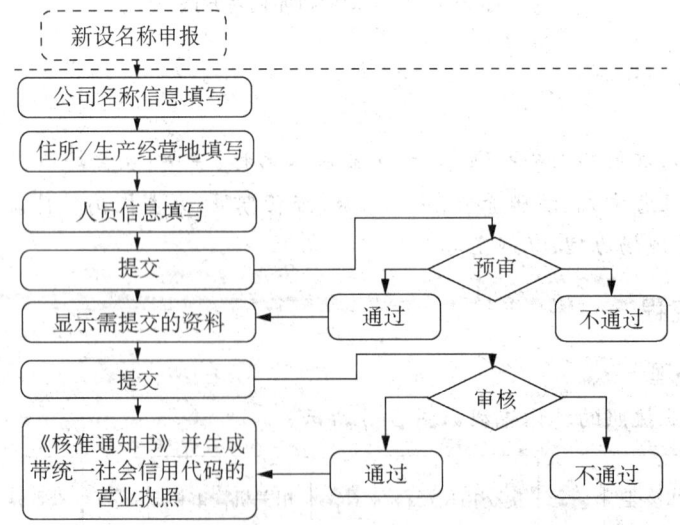

图 2-8　企业网上申请设立登记

二、操作要点

(一) 名称核准

1. 企业名称核准

注册企业需要一个可以使用的企业名称。企业名称的组成形式为"行政区域＋字号＋行业性质＋组织形式"。一般情况下要求企业提供3~5个备选名称。实际操作中,经常会出现企业预注册的名称已被使用,或者违反名称设置的相关规则,因此拟3~5个备选名称是有必要的。

企业注册的第一步就是核准企业名称,可以自己在市场监督管理局网站上进行核准,也可以到市场监督管理局现场核准。

2. 提交相关资料

办理"多证合一"时,企业需要提交的资料有:企业法定代表人签署的《企业设立登记申请书》;全体投资人的资格证明(自然人提供身份证原件,企业法人提供营业执照);提交企业章程等。工商登记需要提供董事、监事、经理以及董事长或者董事的任职证明;董事、监事、经理等的身份证复印件;企业住所使用证明,如房屋租赁协议以及房屋产权复印件;《企业名称预先核准通知书》等。

3. 相关机构审核

市场监督管理机构在承诺时间内完成营业执照审批手续后,将申请资料和营业执照信息传至平台。

工商质监局窗口收到平台推送申请资料和营业执照信息后,需办理组织机构代码登记手续,并将组织机构代码发送至平台。

国家税务总局、统计局和人力资源社会保障部等部门收到平台的推送申请资料、营业执照和组织机构代码信息后,分别办理税务登记证、统计证和社会保险登记证等证件的相关手续,并将各自的登记证号发送至平台。

4. 获取营业执照

市场监督管理综合窗口收到各机构核准登记信息后,在系统平台上打印出营业执照,申请人需携带准予设立登记通知书、办理人身份证原件等资料,到综合窗口领取营业执照正副本。

办理企业营业执照,既可以在当地工商局现场办理,也可以在工商网上办理,审批通过之后,需要登记人(之前注册人)去工商局领取营业执照。

(二) 登记设立

企业注册前期需要准备的相关资料为:需要准备企业的名称(需要准备多个企业名称进行核名);企业法人和监事身份证复印件(企业有多少个股东就需要提供多少个股东的身份证复印件);注册地址(房屋租赁合同及房产证复印件并填写承诺书);公司注册资本;公司经营范围。

三、操作步骤

(一) 名称核准

各省份的服务平台不同,但主要操作内容基本相同。本书仅以江西省企业登记网络服务平台为例,详述操作步骤。读者也可根据题面及提示,在所在省份的服务平台上操作。

(1) 在浏览器中输入江西省企业登记网络服务平台网址：http://wsdj.jxaic.gov.cn/zxlogin。
(2) 输入账号密码，登录平台，如图2-9所示。

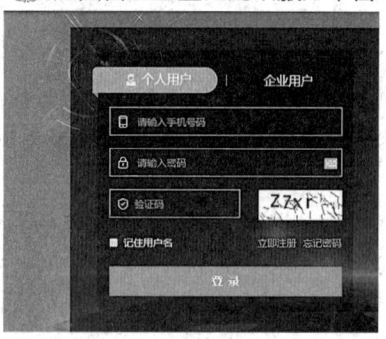

图2-9　登录江西省企业登记网络服务平台

(3) 点击"名称核准"，如图2-10、图2-11所示。

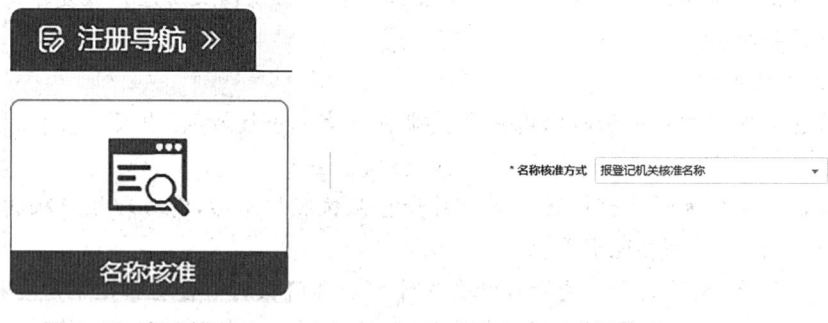

图2-10　名称核准1　　　　　　　　图2-11　名称核准2

(4) 选择所在地，如图2-12所示。

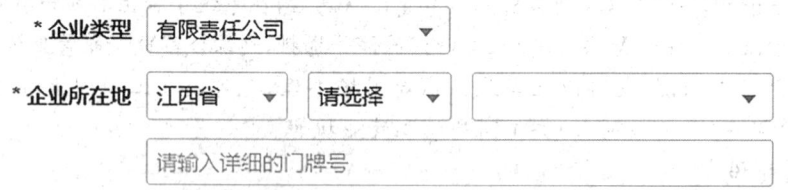

图2-12　企业类型与注册地

(5) 填写相关信息，如图2-13所示。
(6) 点击"名称比对"，如图2-14所示。
(7) 名称比对通过，如图2-15所示。
(8) 填写经营范围，如图2-16所示。
(9) 点击"新增"，录入投资人信息，如图2-17所示。
(10) 保存，提交。

*冠名类型	○ 冠省名 ● 冠市名 ○ 冠市、区连用名	
*注册资本（万元）	[ ]	人民币
*拟登记机关	南昌市新建区市场和质量监督管理局 ▼	
*字号	[ ]	
*字号拼音	[ ]	
*所属行业	[▼]	
	[▼]	
	没有选中任何项 ▼	帮我选择
*行业表述	[ ]	
*组织形式	有限公司 ▼	

图 2-13　相关信息填写

拟查重名称：南昌有限公司

需要进行名称比对，方可进行下一步操作

[上一步]　[名称比对]　[下一步]

图 2-14　名称比对

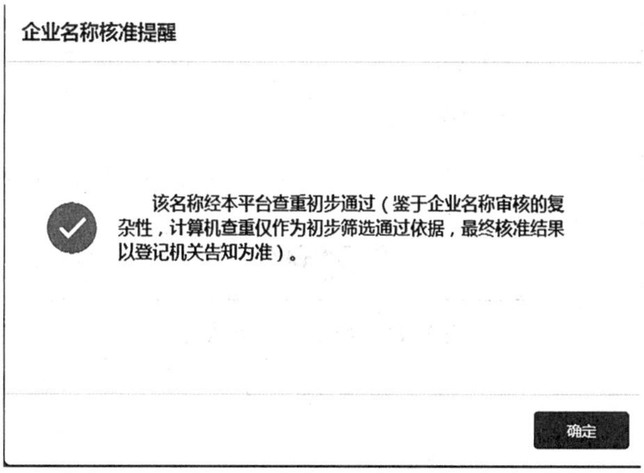

企业名称核准提醒

✓　该名称经本平台查重初步通过（鉴于企业名称审核的复杂性，计算机查重仅作为初步筛选通过依据，最终核准结果以登记机关告知为准）。

[确定]

图 2-15　名称比对通过

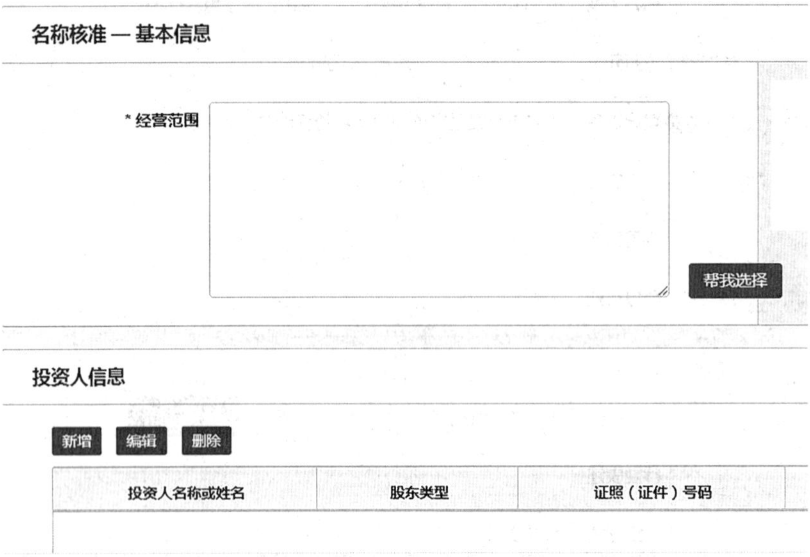

图 2-16　经营范围填写

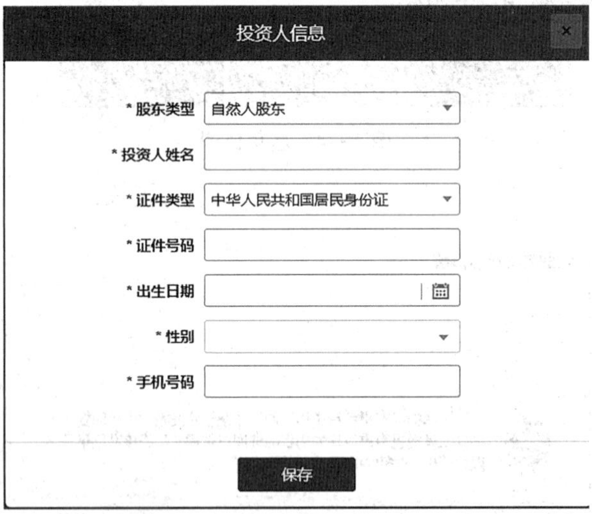

图 2-17　投资人信息填写

（二）登记设立

（1）在浏览器中输入江西省企业登记网络服务平台网址：http://wsdj.jxaic.gov.cn/zxlogin。

（2）输入账号密码，登录江西省企业登记网络服务平台，如图 2-18 所示。

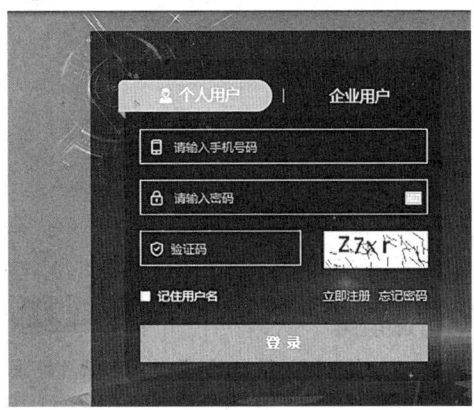

图 2-18　登录江西省企业登记网络服务平台

（3）点击"设立登记"，如图 2-19 所示。

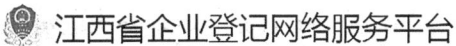

图 2-19　选择设立登记

（4）搜索已核准的企业名称，点击"申请设立"，如图 2-20 所示。

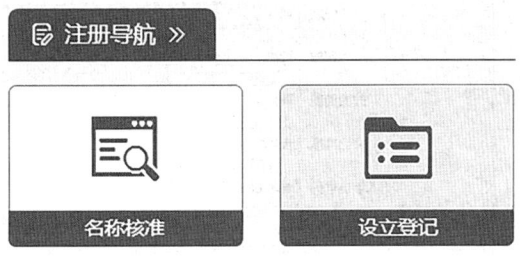

图 2-20　申请设立

(5) 填写经营范围、经营期限和其他相关信息，如图2-21所示。

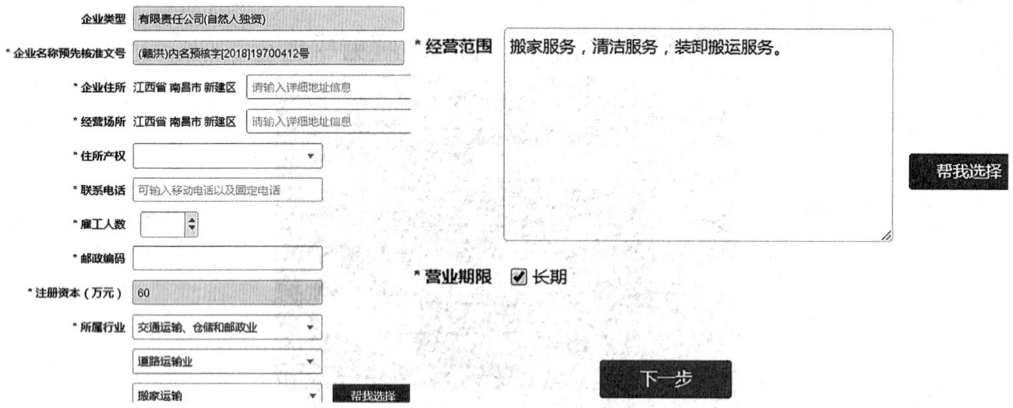

图 2-21 设立相关信息、经营范围和营业期限

(6) 编辑股东信息，填写完成后点击"保存"，如图2-22所示。

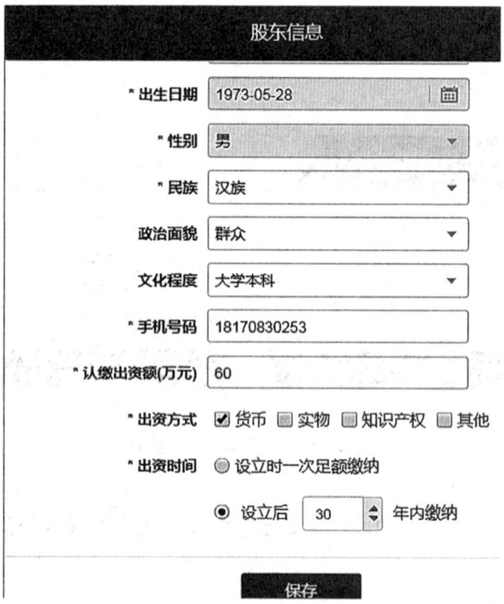

图 2-22 股东信息填写

(7) 点击"下一步"和"新增"，录入董事信息，如图2-23、图2-24所示。

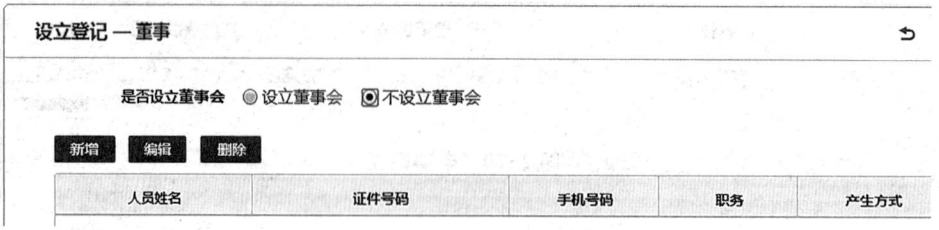

图 2-23 董事信息增加

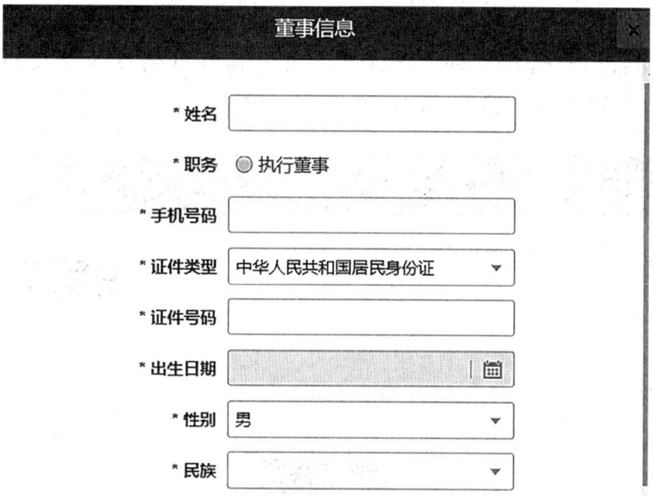

图 2-24　董事信息编辑

（8）点击"下一步"，点击"新增"，录入监事信息，如图 2-25、图 2-26 所示。

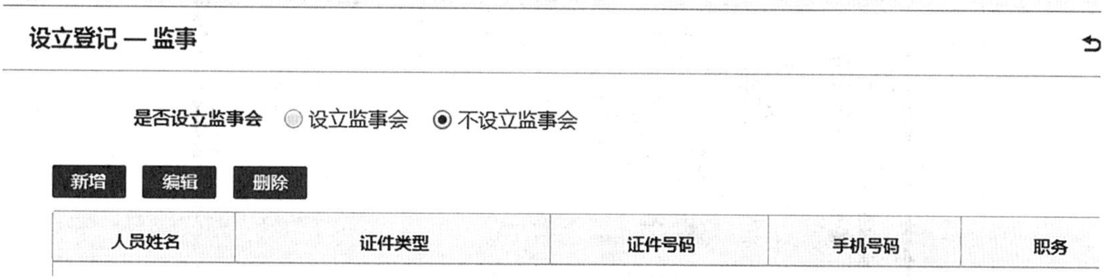

图 2-25　监事信息增加窗口

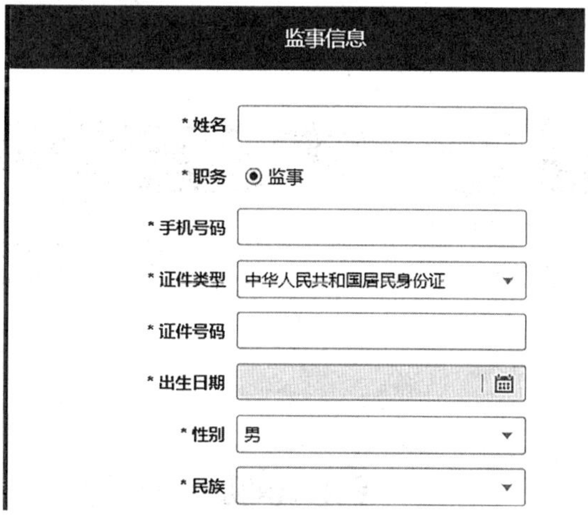

图 2-26　监事信息编辑

(9) 经理、法定代表人、财务负责人、联络员信息,录入方法同上。

(10) 上传证明:点击"选择文件""选择""打开""保存"(创建一个文档,将住所证明文件拍照/扫描,存放于文档中),如图2-27至图2-29所示。

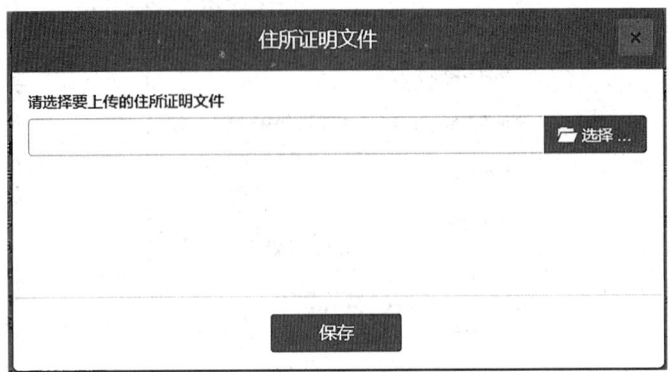

图 2-27　选择需要上传的文件

图 2-28　打开需要上传的文件

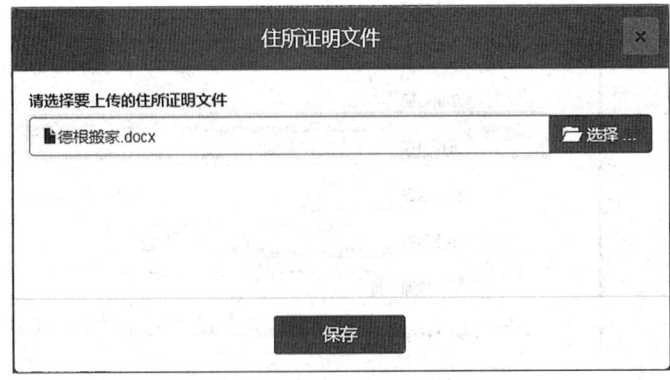

图 2-29　保存上传的文件

(11) 点击"下一步",如图2-30所示。

2、关于租赁协议。
租赁协议由企业拟任法定代表人（执行事务合伙人、投资人、经营者）与房屋所有权人（或管理人）签署；作为住所（经营场所）的房屋已登记于企业名下的，无需上传租赁协议；免费提供房屋作为企业住所（经营场所）的，以房屋所有权人（或管理人）出具的说明文件代替租赁协议。现场提交时需提交原件。

3、关于《住所（经营场所）登记表》。
改变住宅用途作为住所（经营场所）的，下载该表并按要求填写，现场提交时需提交原件。

4、关于县（区）以上人民政府或其批准、授权的房屋管理部门。
含开发区、高新区管委会。乡（镇）人民政府、县（区）人民政府房产管理局之外的工作部门确是房屋所有权人（管理人）的，可以出具情况说明及证明文件。

图 2-30　下一步

(12) 勾选"同意承诺并提交",提交审核,如图2-31所示。

2、我保证网上填报的公司注册登记信息完全真实，代表全体股东的真实意愿。
3、因网上填报虚假公司注册登记信息而导致的法律责任，由我依法承担。
4、因网上填报公司注册登记信息未获股东授权而导致的侵权责任，由我依法承担。

☑ 同意承诺并提交

图 2-31　提交审核

【活动实施】

1. 2020年11月5日,小张担任南昌市金金财务咨询公司的外勤办事员,接到一个设立企业的任务,资料如表2-13所示。

表 2-13　企业设立信息表

行政区划	南昌市
字号	润甜饼业
行业类型	加工
组织形式	有限责任公司
经营地址及住所	江西省南昌市红谷滩区枫林大道888号

(续表)

行政区划	南昌市
法定代表人	林胜(兼任经理);身份证360101198106163622 电话13770814343;固定电话0791-83806656 住所:南昌市红谷滩区世贸天成6-1-706;邮箱:linsheng@163.com 产生方式:聘用
是否成立监事会	否
监事	杨雷(职工监事);身份证360101198608267890;产生方式:选举
是否成立董事会	不成立
执行董事	李玲玉;身份证360102198212045647 电话13470812206;产生方式:选举
经营范围	利用小麦面粉、淀粉、白砂糖、食用植物油原料及主料和小苏打、淀粉等辅料生产销售配送曲奇饼干和苏打饼干
经营期限	长期
房屋性质	商业及其他非住宅
房屋权属	租赁使用权
联系	电话0791-83806657;邮编330008;邮箱krby@163.com
纳税人身份	一般纳税人(税率13%)
股东信息及出资信息	张强;身份证360102198810165678;认股比例60%;1年内缴足 住所:南昌市红谷滩区万达星辰2-3-606 黄子珊;身份证360102198509081230;认股比例40%;1年内缴足 住所:南昌市西湖区桃源小区8-3-608 股东按照认股比例进行利润分配并行使表决权
财务负责人	杨磊;身份证360101198608126780;电话13570896544;邮箱yanglei@163.com
代理人(工商联络员)	张霖生;身份证362222200303167890;电话13523567890、0791-82293987 邮箱:23450987123@qq.com
其他	从业人数35人

要求:
1. 在有关平台模拟完成设立企业信息,并截图。
2. 公司核名通过后,多久可以办理营业执照?
3. 公司营业执照办好后,需要年审吗?

【活动评价】

表 2-14 企业设立活动评价表

考核项目	考核内容		考核权重	评分			合计
				教师评	互评	自评	
专业技能	活动准备	企业生命周期思维导图	10分	√			
		企业设立活动思维导图	10分	√			
		五证合一登记制度思维导图	10分	√			
	活动流程	现场办理	10分	√			
		网上办理	10分	√			
		名称核准	10分	√			
		登记设立	10分	√			
	活动实施	1	10分			√	
		2	5分		√		
		3	5分		√		
职业素养		签到	3分	√			
		合作	4分	√			
		整理	3分	√			

活动二 印章办理

【活动场景】

小张已顺利完成企业的设立登记工作，领取了营业执照，总经理要求她继续办理企业的印章。小张在全日制理论学习阶段了解到，印章包括企业公章、合同章、发票专用章及法定代表人名章，现在迫切需要解决的是需要办理哪些印章，哪些需要在银行预留。

【活动准备】

印章是指企业日常工作中使用的单位和个人的各种签章。常见的企业印章主要有公章、财务专用章、合同专用章、发票专用章、法人章、现金付讫章、现金收讫章和作废章等。

公司公章是公司效力最大的一枚印章，是法人权利的象征，除法律有特殊规定外（如发票的盖章），均可以公章代表法人意志，对外签订合同及其他法律文件。

通常与银行打交道的时候会用到财务章，比如银行的各种凭据、汇款单、支票的用印，财务往来的结算等。

单位对外签订合同时使用合同专用章，相关人员可以在签约的范围内代表单位，在合同上加盖合同专用章，单位需承受由此带来的权利义务。

企业、单位和个体工商户在购买和开发票时，需要加盖发票章。印章印模里含有其公司单位名称、发票专用章字样、税务登记号等信息。

法人章主要用于公司有关决议，以及银行有关事务办理。

一般情况下，公司账户开户时会预留公章、财务章、法人章（或手签字）三个印章。

【活动流程】

公司成立后必须刻制相关的印章才能办理后续的银行开户等业务。印章的刻制有两种，一种是实物印章的刻制，另一种是电子印章的申请。实务中，刻印章可以去指定的现场进行刻制，也可以在网上申请刻章及备案。

一、实物印章的刻制

（一）操作流程

线下印章的刻制有一定的强制规范性。一般来说，企业公章、财务专用章、合同专用章、发票专用章、法人章须由公安局等政府部门指定的刻章单位刻制，而现金收讫、付讫章等内部用的印章一般由企业自行刻制。

在实务中，企业如果到公安局指定单位刻制相关印章，在刻制印章前，应先准备刻章相关资料，并附印章样模，到属地公安机关备案办理，然后持刻制印章通知单到指定单位刻章。具体流程如图2-32所示。

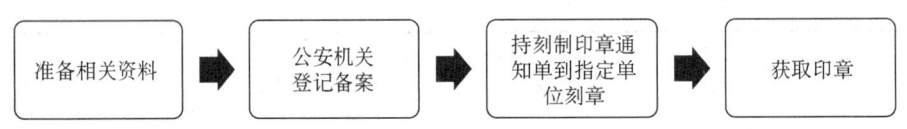

图2-32 实物印章刻制流程图

（二）操作要点

到公安机关登记备案应准备的材料如下：

（1）营业执照副本原件和复印件一份。

（2）法人代表和经办人身份证原件及复印件一份。

（3）法人代表刻章授权委托书，如图2-33所示。

在实务中，若为现金收讫、付讫章等内部用的印章，由企业自行刻制。一般街边小店写着能刻章的单位即可刻制简单的内部印章。

授 权 委 托 书

XX市公安局_____分局：
　　本人_____（身份证号：_____）
为_____的法定代表人，现全权
委托_____同志（身份证号：_____），
代为办理_____的公章、
财务专用章、法人私章等刻制事宜。
　　本人承诺本次提交刻制的印章从未刻制过，保证所提供
的委托人亲笔签名以及授权委托书是真实、合法、有效的，
并愿意对受托人从事以上行为承担相应的法律责任。

委托人（手印）：_____
委托人身份证号码：_____
被委托人：_____
被委托人身份证号码：_____
　　　　　　　　　年　月　日

图 2-33　实物印章刻制授权委托书

二、电子印章的申请

（一）操作流程

电子印章技术以先进的数字技术模拟传统实物印章，其管理、使用方式符合实物印章的习惯和体验，其加盖的电子文件具有与实物印章加盖的纸张文件相同的外观、相同的有效性和相似的使用方式。

实务中，企业要使用电子印章，需要到电子印章（管理）中心（平台）申请电子印章，在履行完正常手续并确认无误、合法的情况下，为申请者制作电子印章，并将制作好的电子印章导入特定的存储介质，如 USB-Key 或 IC 卡等，并提交给申请者。流程如图 2-34 所示。

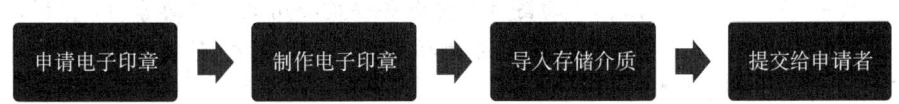

图 2-34　电子印章申请的流程

（二）操作要点

申请不同电子印章所需提交的资料是不一样的，具体如表 2-15 所示。

表 2-15 申请电子印章提交资料表

印章类型	资料
公章类的电子印章	营业执照;法人身份证;公章;经办人身份证;申请书(盖公章并申请人签名);经办人现场拍照
非公章类的电子印章(如公司内部章)	营业执照;法人身份证;公章;经办人身份证;申请书(盖公章并申请人签名);经办人现场拍照 (注:客户需提供章模)
法人私章类的电子印章	营业执照;法人身份证;公章;申请书(盖公章并申请人签名);法人现场拍照

在实务中,企业最常使用的印章之一为企业的公章,以电子公章为例,一般情况下,可以通过以下三种方式进行电子公章申请。

(1)通过公安机关申请电子公章。这是最常规、最传统的申请电子公章的方式。申请人可先在网上填写申请信息,并持营业执照、法定代表人身份证、委托书等原件,到公安机关办理审批手续。

(2)通过签章代办企业申请电子公章。这类企业主要为用户提供签章代办的业务,可以在线上平台申请,也可以在线下门店办理。但同理,企业需提交营业执照、法人身份证、公章、经办人身份证等信息,给到签章代办企业进行办理,并缴纳一定的费用。

(3)通过第三方电子合同平台申请电子公章。第三方电子合同平台主要为企业及个人提供电子合同、电子文件签署及存证服务,但由于电子合同的签署需要涉及印章的使用,因此,第三方电子合同平台也能够为用户提供电子公章申请的服务。

第三方电子合同平台对接了公安部公民网络身份识别系统、个人身份认证系统、工商总局企业信息系统,可快速进行企业、个人信息审核,帮助企业及个人完成电子公章的申请。申请流程如图 2-35 所示。

图 2-35 第三方电子合同平台申请公章的流程

【活动实施】

1. 2020 年 11 月 5 日,小张担任南昌市金金财务咨询公司的外勤办事员,在有关平台模拟生成南昌市润甜饼业加工有限责任公司办理公司公章、财务章、发票专用章、合同专用章和法定代表人个人名章,并截图。

2. 请上网搜索关于印章的使用范围、使用流程及保管方面的规定。

3. 请上网搜索关于印章尺寸方面的规定。

4. 请根据《中华人民共和国印章管理办法》的规定,列出刻制公章和个人名章的经办人应携带哪些证件。

5.《中华人民共和国印章管理办法》所指印章是_____和_____，其中具有法律效力的个人名章是指_____及其_____的个人名章。

【活动评价】

表2-16 印章办理活动评价表

考核项目	考核内容		考核权重	评分			合计
				教师评	互评	自评	
专业技能	活动准备	印章办理思维导图	10分	√			
	活动流程	实物印章的刻制	10分	√			
		电子印章的申请	10分	√			
	活动实施	1	10分			√	
		2	10分		√		
		3	10分		√		
		4	10分		√		
		5	10分		√		
职业素养		签到	6分	√			
		合作	8分	√			
		整理	6分	√			

活动三　银行账户开立

【活动场景】

小张已顺利完成企业的设立登记工作，领取了营业执照，办理了企业印章。总经理要求小张继续办理银行账户开户。小张在全日制理论学习阶段了解到，银行账户有基本存款账户、一般存款账户、专用存款账户和临时存款账户，每种账户都有一些规定及使用范围。

【活动准备】

为了便于企业日常的银行结算，新设企业在领取营业执照后，应开设银行结算账户。

实际工作中，企业选择开户银行时需要根据公司的性质、地址，并结合各银行的收费标准、金融服务等要素进行确定，可在选择阶段多咨询、多对比。另外，由于不同银行为企业开立结算账户时，其办理流程和手续会略有差异，因此，实际办理时应以银行的要求为准。

在开设银行账户后,企业可以选择与税务机关签订委托银行扣缴税款的三方协议,未来经营过程中,直接由银行代扣税、费、基金等,该操作既可以到银行办理,也可以通过电子税务局相关模块进行申请。

【活动流程】

一、操作流程

实际工作中,银行账户的开户是指开立基本存款账户,办理基本存款账户开立的流程也越来越简化,具体流程如图 2-36 所示。

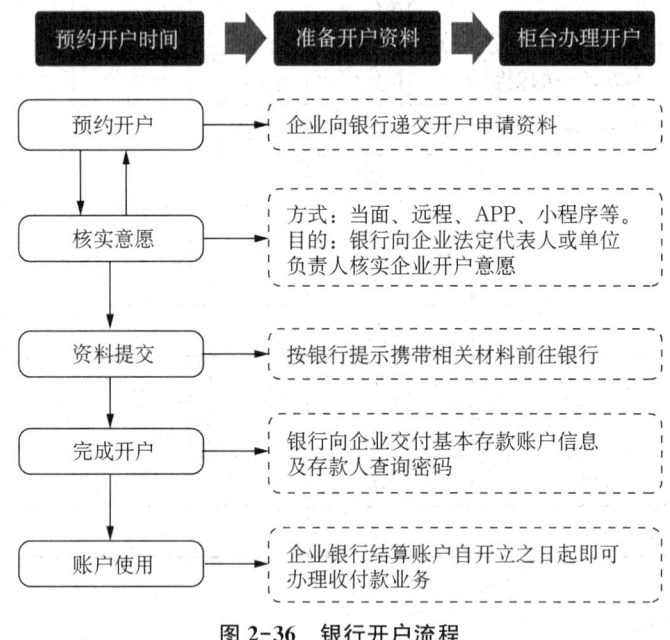

图 2-36　银行开户流程

二、操作要点

(一)预约开户时间

企业在开立基本存款账户前,应先确定开户银行名称,然后与该银行预约开户时间。

(二)准备开户资料

开户时间预约成功后,需准备申请开户的相关资料,包括营业执照正副本;公司印章(公章、财务章、法人章);法人身份证原件及复印件、合伙人或股东身份证复印件(股东为单位,需提供该单位的营业执照复印件及其法定代表人的身份证复印件);经办人身份证原件及复印件;公司章程;公司经营地址租赁合同等。

(三)柜台办理开户

到达预约开户时间后,应携带准备好的开户申请资料前往银行对公窗口,填写银行柜员提供的开立单位银行结算账户申请书、银行预留印鉴卡片。

填写完成后,将开户申请书、银行预留印鉴卡片及申请开户的相关资料一并提交给银行办事人员。银行办事人员审核企业提交的资料,审核无误后为企业开立基本存款账户,并在中国人民银行系统进行备案,即可生成对公账号。实务中,不同地区,不同银行的开户流程与提交的资料有所不同,具体可咨询当地开户银行。

【活动实施】

1. 2020年11月5日,小张担任南昌市金金财务咨询公司的外勤办事员,在有关平台模拟完成银行账户开立,并截图。(开户银行为中国建设银行)

2. 网络搜索《中国人民银行关于取消企业银行账户许可的通知》(银发〔2019〕41号),完成下列填空。

(1) 2019年_____起,在全国范围内_____取消_____,2019年底前实现完全取消。

(2) 在取消企业银行账户许可证地区,办理基本户、临时户采用_____。

(3) 建立涉企_____机制和企业银行账户违规_____机制。

【活动评价】

表2-17 银行账户开立活动评价表

考核项目	考核内容		考核权重	评分			合计
				教师评	互评	自评	
专业技能	活动准备	银行账户开立思维导图	10分	√			
	活动流程	操作流程	10分	√			
		操作步骤	10分	√			
专业技能	活动实施	1	30分			√	
		2	20分		√		
职业素养		签到	6分	√			
		合作	8分	√			
		整理	6分	√			

活动四 税务登记

【活动场景】

小张已顺利完成企业的设立登记工作,领取了营业执照,办理了企业印章和银行账户,总经理要求她继续办理税务登记。税务登记需要哪些证件,这是小张需要先学习的。

【活动准备】

税务登记是指税务机关根据税法规定，对纳税人的生产经营活动进行登记管理的一项基本制度。它的意义在于：有利于税务机关了解纳税人的基本情况，掌握税源，加强征收与管理，防止漏管漏征，建立税务机关与纳税人之间正常的工作联系，强化税收政策和法规的宣传，增强纳税意识等。税务登记的种类分为设立税务登记、变更税务登记和注销税务登记三种。

设立税务登记是指企业（包括企业在外地设立分支机构和从事生产、经营的场所）、个体工商户和从事生产、经营的事业单位（以下统称从事生产、经营的纳税人），向生产、经营所在地税务机关申报办理税务登记的活动。从事生产、经营的纳税人领取工商营业执照（含临时工商营业执照）的，应当自领取工商营业执照之日起30日内申报办理设立税务登记。

设立税务登记包括新办纳税人"套餐式"服务和实名办税制度。

一、新办纳税人"套餐式"服务

新办纳税人"套餐式"服务是税务系统落实商事制度改革、激发市场活力、深入"放管服"改革、优化税收环境的重大举措，确保在税收风险可控的基础上依托网上办税服务厅，使新办纳税人一次性办结多个涉税事项，减少在办税窗口的往返次数和排队时间。

新办纳税人"套餐式"服务一般应包括以下涉税事项：网上办税服务厅开户、登记信息确认、财务会计制度及核算软件备案、纳税人存款账户账号报告、增值税一般纳税人登记、发票票种核定、增值税专用发票最高开票限额审批、金税设备申领、实名信息采集等。

二、实名办税制度

实名办税是指对纳税人的办税人员身份确认的制度。办税人员在办理涉税事项时提供有效个人身份证明，由税务机关采集、验证其身份信息后，办理涉税事项。办税人员包括纳税人的法定代表人（负责人、业主）、财务负责人、办税员（领票员）、税务代理人、经纳税人授权的其他人员，以及自然人纳税义务人。

办税人员实名办税的涉税事项范围包括：办理登记信息确认或设立税务登记；办理税务登记变更、停业、复业、注销及非正常户解除；办理增值税一般纳税人资格登记；办理税收优惠资格备案、确认；办理发票种类核定与调整、增值税专用发票（增值税税控系统）最高开票限额审批、发票领用、发票代开、发票真伪鉴别等发票类业务；开具清税证明、完税证明、中国税收居民身份证明等税收证明；开通网上办税（含移动办税、自动办税）功能、查询变更密码及数据信息维护；办理退抵税费；其他按照规定应当提供纳税人登记证件、办税人员身份证件方可办理的涉税事项；县以上（含）税务机关认为需要实名办税的其他事项。

三、签订《委托银行代扣税款协议》

《委托银行代扣税款协议》一般也称为三方协议，是指纳税人、主管税务机关和银行三方之间签订的，由银行代税务机关扣缴企业税款的协议，具体流程如图2-37所示。

《委托银行代扣税款协议》
（企业自愿行为）
签订
在设立企业时签订
在日后经营过程中签订
通过电子税务局签订
到银行面签
不签
需要缴纳税款时，则需要打印《税收专用缴款书》，
自行到银行办理缴纳税款

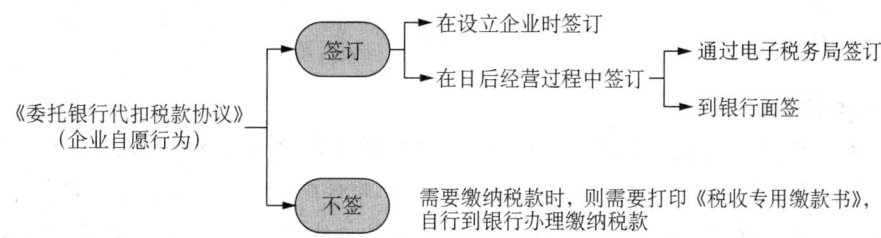

图 2-37　委托银行代扣税款的流程

【活动流程】

一、操作流程

新办纳税人“套餐式”服务和实名办税制度的操作流程分别如图 2-38 和图 2-39 所示。

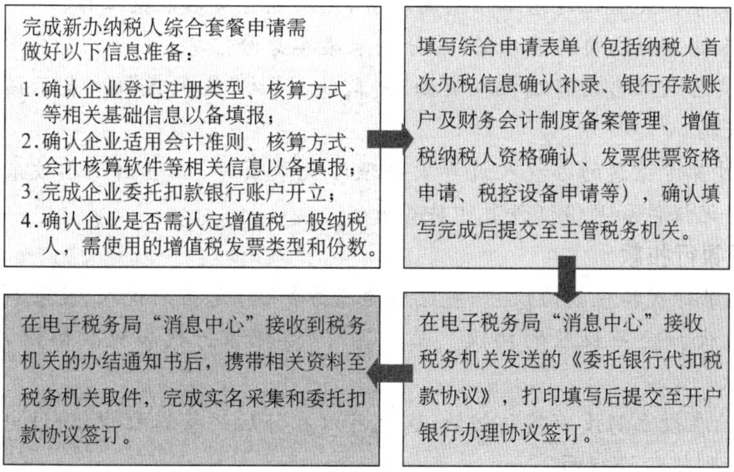

完成新办纳税人综合套餐申请需做好以下信息准备：
1.确认企业登记注册类型、核算方式等相关基础信息以备填报；
2.确认企业适用会计准则、核算方式、会计核算软件等相关信息以备填报；
3.完成企业委托扣款银行账户开立；
4.确认企业是否需认定增值税一般纳税人，需使用的增值税发票类型和份数。
填写综合申请表单（包括纳税人首次办税信息确认补录、银行存款账户及财务会计制度备案管理、增值税纳税人资格确认、发票供票资格申请、税控设备申请等），确认填写完成后提交至主管税务机关。
在电子税务局“消息中心”接收税务机关发送的《委托银行代扣税款协议》，打印填写后提交至开户银行办理协议签订。
在电子税务局“消息中心”接收到税务机关的办结通知书后，携带相关资料至税务机关取件，完成实名采集和委托扣款协议签订。

图 2-38　新办纳税人“套餐式”服务操作流程

用户在电子税务局中办理新办企业综合申请套餐时，在进行税务信息采集的过程中，已经填写了相关办税人员的姓名、身份证等信息
扫描认证人员身份证
核对企业信息
核对办税人员信息
对准摄像头拍照
扫描身份证与人像识别
信息对比
实名信息采集是办税人员信息比对的过程，也就是将办税人员实体人像信息与身份证件照片信息进行比对，同时将身份证信息与相关部门数据库存储的身份证信息进行比对。

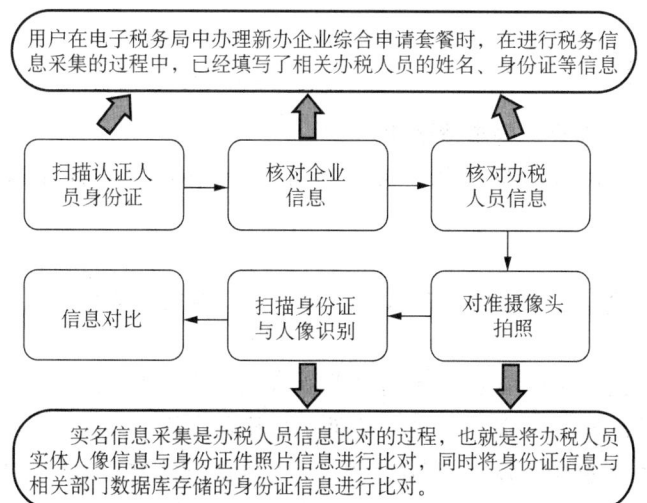

图 2-39　实名认证自助终端操作流程

二、操作要点

（一）携带资料

纳税人在申报办理税务登记时，应当根据不同情况向税务机关如实提供以下证件和资料：营业执照副本复印件（加盖公章）；法人身份证复印件（加盖公章）；公司章程复印件（加盖公章）；租赁合同复印件（加盖公章）；开户基本信息复印件（加盖公章）；税务局领取实名表一份；公章等。

（二）实名办税制度

（1）办税人员进行实名采集工作可以选择到办税服务厅人工窗口办理，或者在自助办税厅，使用实名认证自助终端机完成信息采集工作。

（2）办税人员实名身份信息的采集内容，包括身份信息（姓名、身份证件类型、身份证件号码）、电话号码、人像信息等。

（3）未在税务机关登记过基本信息的人员，无法进行实名采集工作。

（4）纳税人的办税人员为多人的，应分别采集其身份信息。

（5）登录实名认证自助终端机人员的"当前状态"为"已采集"的，表示该人员已完成采集，无法重复采集。

（6）采集过身份信息的办税人员再次办理涉税事项时，应当出示已被采集的身份证原件，不再提供登记证件和身份证件复印件等资料。

（三）委托银行扣款

（1）《委托银行代扣税款协议》一般也称为三方协议，是指纳税人、主管税务机关与银行签订的，由银行代扣企业税款的协议。三方签订《委托银行代扣税款协议》是企业的自愿行为。

（2）若企业在设立时没有签订该协议，也可以在日后经营过程中，通过电子税务局进行申请签订，或者到银行进行面签。

（3）若纳税人选择不签订三方协议，需要缴纳税款时，则需要打印《税收专用缴款书》自行到银行办理缴纳税款。

三、操作步骤

（一）新办纳税人综合套餐申请服务

（1）在浏览器中输入江西省电子税务局网址：https://etax.jiangxi.chinatax.gov.cn/etax/jsp/index.jsp。

（2）单击公众服务。

（3）单击左侧"新办企业套餐登记"，在此窗口依次办理相关信息的录入，流程指引如图2-40所示。

（4）进入办税信息补充：企业设立领取营业执照，应办理设立登记信息采集，部分信息可以直接共享到税务局，部分信息通过电子税务局补充采集。

① 单位纳税人税务登记信息补充，如图2-41所示。注意：先点击"保存"，确认无误后再点击"下一步"。

- 单位纳税人税务登记
- 相关人员信息
- 注册资本投资总额信息
- 总分机构信息

- 财务会计制度及核算软件备案报告表
- 财务会计制度备案
- 会计报表情况
- 纳税人存款账户报告

- 选择一般纳税人
- 选择小规模纳税人

- 发票供票资格申请
- 最高开票限额
- 税控盘购买
- 业务套餐办结通知书

立即办理

图 2-40　操作指引

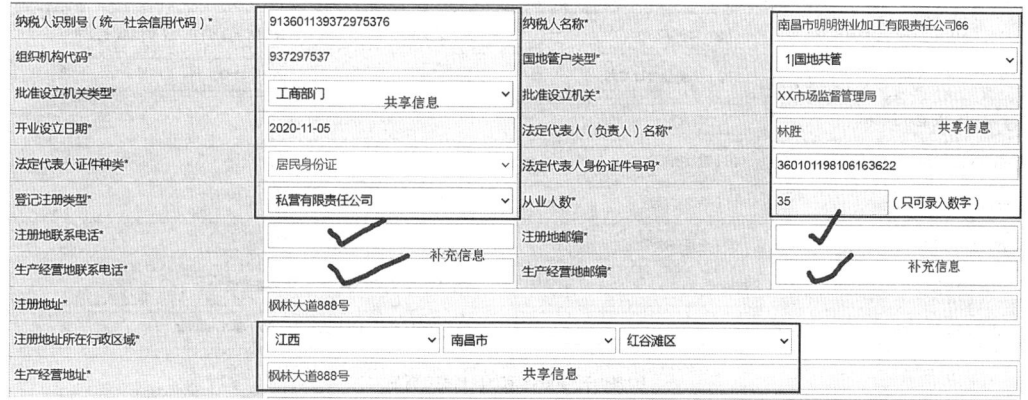

图 2-41　税务登记补充信息

② 相关人员信息补充，如图 2-42 所示。

法定代表人信息	法定代表人名称*	身份证件种类*	证件号码*	固定电话*	移动电话*
	林胜	居民身份证	360101198106163622	0791-83806656	13770814343
财务负责人信息	财务负责人名称*	身份证件种类*	证件号码*	固定电话*	移动电话*
	杨磊	居民身份证	360101198608126780	0791-83806659	13570896544
办税人信息	办税人名称*	身份证件种类*	证件号码*	固定电话*	移动电话*
	张霖生	居民身份证	362222200303167890	0791-82293987	13523567890
税务代理人信息	纳税人识别号	税务代理人姓名	联系电话	电子邮箱	
	913601139372923458	张霖生	13523567890	23450987123@qq.com	

图 2-42　相关人员信息补充

③ 注册资本投资总额、总分支机构、银行账户和财务制度备案、增值税纳税人类型、发票资格和税控盘咨询等依次补充，如图 2-43 至图 2-47 所示。

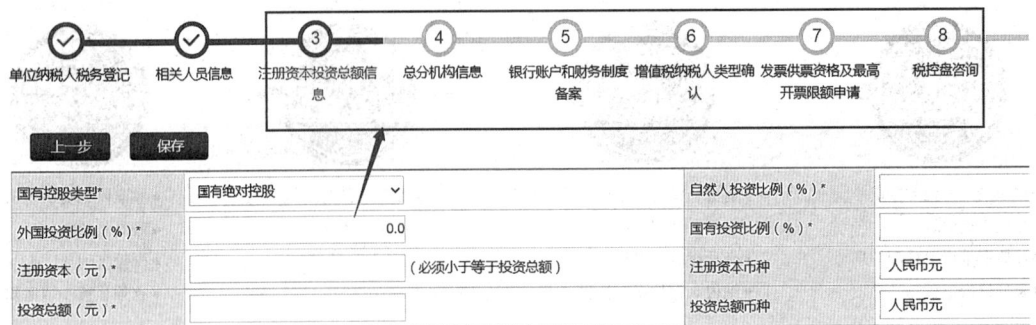

图 2-43 投资额信息补充

图 2-44 财务会计制度备案

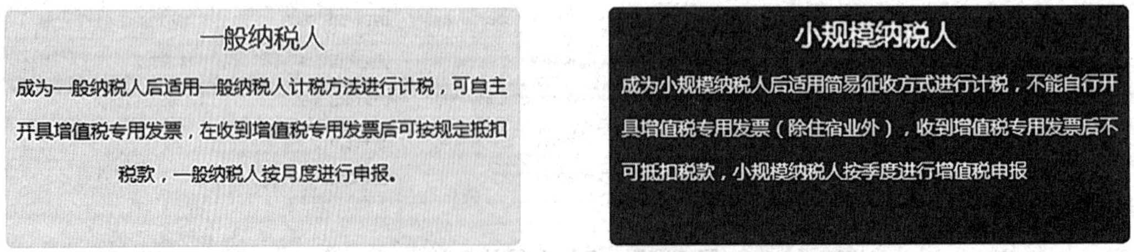

图 2-45 纳税人类型确定

图 2-46 发票资格及最高开票限额

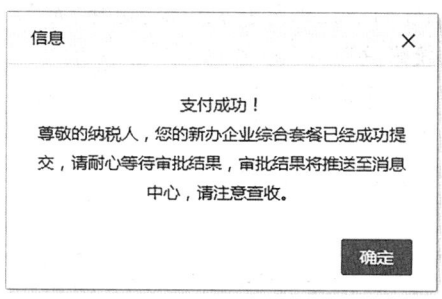

图 2-47 税控盘咨询

(5) 新办纳税人套餐提交,如图 2-48 所示。

图 2-48 信息提交

(二) 实名信息采集

第一步:前往实名采集自助终端机,单击"企业实名制采集"。

第二步:根据系统提示,将需要实名认证的办税人员身份证放置在终端机身份证感应区,由系统读取身份证信息。

第三步:在"确认办理业务企业"界面中,选择拟办理实名采集的企业名称,单击"确定"。

第四步：在出现采集人员信息的界面，核对需要实名认证的办税人员信息，确认无误后单击"采集"。

（三）委托银行扣款

（1）登录电子税务局，选择我要办税│综合信息报告│其他服务事项│授权（委托）划款协议│划款协议，如图 2-49 所示。

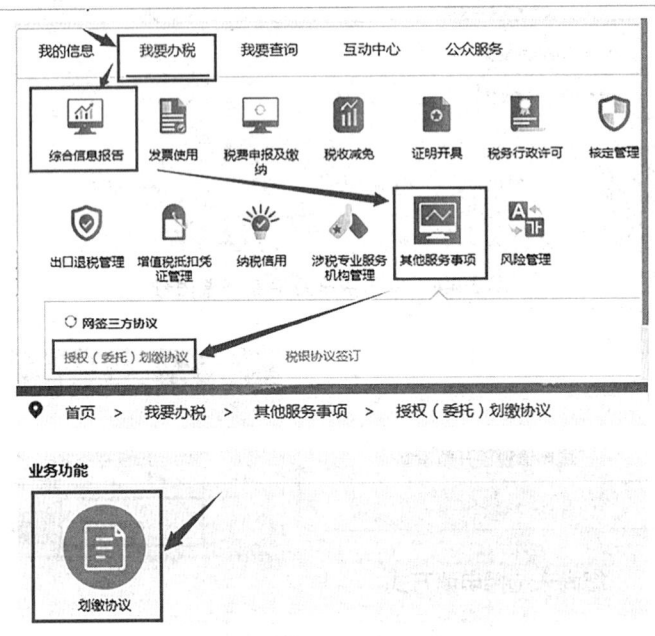

图 2-49　划款协议窗口

（2）填写委托扣款申请。

是否一并适用于税、社保费的委托银行扣款协议：选择"是"。

账户性质：选择"基本存款账户"。

行政区划：填写"江西省南昌市红谷滩区"。

银行行别：选择"中国建设银行"。

开户银行：选择"中国建设银行实训支行"，如图 2-50 所示。

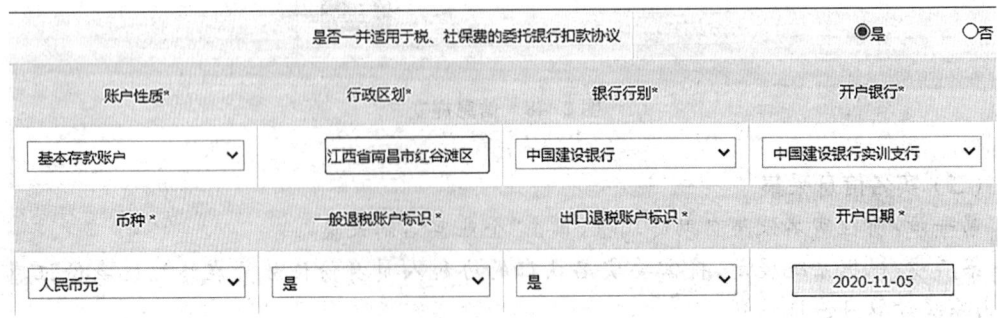

图 2-50　委托扣款申请

（3）保存后提交，出现银税协议确认书对话框，单击"是"。

【活动实施】

1. 2020年11月5日，小张担任南昌市金金财务咨询公司的外勤办事员，在有关平台模拟完成新办纳税人综合信息申请、办税人员实名信息采集和委托银行划款，并截图。表2-18即为税务信息采集表。

表2-18 税务信息采集表

1. 单位纳税人税务登记				
注册登记类型	其他有限责任公司			
注册地联系电话*	0791-83806657	注册地邮编*		330008
生产经营地联系电话*	0791-83806657	生产经营地邮编*		330008
国标行业（主）*	制造业-食品制造业-焙烤食品制造			
国标行业（附）	无			
证照名称*	营业执照	证件号码*		（系统生成号码）913601134530511495
单位性质*	有限责任公司	隶属关系*		省
适用会计制度*	小企业会计准则	总分机构类型*		非总分机构
纳税人所处街乡*	沙井街道	核算方式*		独立核算
经办人*	张霖生	负责人*		林胜
2. 相关人员信息				
法定代表人电子邮件	linsheng@163.com			
财务负责人电子邮件	yanglei@163.com			
办税人员信息	办税人员名称*	身份证件种类	身份证件号码*	固定电话	移动电话*	电子邮件

办税人员信息	办税人员名称*	身份证件种类	身份证件号码*	固定电话	移动电话*	电子邮件
	张霖生	身份证	362222200303167890	0791-82293987	13523567890	23450987123@qq.com

3. 注册资本投资总额信息			
国有控股类型*	其他	自然人投资比例（%）*	100
外资投资比例（%）*	0	国有投资比例（%）*	0
注册资本（元）*	1 000 000		
投资总额（元）*	1 000 000		

(续表)

投资方信息			
投资方名称*	地址*		
张强	南昌市红谷滩区万达星辰 2-3-606		
黄子珊	南昌市西湖区桃源小区 8-3-608		
4. 总分机构信息(无)			
5. 银行账户和财务制度备案			
财务、会计制度名称*	小企业会计准则	低值易耗品摊销方法名称*	五五摊销
折旧方法(大类)名称*	直线折旧法	折旧方法(小类)名称*	平均年限法
成本核算方法名称*	全月一次平均法	会计核算软件名称	畅捷通 T3
会计核算软件启用时间	此处选择日期	会计核算软件数据库类型	SQL server
财务会计制度备案-会计报表情况			
会计报表名称*	会计报表类型*	报送属期*	报送期限*
资产负债表	月报表	月报	15 日
利润表	月报表	月报	15 日
资产负债表	年报表	年报	5 个月
利润表	年报表	年报	5 个月
现金流量表	年报表	年报	5 个月
纳税人存款账户账号报告表			
账户性质	银行行别	开户银行	账户名称*	账号*
基本存款账户	中国建设银行	中国建设银行实训支行	南昌市润甜饼业加工有限责任公司	(开设银行账户时生成的号码)36011345305114957785
6. 增值税纳税人类型确认			
主营业务类别*	工业	生效日期	本月 1 号起
拟选择的增值税纳税人类型	增值税一般纳税人		
7. 发票供票资格及最高开票限额申请			

(续表)

增值税普通发票最高开票限额	百万元		
增值税专用发票最高开票限额	百万元		
票种核定	发票种类	申请联次	份数
	增值税普通发票	二联	15
	增值税专用发票	三联	15
购票人员姓名*	张霖生	联系电话*	13523567890	身份证件类型*	身份证	身份证件号码*	362222200303167890
税务代理人	南昌市金金财务咨询公司	税号	913601017897444609				

2. 在实名办税制度中,哪些人需要实名信息采集?
3. 是否必须签订《委托银行代扣税款协议》?何时签订?

【活动评价】

表 2-19 税务登记活动评价表

考核项目	考核内容		考核权重	评分			合计
				教师评	互评	自评	
专业技能	活动准备	税务登记思维导图	10分	√			
	活动流程	操作流程	10分	√			
		操作要点	10分	√			
		操作步骤	10分	√			
	活动实施	1	20分			√	
		2	10分		√		
		3	10分		√		
职业素养		签到	6分	√			
		合作	8分	√			
		整理	6分	√			

活动五　金税盘发行

【活动场景】

小张已顺利完成企业的设立登记工作,领取了营业执照,办理了企业印章和银行账户,办理了税务登记,总经理要求她继续办理金税盘发行。小张在学习阶段就了解到金税盘是一种类似U盘的东西,领取后,企业可以进行正常纳税申报、开具发票。

【活动准备】

一、金税工程的发展历程

1994年,我国正式启动金税工程,金税工程的发展历程与特点如图2-51、图2-52所示,金税三期如图2-53所示。

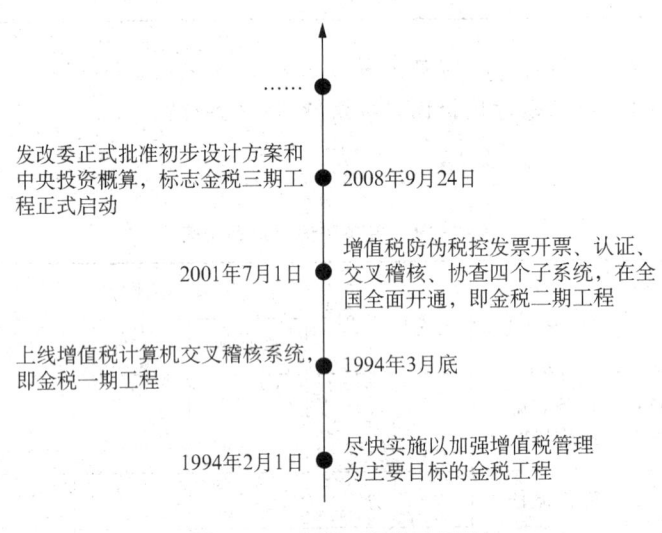

图2-51　金税工程发展历程

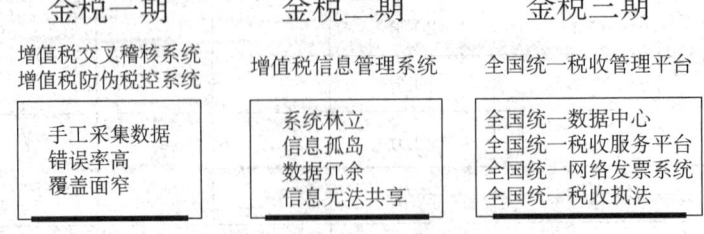

图2-52　金税工程特点

一个平台	三个覆盖
建立一个包含网络硬件和基础软件的统一的技术基础平台	应用信息系统逐步覆盖所有税种，覆盖税务管理的重要工作环节，覆盖各级税务机关，并与有关部门联网

两级处理	四个系统
逐步实现税务数据信息在总局和省局二级集中处理	税收业务管理、税务行政管理、外部信息管理、决策支持管理等四大应用系统

图 2-53　金税三期

二、增值税税控系统

增值税税控系统是金税工程的重要组成部分。不仅具有对增值税发票实施防伪和税控的双重功效，并且作为金税工程的主要数据采集源，为交叉稽核和协查系统提供了准确、完整的发票数据。

（一）税局管理端

税局管理端使用的是增值税发票管理系统（V2.0）。该系统利用前沿信息技术进行规划与设计，在业务便捷、效率优先、安全增强和管理有效的前提下，实现应用系统、数据库的整合，实现了增值税发票各票种与税控设备各类型统一管理的目标，主要功能包括对纳税人与税控设备的发行，以及增值税发票的领购、开具、抄报、查询等的闭环式管理。

（二）企业用户端

企业用户端使用的是增值税发票税控开票软件，该软件是运用信息加密和电子信息存储技术，强化增值税发票的防伪功能，实现对增值税一般纳税人和小规模纳税人的税源监控。通过该系统，企业可以开具增值税专用发票、增值税普通发票、增值税电子普通发票和机动车销售统一发票。

增值税税控系统的构成如图 2-54 所示。

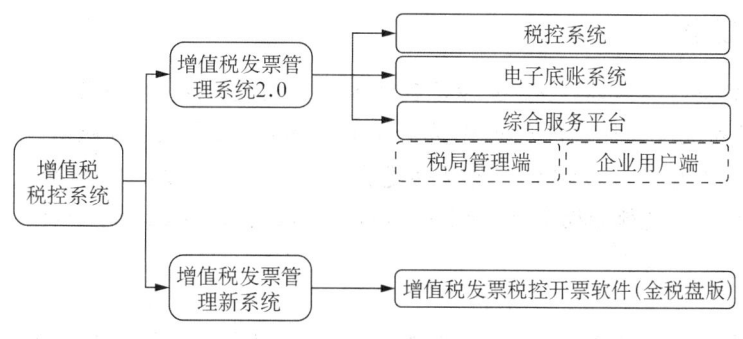

图 2-54　增值税税控系统

三、金税盘

增值税发票税控开票软件的核心部件是金税盘，纳税人日常使用该软件开具的增值税发票数据电文通过数据加密后，被逐票存储于金税盘中，并根据税务机关相关管理规定及日常工作需要进行发票申领、发票管理、抄报税资料监控等操作，对增值税发票具有防伪和税控两大功能。

纳税人向税务机关领购金税盘后，需要通过发行操作将税务登记信息、增值税纳税人资格登记信息、税种税目认定信息、票种核定信息、离线开票时限和离线开票总金额等信息加载其中才可以正常使用。

企业申领金税盘并使用增值税发票税控开票软件开具发票的工作原理如图2-55所示。

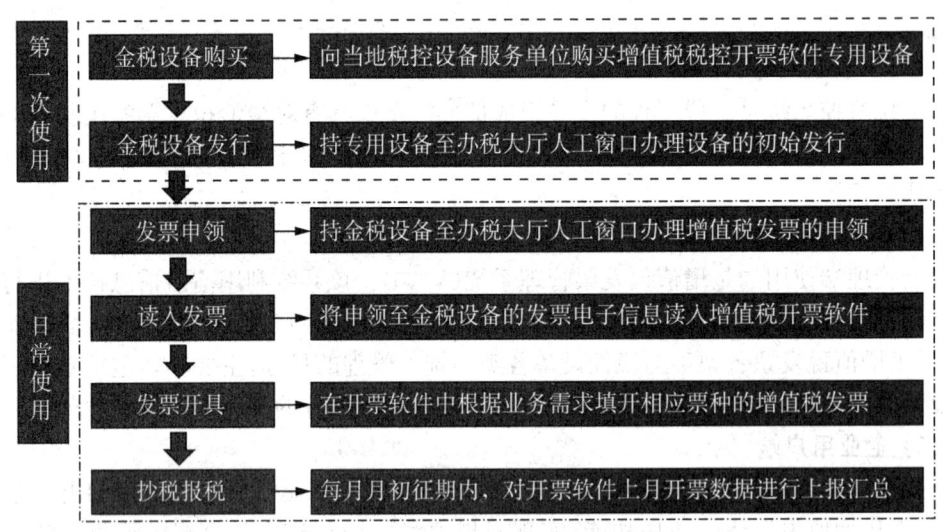

图 2-55 金税盘发行、发票使用和抄报税

【活动流程】

一、操作流程

金税盘领购发行有两种方式，一种是税务机关发行金税盘（发行增值税发票管理系统2.0）；另一种是纳税人自行发行金税盘（发行自助终端机），如图2-56所示。

（1）税务机关发行金税盘（发行增值税发票管理系统2.0）的流程，如图2-57所示。

（2）纳税人自行发行金税盘（发行自助终端机）的流程，如图2-58所示。

二、操作要点

发行金税盘是将纳税人信息、核定的票种、开票限额等信息写入金税盘，并发行数字证书，使该设备能够正常使用。

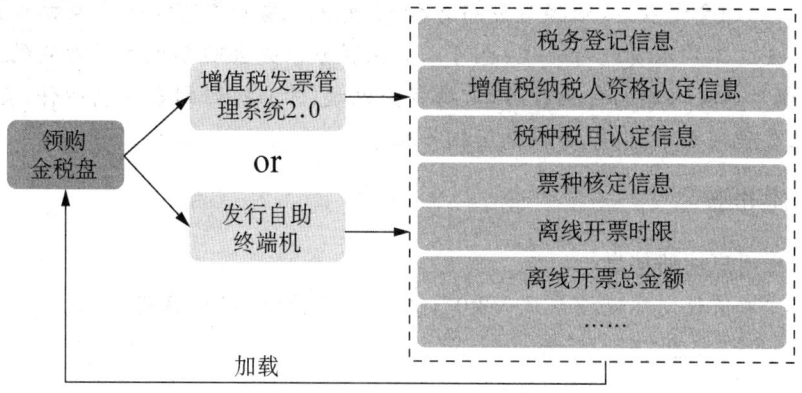

图 2-56 金税盘发行方式

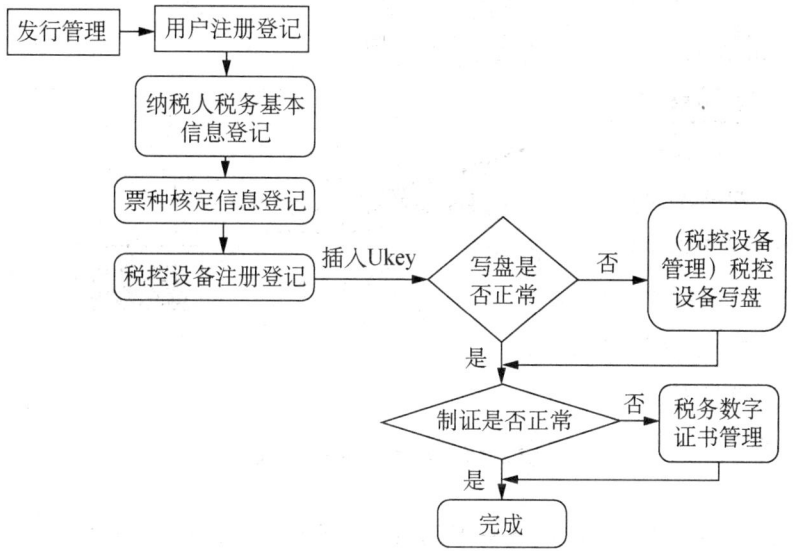

图 2-57 税务机关发行金税盘

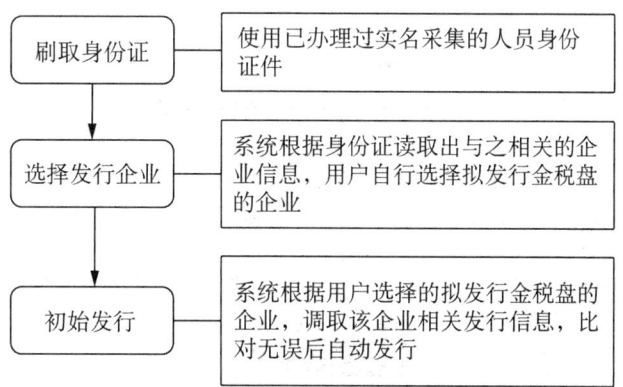

图 2-58 纳税人自行发行金税盘

纳税人领购的金税盘,必须经过发行才能够使用。该工作可以选择在办税大厅人工窗口,由税务机关的工作人员进行办理;也可以前往税务机关自助办税大厅放置的发行自助终端机自行办理。纳税人领购金税盘后,需携带金税盘、营业执照副本及复印件、企业公章、本人身份证(已办理实名采集)等资料办理相关业务。

三、操作步骤

(一)填写用户注册信息

(1)登录"增值税发票税控系统V2.0",选择发行管理|用户注册登记,输入纳税人识别号,单击"下一步",如图2-59所示。

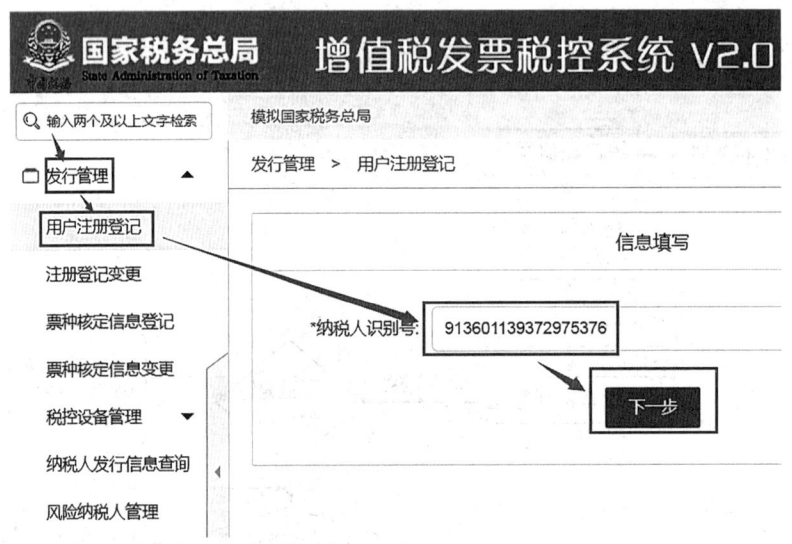

图2-59 用户注册登记登录

(2)补充填写注册信息,单击"下一步",显示用户注册登记成功,如图2-60所示。

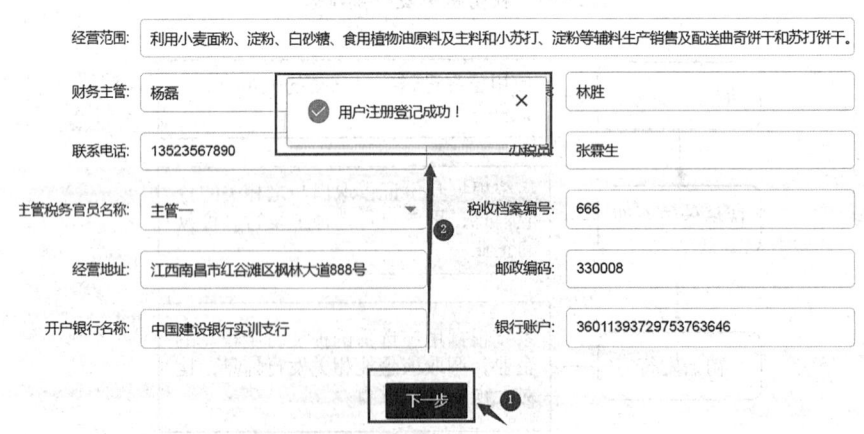

图2-60 补充信息

(二) 进行票种核定登记

(1) 登录"增值税发票管理系统 V2.0",选择发行管理|票种核定信息登记,输入纳税人识别号,单击"下一步",如图 2-61 所示。

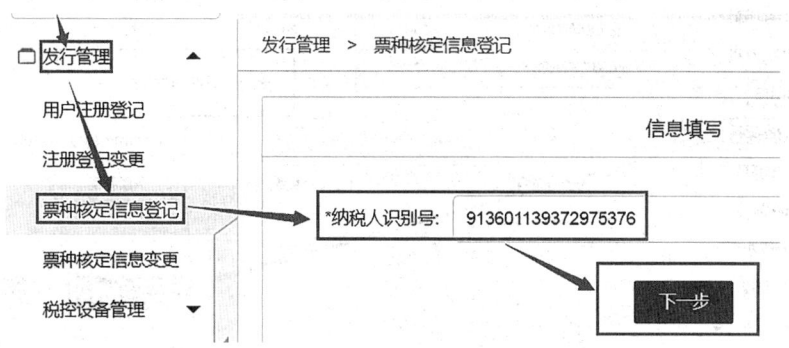

图 2-61　票种核定信息登记登录

(2) 填写票种信息,单击"提交",系统提示"提交成功",如图 2-62 所示。

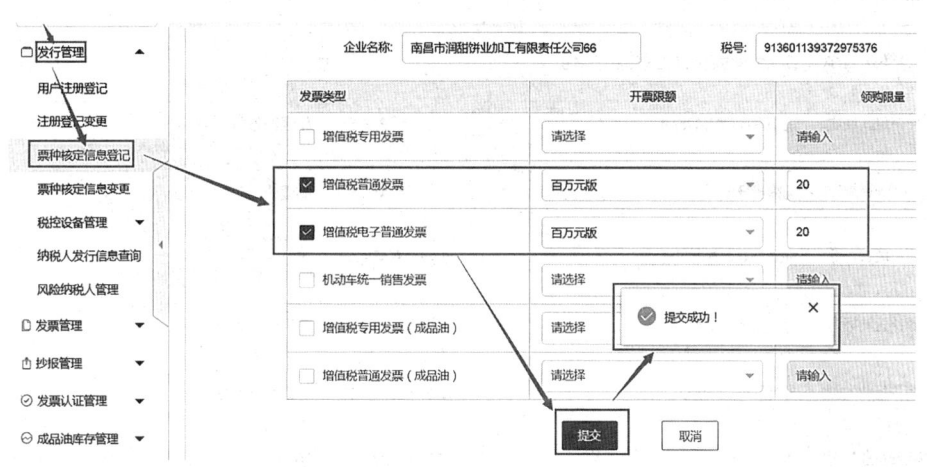

图 2-62　票种核定

(三) 执行税控盘写盘

登录"增值税发票管理系统 V2.0",选择发行管理|税控设备管理|税控设备写盘,单击"税控设备写盘",显示"写盘成功,证书操作成功",如图 2-63 所示。

纳税人可以选择在税务机关自助办税大厅自行办理,以提高效率。操作步骤如下:前往税务机关自助办税大厅放置的发行自助终端机。选择"初始发行",按照系统提示插入金税盘,单击"确定",输入纳税人识别号,单击"确定",系统提示本次发行企业名称及税号,确认无误后单击"确定"完成发行。

【活动实施】

1. 2020 年 11 月 5 日,小张担任南昌市金金财务咨询公司的外勤办事员,在有关平台模拟完成金税盘发行和税种认定工作,并截图(资料如图 2-64 所示)。

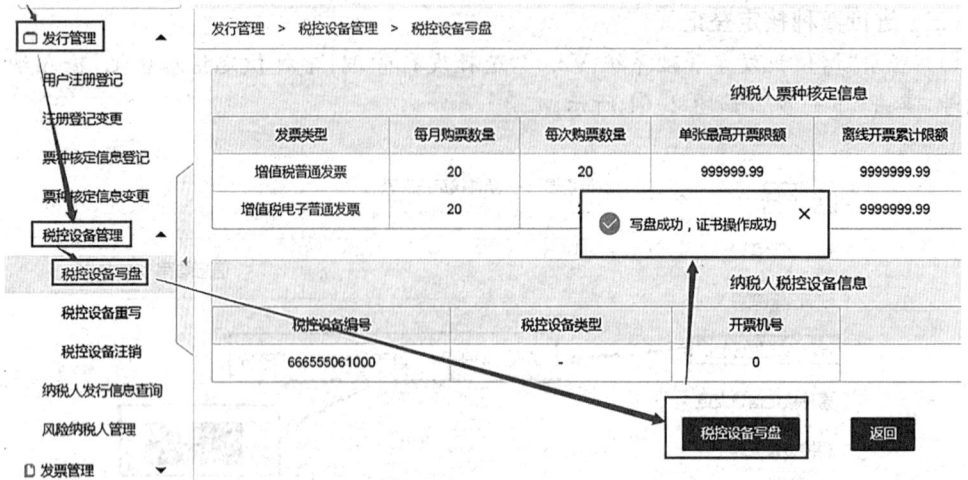

图 2-63 税控设备写盘

纳税人识别号：	913601139372975376	旧税号：	请输入
*纳税人名称：	南昌市润甜饼业加工有限责任公司		
*纳税人性质：	增值税小规模纳税人	*税务机关名称：	新区税务局
*注册类型：	有限责任公司	*行业代码：	制造业
*收购企业：	非农产品销售收购企业	*小规模专票标识：	否
*铁路企业标识：	非铁路相关纳税人	*稀土企业标识：	非稀土企业
*特殊行业类型：	非特殊行业纳税人	*二手车企业类型：	非二手车企业
*成品油企业标识：	否	*特定企业标识：	否
*税务登记时间：	2020-11-05	*登记序号：	888
经营范围：	利用小麦面粉、淀粉、白砂糖、食用植物油原料及主料和小苏打、淀粉等辅料生产销售及配送曲奇饼干和苏打饼干。		
财务主管：	杨磊	法人代表：	林胜
联系电话：	13523567890	办税员：	张霖生
主管税务官员名称：	主管一	税收档案编号：	666
经营地址：	江西南昌市红谷滩区枫林大道888号	邮政编码：	330008
开户银行名称：	中国建设银行实训支行	银行账户：	36011393729753763646

图 2-64 金税盘发行信息

2. 什么是金税盘发行,金税盘发行有什么作用?

3. 增值税税控系统有哪几个端口?金税盘购买、金税盘发行和发票申领分别在哪个端口完成?

4. 金税盘发行办理的方式有几种,详细步骤怎样?

【活动评价】

表 2-20　金税盘发行活动评价表

考核项目	考核内容		考核权重	评分			合计
				教师评	互评	自评	
专业技能	活动准备	金税盘发行思维导图	10分	√			
	活动流程	操作流程	10分	√			
		操作要点	10分	√			
		操作步骤	10分	√			
	活动实施	1	30分			√	
		2	10分		√		
		3	10分		√		
职业素养		签到	3分	√			
		合作	4分	√			
		整理	3分	√			

活动六　发 票 申 领

【活动场景】

小张已顺利完成企业的设立登记工作,领取了营业执照,办理了企业印章和银行账户,办理了税务登记和金税盘发行,总经理要求他继续办理发票申领。那么发票如何申领?增值税发票税控开票软件可以开出哪些发票呢?

【活动准备】

一、增值税发票的种类

发票是指在购销商品、提供或者接受服务,以及从事其他经营活动中,开具或收取的收付款凭证。增值税发票是发票中的一类，主要包括增值税专用发票、增值税普通发票（含增值税电子普通发票）及机动车销售统一发票等。

（一）增值税专用发票

增值税专用发票是指增值税一般纳税人销售货物或者提供应税劳务开具的发票，是由购买方支付增值税额并可按照增值税有关规定据以抵扣增值税进项税额的凭证。

（二）增值税普通发票

增值税普通发票是指增值税纳税人销售货物或者提供应税劳务、服务时，通过增值税发票税控开票软件开具的普通发票。增值税普通发票（折叠票）由基本联次或者基本联次附加其他联次构成，分为两联版和五联版两种。基本联次为两联的，第一联为记账联，是销售方记账凭证；第二联为发票联，是购买方记账凭证。其他联次用途，由纳税人自行确定。纳税人办理产权过户手续需要使用发票的，可以使用增值税普通发票第三联。

（三）机动车销售统一发票

机动车销售统一发票是指凡从事机动车零售业务的单位和个人，在销售机动车（不包括销售旧机动车）收取款项时开具的发票。二手车交易市场、二手车经销企业、经纪机构和拍卖企业应当通过增值税发票税控开票软件开具二手车销售统一发票。二手车销售统一发票"车价合计"栏次仅注明车辆价款。二手车交易市场、二手车经销企业、经纪机构和拍卖企业在办理过户手续过程中收取的其他费用，应当单独开具增值税发票。

增值税发票有图 2-65 所示的几种类型。

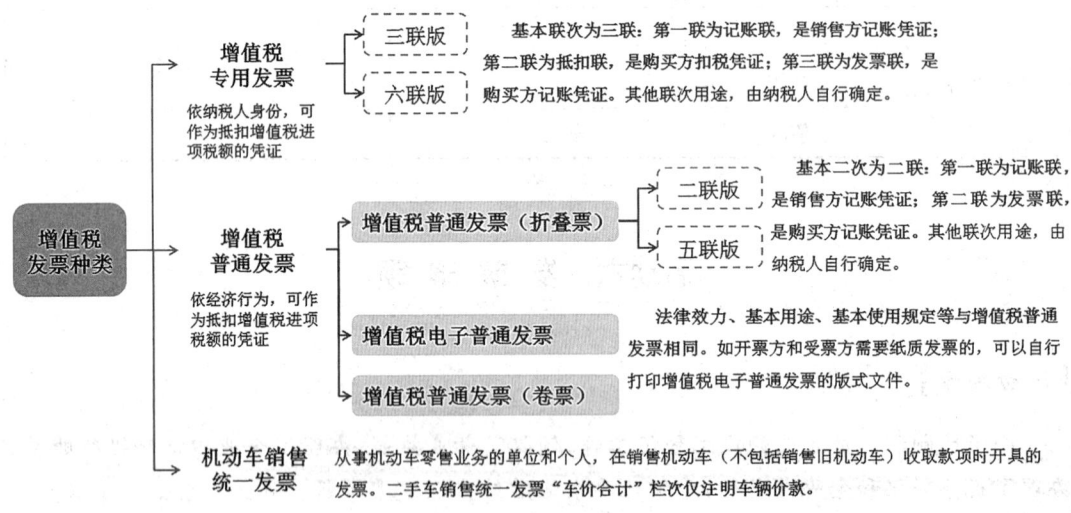

图 2-65 增值税发票种类

二、增值税发票的申领规定

增值税发票申领包括首次申领和日常申领，申领可以在办税大厅人工窗口、发票发售自助终端机、电子税务局和增值税发票税控开票系统。其概况如图 2-66 所示。

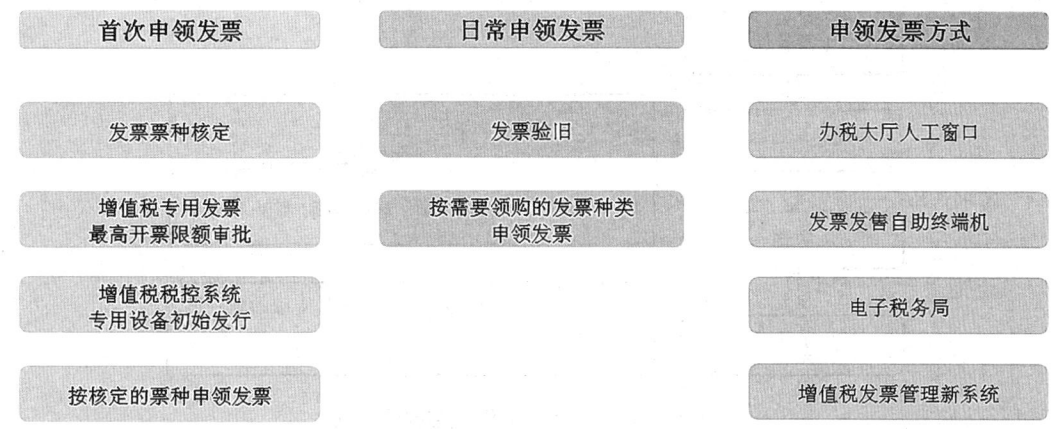

图 2-66 增值税发票申领概况

（一）新办纳税人首次申领发票

纳税人首次申领增值税发票前，应当办理发票票种核定、增值税发票最高开票限额审批、税控专用设备初始发行、发票领用等涉税事项。

新办纳税人首次申领发票流程如图 2-67 所示。

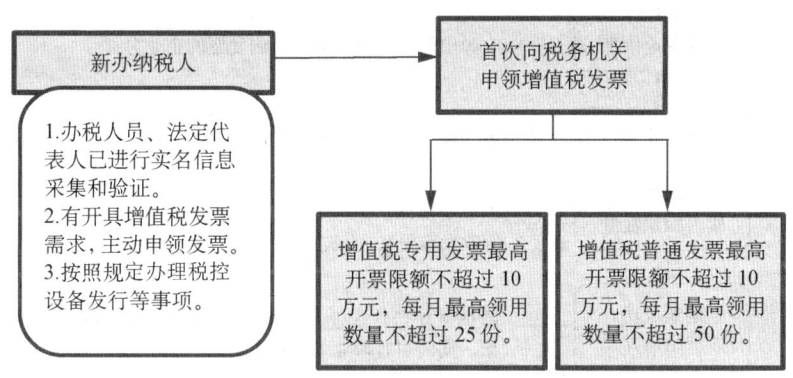

图 2-67 新办纳税人首次申领发票

（二）纳税人日常申领发票

纳税人日常使用发票，可根据已确认申领发票的种类、数量，通过电子税务局、增值税发票税控开票软件或税务机关自助办税大厅发票发售自助终端机等方式办理申请发票操作。申领发票时，应当按照税务机关的规定报告发票使用情况。

【活动流程】

一、操作流程

（1）税务端执行发票发售（增值税发票管理系统 2.0），如图 2-68 所示。

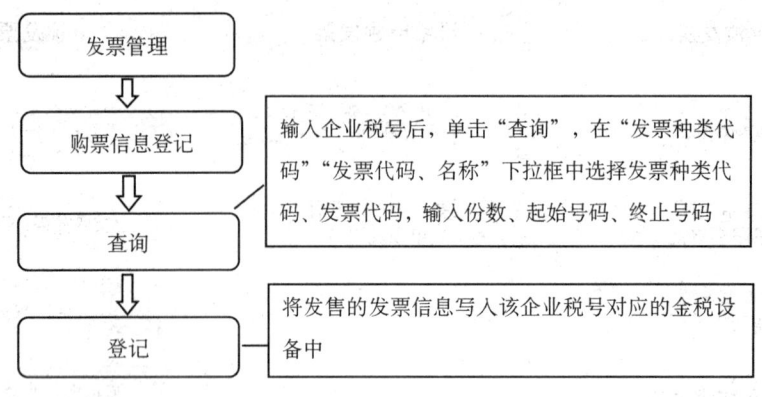

图 2-68　税务端执行发票发售操作流程

（2）纳税人自行申领金税盘（发票发售自助终端机），如图 2-69 所示。

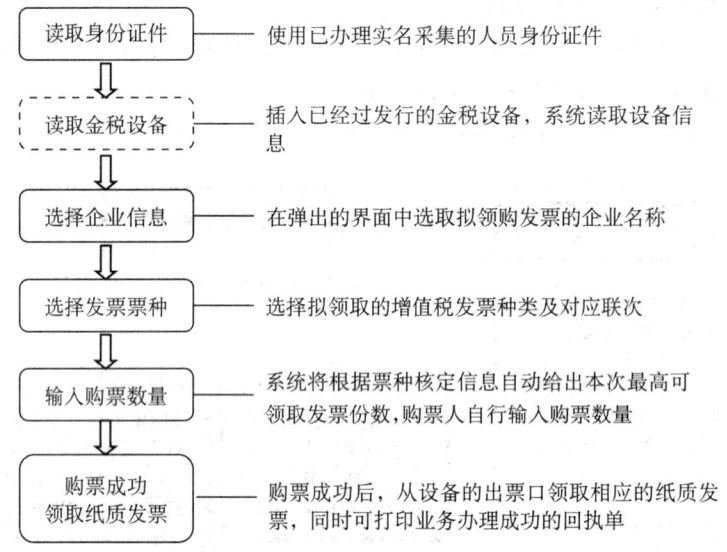

图 2-69　发票发售自助终端机操作流程

二、操作要点

纳税人申领发票，除可以选择在人工窗口办理，也可以选择在税务机关自助办税大厅放置的发票发售自助终端机自行办理。

三、操作步骤

（1）税务端执行发票发售（增值税发票管理系统2.0）。登录"增值税发票税控系统V2.0"，选择发票管理|购票信息写盘，输入纳税人识别号，单击"查询"，执行写盘，完成发票发售。

（2）发票发售自助终端机发票发售。

第一步：前往发票发售自助终端机，选择"发票发售"，按照系统提示，在发票发售自助终端机"身份证感应区"处放置办税人员身份证，使系统读取该身份证信息，读取成功后单击"确定"。

第二步：按照系统提示，将金税设备连接到发票发售自助终端机的 USB 接口上，待连接完毕后，单击"确定"。

第三步：在"请输入纳税人识别号"编辑栏中填写"南昌市润甜饼业加工有限责任公司"的统一社会信用代码，并单击"确定"。

第五步：单击"南昌市润甜饼业加工有限责任公司"名称行。

第六步：在领用发票种类选择界面中，单击"增值税普通发票"，依据领购信息，在"当前企业可领的发票份数"编辑栏内填写"发票数量"，并单击"确定"。

第八步：领票成功后，从自助服务终端机取走相应份数的纸质增值税普通发票即可。

【活动实施】

1. 2020 年 11 月 5 日，小张担任南昌市金金财务咨询公司的外勤办事员，在有关平台模拟完成设立发票申领，并截图（资料如表 2-21 所示）。

表 2-21 增值税发票申领表

公司名称	发票类型	数量	开票限额
南昌市润甜饼业加工有限公司	增值税普通发票	20	99 999.99
南昌市润甜饼业加工有限公司	增值税电子普通发票	20	99 999.99

2. 什么是发票？增值税发票税控系统开具的发票有哪些？
3. 写出首次申领发票与日常申领发票的流程和申领方式。

【活动评价】

表 2-22 发票申领活动评价表

考核项目	考核内容		考核权重	评分			合计
				教师评	互评	自评	
专业技能	活动准备	发票申领思维导图	10 分	√			
	活动流程	操作流程	10 分	√			
		操作要点	10 分	√			
		操作步骤	10 分	√			
	活动实施	1	30 分			√	
		2	10 分		√		
		3	10 分		√		
职业素养		签到	3 分	√			
		合作	4 分	√			
		整理	3 分	√			

任务三　企业经营

活动一　工商变更

【活动场景】

经过一段时间的经营,南昌市润甜饼业有限责任公司发生了一系列的变更事项,包括拟增加投资、生产威化饼干新品种、经营地址变化等,拟委托南昌市金金财务咨询公司办理相关变更手续,小张很荣幸地承担了这些任务。

【活动准备】

企业经营过程中,营业执照记载的事项发生变更的,如法人、住所、企业名称、注册资本、经营范围等,企业应当依法办理变更登记。企业变更登记事项,应当向原企业登记机关申请变更登记,变更登记事项涉及《企业法人营业执照》载明事项的,企业登记机关应当换发营业执照。未经变更登记,企业不得擅自改变登记事项。

【活动流程】

一、操作流程

虽然变更不同的登记事项,需提交的变更材料不同,但变更业务办理流程基本一致。如图 2-70 所示。

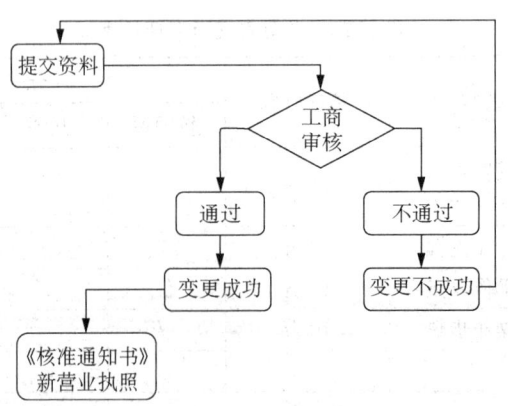

图 2-70　变更登记流程

二、操作要点

(一)变更规定

变更登记事项依照法律、行政法规或者国务院决定规定在登记前须经批准的,还应当向公司登记机关提交有关批准文件。

公司可以向登记机关申请撤销变更登记,撤销变更登记的,应当提交企业法定代表人签署的申请书及人民法院的裁判文书。

依照《公司法》《公司登记管理条例》设立的有限责任公司(含一人有限责任公司和国有独资公司)、股份有限公司发生变更登记应提交材料有:

(1)《公司登记(备案)申请书》。

(2)关于修改公司章程的决议、决定(变更登记事项涉及公司章程修改的,提交该文件;其中股东变更登记无须提交该文件,公司章程另有规定的,从其规定)。其中:①有限责任公司提交由代表三分之二以上表决权的股东签署的股东会决议。②股份有限公司提交由会议主持人及出席会议的董事签署的股东大会会议记录。③国有独资公司提交国务院、地方人民政府或者其授权的本级人民政府国有资产监督管理机构的批准文件复印件。

(3)修改后的公司章程或者公司章程修正案(公司法定代表人签字)。

(4)变更事项相关证明文件(见每一具体变更业务)。

(5)法律、行政法规和国务院决定规定公司变更事项必须报经批准的,提交有关的批准文件或者许可证件复印件。

(6)已领取纸质版营业执照的,缴回营业执照正、副本。

变更时所需提交材料,应符合《市场监督管理局关于印发〈企业登记申请文书规范〉、〈企业登记提交材料规范〉的通知》的相关规定。各地根据情况会略有不同,实际工作中,应当向市场监督管理部门进行咨询后,按照要求准备材料。

(二) 变更企业住所

(1)未跨行政区划的,应向登记主管机关申请办理变更手续,企业凭登记主管机关批准文件,领取新营业执照。

(2)跨行政区划的,在迁入新住所前向迁入地企业登记机关申请变更登记,迁入地企业登记机关受理的,由原企业登记机关收缴营业执照,撤销注册号,开出迁移证明,并将企业档案移交企业新址所在地登记主管机关。企业凭迁移证明和有关部门的批准文件,向新址所在地登记主管机关申请变更登记,领取新营业执照。

变更事项相关证明文件为:变更后住所的使用证明。

(三) 变更企业股东

有限责任公司变更股东的,应当自变更之日起30日内申请变更登记,并应当提交新股东的主体资格证明,或者自然人身份证明。

(1)继承。有限责任公司的自然人股东死亡后,其合法继承人继承股东资格的,公司应当依照规定申请变更登记。

(2)变更股东名称。有限责任公司的股东或者股份有限公司的发起人改变姓名或者名称的,应当自改变姓名或者名称之日起30日内申请变更登记。

(3)股东之间股权转让。

(4)股东之外股权转让。具体如图2-71所示。

变更事项相关证明文件为:①股东向其他股东转让全部股权的,提交股东双方签署的股权转让协议或者股权交割证明;②股东向股东以外的人转让股权的,提交其他股东过半数同

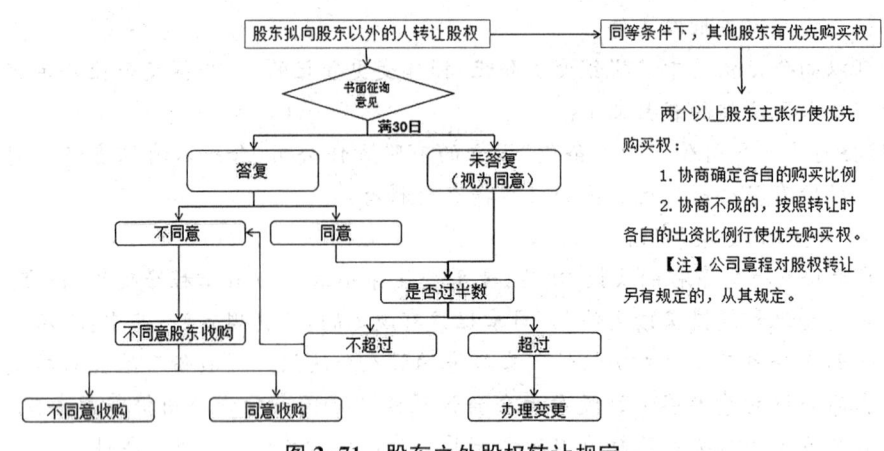

图 2-71 股东之外股权转让规定

意的文件;③其他股东接到通知30日未答复的,提交拟转让股东就转让事宜发给其他股东的书面通知;④股东双方签署的股权转让协议或者股权交割证明;⑤新股东的主体资格证明或自然人身份证件复印件;⑥人民法院依法判决、裁定划转股权的,应当提交人民法院的判决书或裁定书,无须提交股东双方签署的股权转让协议或者股权交割证明和其他股东过半数同意的文件;⑦国务院、地方人民政府或者其授权的本级人民政府国有资产监督管理机构划转国有资产相关股权的,提交国务院、地方人民政府或者其授权的本级人民政府国有资产监督管理机构关于划转股权的文件,无须提交股东双方签署的股权转让协议或者股权交割证明;⑧变更股东或发起人名称或姓名的,提交股东或发起人名称或姓名变更证明;⑨股东或发起人更名后新的主体资格证明或者自然人身份证件复印件;⑩公司章程对股权转让另有规定的,从其规定。

(四) 增加注册资本

企业增加注册资本的,应当自变更决议或者决定作出之日起30日内申请变更登记。企业增加注册资本时,股东认缴新增资本的出资,为在企业登记机关登记的新增认缴出资额。

股东可以选择以货币或非货币形式进行增资。若选择以非货币形式进行投资,企业应当确定实物资产或无形资产的所有权是否有担保或抵押情况,并且需要聘请有资质的专业机构对其进行估值。同时,在企业章程就被投资资产的转移事宜作出规定后,企业应当依照有关规定办理转移过户手续,使企业掌握资产所有权。

变更事项相关证明文件为:企业签署的《有限责任公司变更登记附表——股东出资信息》(公司加盖公章);依法设立的验资机构出具的验资证明;以股权出资的,提交《股权认缴出资承诺书》;股份有限公司以募集方式增加注册资本的,还应提交国务院证券监督管理机构的核准文件。

(五) 变更企业名称

企业变更名称的,应当自变更决议或者决定作出之日起30日内申请变更登记。企业名称变更后,需要在银行、税务、社保等部门进行相应的变更。如有商标证书,也需要进行变更。企业在变更企业名称后,在开票时应当使用新的企业名称,因此涉及重新发行金税盘工作。变更事项相关证明文件为经过名称预查的新企业名称。变更后的企业名称如果符合一般企业名称规则的,可以进行新名称自主申报,符合要求即可提出变更名称申请。若申请的名称超出登记机关管辖权限的,由登记机关向有该名称核准权的上级登记机关申报。

(六) 变更经营范围

企业变更经营范围的,应当自变更决议或者决定作出之日起 30 日内申请变更登记;变更经营范围涉及法律、行政法规或者国务院决定规定在登记前须经批准的项目的,应先取得相应审批部门的批准文件,且应当自国家有关部门批准之日起 30 日内申请变更登记。

企业的经营范围中属于法律、行政法规或者国务院决定规定须经批准的项目被吊销、撤销许可证或者其他批准文件,或者许可证、其他批准文件有效期届满的,应当自吊销、撤销许可证、其他批准文件或者许可证、其他批准文件有效期届满之日起 30 日内申请变更登记或者依照相关规定办理注销登记。

擅自改变主要登记事项或者超出核准登记的经营范围从事经营活动的,或从事非法经营活动的,登记主管机关可以根据情况分别给予警告、罚款、没收非法所得、停业整顿、扣缴、吊销《企业法人营业执照》的处罚。

变更事项相关证明文件为:企业申请登记的经营范围中有法律、行政法规规定必须在登记前报经批准的项目,提交有关批准文件或者许可证件的复印件;若审批机关单独批准分公司经营许可经营项目的,企业可以凭分公司的许可经营项目的批准文件、证件申请增加相应经营范围,但应当在申请增加的经营范围后标注"(限分支机构经营)"字样。

(七) 变更法定代表人

企业变更法定代表人的,应当自变更决议或者决定作出之日起 30 日内申请变更登记。企业法定代表人依照企业章程的规定,由董事长、执行董事或者经理担任,并依法登记。

变更事项相关证明文件为:根据企业章程的规定提交原任法定代表人的免职证明和新任法定代表人的任职证明(股东会决议、股东决定由股东签署,董事会决议由公司董事签字);企业法定代表人更改姓名的,提交公安部门出具的证明。

三、操作步骤

以江西企业的变更事项为例,变更操作步骤如下:
(1) 登录江西省工商企业登记服务平台:http://wsdj.jxaic.gov.cn/zxlogin。
(2) 点击"企业用户",填写信息,获取验证码,点击"立即激活"。
(3) 返回登录页面,登录企业账号,如图 2-72 所示。

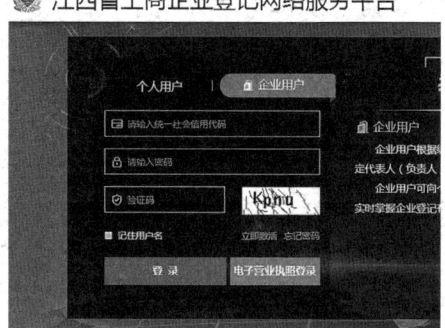

图 2-72 登录企业账户

(4)点击"授权委托人",如图2-73所示。

图2-73 授权登录

(5)填写授权委托人信息,如图2-74所示。

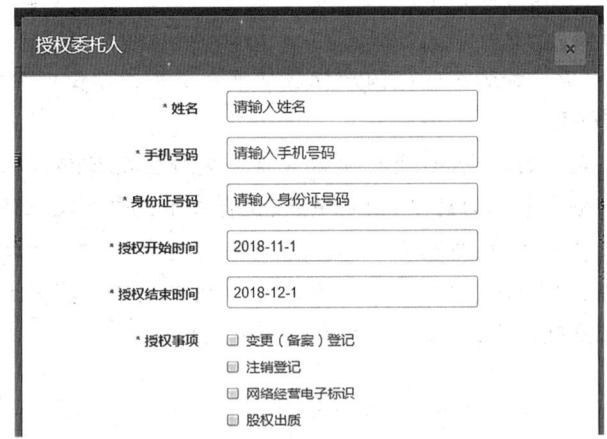

图2-74 授权委托人信息填写

(6)返回登录页面——个人用户(登录委托人账号),如图2-75所示。

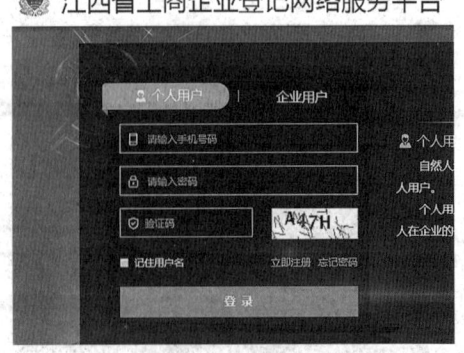

图2-75 个人用户登录

(7) 点击"变更(备案)登记",如图2-76所示。

图2-76 变更登录

(8) 出现如图2-77所示页面,点击"申请变更(备案)"。

请选择您可以办理变更登记业务的企业

	统一社会信用代码	企业名称	授权期限	操作
1	91360122MA35KEP46M	南昌熊大餐饮管理服务有限公司	2018-10-30至2018-11-30	申请变更(备案)

图2-77 变更备案

(9) 勾选需变更的项目,填写变更内容。
(10) 完成,提交。
(11) 待审批后,所有股东到工商窗口签字。
(12) 两个工作日后可领取新营业执照。

【活动实施】

1. 2020年11月5日,小张担任南昌市金金财务咨询公司的外勤办事员,在有关平台模拟完成设立企业信息,并截图(资料如表2-23所示)。

表2-23 变更登记信息表

公司	南昌市康润饼业加工有限责任公司 913601139372975376	
住所	江西省南昌市红谷滩区枫林大道888号	江西省南昌市红谷滩区枫林大道999号
增加注册资本	张强60%　60万元 黄子珊40%　40万元	李想身份证号码320116198703150211,电话号码18962552386,出资30万元,其中计入实收资本25万元,计入资本公积5万元,出资期限1年。 张强48%　60万元 黄子珊32%　40万元 李想25%　25万元
经营范围	利用小麦面粉、淀粉、白砂糖、食用植物油原料及主料和小苏打、淀粉等辅料生产销售配送曲奇饼干和苏打饼干。	利用小麦面粉、淀粉、白砂糖、食用植物油原料及主料和小苏打、淀粉和膨松剂等辅料生产销售配送曲奇饼干、苏打和威化饼干

(续表)

法人代表	林胜(兼任经理)： 身份证 360101198106163622 电话 13770814343 固定电话 0791-83806656 住所南昌市红谷滩区世贸天成 6-1-706 邮箱 linsheng@163.com 产生方式：选举	张强： 身份证 360102198810165678 电话 13970882266 固定电话 0791-83806656 住所南昌市红谷滩区世纪中央城 8-1-806 邮箱 zhangqiang@163.com 产生方式：选举
变更名称	南昌市润甜饼业加工有限公司	南昌市康润饼业加工有限责任公司

2. 变更登记的内容有哪些？
3. 变更登记的流程有哪些？应提交哪些材料？

【活动评价】

表 2-24　工商变更活动评价表

考核项目	考核内容		考核权重	评分			合计
				教师评	互评	自评	
专业技能	活动准备	工商变更思维导图	10 分	√			
	活动流程	操作流程	10 分	√			
		操作要点	10 分	√			
		操作步骤	10 分	√			
	活动实施	1	30 分			√	
		2	10 分		√		
		3	10 分		√		
职业素养		签到	3 分	√			
		合作	4 分	√			
		整理	3 分	√			

活动二　税 务 变 更

【活动场景】

小张为南昌市康润饼业有限责任公司代理了一系列工商变更事项，包括名称变更、拟增加投资、生产威化饼干新品种、经营地址变化及法人代表变更等，名称和经营范围等的变更，必然引起税务变更，小张的工作还要继续。

【活动准备】

变更税务登记是指纳税人办理设立税务登记后,因税务登记内容发生变化,向税务机关申请将税务登记内容重新调整为与实际情况一致的一种税务登记管理制度。

纳税人税务登记内容发生变化的,应当自市场监督管理机关或者其他机关办理变更登记之日起 30 日内,持有关证件向原税务登记机关申报办理变更税务登记。纳税人税务登记内容发生变化,不需要到市场监督管理机关或者其他机关办理变更登记的,应当自发生变化之日起 30 日内,持有关证件向原税务登记机关申报办理变更税务登记。

税务变更登记事项包括变更注册资本、改变法定代表人、改变登记注册类型、改变注册(住所)地址或经营地址、改变银行账号、变更核算形式、变更财务负责人、变更分支机构负责人、变更经营范围、分支机构申请变更其总机构相关登记信息和总机构变更其分支机构相关登记信息等。

【活动流程】

一、操作流程

工商变更登记事项引起的税务变更,信息直接共享,无需到税务机关办理税务变更;非工商变更登记,须向税务机关办理变更登记手续,无需到市场监督管理机关办理变更登记手续。其关系如图 2-78 所示。

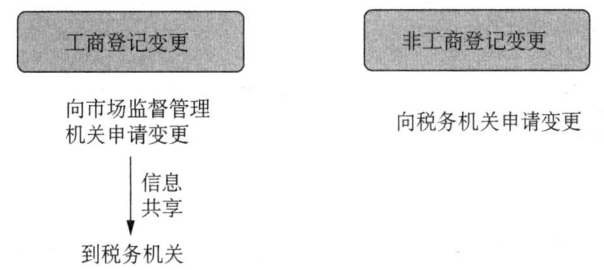

图 2-78 工商变更与税务变更的关系

(一) 工商变更事项

具体如图 2-79 所示。

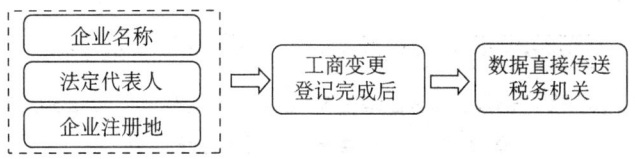

图 2-79 工商变更的税务变更流程

（二）非工商变更事项

具体如图 2-80 所示。

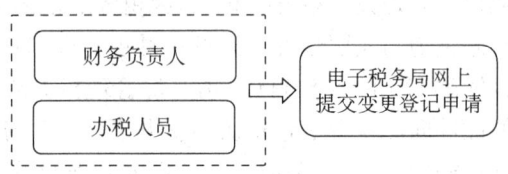

图 2-80　非工商变更的税务变更流程

二、操作要点

若纳税人变更企业名称，则会影响其所使用的增值税税控设备及 CA 证书信息，纳税人需前往税务机关办理增值税税控设备的重新发行及 CA 证书的重新签发。

企业发生财务负责人、办税人员等信息变更的，需要在电子税务局网上办理变更登记，还需要进行实名认证信息采集。

三、操作步骤

（一）工商变更事项

选择登录电子税务局 | 登录，输入税号及密码进行登录，选择我的信息 | 纳税人信息 | 登记信息，查看相关信息是否已同步，如图 2-81 所示。

税务登记表-基础信息					
纳税人名称	南昌市康润饼业加工有限责任公司66		纳税人识别号	913601139372975376	
登记注册类型	其他有限责任公司		批准设立机关	XX市场监督管理局	
组织机构代码	937297537		批准设立证明或文件号	营业执照	
开业（设立）日期	2020-11-05	生产经营期限	长期	证照名称	营业执照	证照号码	913601139372975376
注册地址	枫林大道888号		邮政编码	330008	联系电话	0791-83806657
生产经营地址	枫林大道999号		邮政编码	330008	联系电话	0791-83806657
核算方式	独立核算		从业人数	35	其中外籍人数	
单位性质	有限责任公司				
网站网址			国标行业	制造业食品制造业焙烤食品制造	
适用会计制度	102|小企业会计准则				
经营范围	利用小麦面粉、淀粉、白砂糖、食用植物油原料及主料和小苏打、淀粉和膨松剂等辅料生产销售配送曲奇饼干、苏打和威化饼干。				
联系人	姓名	身份证件种类	身份证件号码	固定电话	移动电话	电子邮箱

图 2-81　同步共享后的税务登记信息

(二)非工商变更事项

选择登录电子税务局|登录,输入税号及密码进行登录,选择我要办税|综合信息报告|税务登记信息变更,修改财务负责人(办税人员)及其身份信息,如图2-82所示。

图 2-82 非工商事项变更

【活动实施】

1. 2020年12月12日,小张担任南昌市金金财务咨询公司的外勤办事员,在有关平台模拟完成税务信息变更,并截图(资料如表2-25所示)。

表 2-25 财务负责人变更信息

姓名	身份证	电话
杨磊	360101198608126780	13570896544
吴婧	360102198512219326	15910594430

2. 税务变更包括哪些内容?流程是怎样的?

3. 2020年12月12日,小张将南昌市康润饼业加工有限责任公司转登记为增值税一般纳税人,重新发行金税盘并申领专用发票(资料如表2-26所示)。

表 2-26 申领情况

发票类型	数量	开票限额
增值税专用发票	15份	999 999元
增值税普通发票	15份	999 999元
增值税电子发票	15份	999 999元

【活动评价】

表 2-27　税务变更活动评价表

考核项目	考核内容		考核权重	评分			合计
				教师评	互评	自评	
专业技能	活动准备	税务变更思维导图	10 分	√			
	活动流程	操作流程	10 分	√			
		操作要点	10 分	√			
		操作步骤	10 分	√			
	活动实施	1	30 分			√	
		2	10 分		√		
		3	10 分		√		
职业素养	签到		3 分	√			
	合作		4 分	√			
	整理		3 分	√			

活动三　银行账户变更

【活动场景】

小张为南昌市康润饼业有限责任公司代理了一系列工商变更事项,包括名称、拟增加投资、生产威化饼干新品种、经营地址变化及法人代表变更等。企业名称、经营范围和税务变更等必然引起银行账户的变更。

【活动准备】

银行账户的变更是指存款人名称、单位法定代表人或主要负责人、住址以及其他开户资料发生的变更。

银行账户发生变更的,应当办理相关的变更手续。银行账户的存款人名称发生变更,但不改变开户银行及账号的,应于 5 个工作日内向开户银行提出银行账户的变更申请,并出具有关部门的证明文件。

单位的法定代表人或主要负责人、住址以及其他开户资料发生变更时,应于 5 个工作日内书面通知开户银行并提供有关证明。

【活动流程】

公司安排财务人员携带以下材料,前往银行对公窗口办理变更业务:

(1) 新营业执照正本、副本原件。

(2) 变更通知书原件及复印件。
(3) 公章、财务章、法人章。
(4) 法人身份证原件、经办人身份证原件。
银行审核后即可完成办理变更流程。

【活动实施】

1. 什么是银行账户变更？什么情况下需要办理银行账户变更？
2. 网络查询《企业银行结算账户管理办法》，了解银行账户变更的有关规定。
3. 银行账户变更应提交哪些资料？如何办理银行账户变更？

【活动评价】

表 2-28　银行账户变更活动评价表

考核项目	考核内容		考核权重	评分			合计
				教师评	互评	自评	
专业技能	活动准备	银行账户变更思维导图	10 分	√			
	活动流程		20 分	√			
	活动实施	1	30 分			√	
		2	15 分		√		
		3	15 分		√		
职业素养	签到		3 分	√			
	合作		4 分	√			
	整理		3 分	√			

活动四　企业年度报告

【活动场景】

2021 年 3 月 2 日，金金财务咨询公司总经理给员工分配了管辖的单位，并要求大家列出所管辖客户的年度计划。小张被分配了近 30 家客户，除了帮助客户完成日常财务核算、报税、凭证账簿报表打印归档外，6 月 30 日前有一项重大事项是企业年度报告。小张拟为南昌市康润饼业加工有限责任公司进行企业年度报告。

【活动准备】

企业年度报告(工商年检)是企业信息公示的重要组成部分，对保障公平竞争，促进企业诚信自律，规范企业信息公示，强化企业信用约束，维护交易安全，提高政府监管效能，扩大社会监督有不可替代的作用。每年的1月1日至6月30日，企业应通过国家企业信用信息公示系统报送并向社会公示上一年度企业信息。

企业应当按年度在规定的期限内，通过市场主体信用信息公示系统向管理机关报送年度报告，并向社会公示。任何单位和个人均可查询有关信息。

企业年度报告的主要内容包括公司股东（发起人）缴纳出资情况、资产状况等，企业对年度报告的真实性、合法性负责，管理机关可以对企业年度报告公示内容进行抽查。经检查发现企业年度报告隐瞒真实情况、弄虚作假的，管理机关依法予以处罚，并将企业法定代表人、负责人等信息通报公安、财政、海关、税务等有关部门，形成"一处违法，处处受限"。对未按规定期限公示年度报告的企业，管理机关会将其载入经营异常名录。企业在3年内履行年度报告公示义务的，可以申请恢复正常记载状态；超过3年未履行的，管理机关将其永久列入严重违法企业"黑名单"。

【活动流程】

一、操作流程

企业年度报告操作流程如图2-83所示。

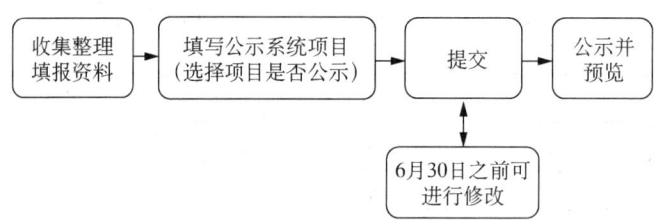

图2-83　企业年度报告操作流程

二、操作要点

企业年度报告操作要点如下：

（1）当年设立登记的企业，自下一年起报送并公示年度报告。

（2）企业发现其公示的信息不准确，应当在每年6月30日前完成企业年度报告公示信息的更正。更正前后的信息应当同时公示。

（3）企业年度报告的所有信息项均为必填项，如果某项内容确无信息，应填写"无"。

（4）企业填报的通信地址、邮政编码、联系电话、电子邮箱、存续状态、网址、网站信息均为报送时的信息，其余信息为所报告年度12月31日的信息。

（5）年度报告填报中涉及金额信息项的，以万元为单位，可保留小数点后六位。

（6）股东（发起人）的姓名或者名称应当与报告年度在市场监督管理部门登记的姓名或者名称一致。

（7）每一个股东（发起人）的出资信息只需填报一条，股东（发起人）认缴和实缴出资额为截至报告年度12月31日的累计数额，其中外商投资企业认缴和实缴出资额的币种应与注册资本一致。

认缴和实缴出资时间为截至报告年度 12 月 31 日最后一次认缴和实缴时间，出资方式可以多选。

（8）企业资产状况信息应当是企业年度资产负债表和损益表（利润表）中的期末数；纳税总额为企业全年实缴各类税金的总和（纳税总额包括企业代扣代缴的个人所得税）。

（9）企业主营业务活动是指企业实际从事的主要业务活动。

（10）参保各险种人数是指报告期末参加社会保险的职工人数（不含离退休人数）。

单位缴费基数是指报告期内单位缴纳社会保险费的工资总额，按缴费人员的应缴口径计算（不含离退休人员工资）。

本期实际缴费金额是指报告期内单位实际缴纳的社会保险费，不包括补缴欠费和跨年度（或跨季度）的预缴金额。

单位累计欠缴金额是指截至报告期末单位累计欠缴各项社会保险费金额（本金）。

（11）企业生产经营情况、对外担保、从业人数、社保缴费信息为非强制性公示的事项，可选择是否向社会公示。其中，对外担保信息可以选择某条具体信息是否向社会公示。

（12）高校毕业生人数是指报告期内录用的毕业两年内的高校毕业生；退役士兵人数、残疾人人数、失业人员再就业人数是指报告期内录用的退役士兵、残疾人、失业人员再就业等的人数。此类信息为不公示信息。

（13）党建信息为不公示信息，主要采集企业党组织的建立情况，但属于抽查范围。其中，中共党员（包括预备党员）人数，为截至年度报告年份 12 月 31 日的人数。

（14）海关管理的企业需要按照有关规则填写表格。

（15）在企业填报年报时自动关联出疫苗生产企业、特种设备生产企业许可和充装单位许可信息到企业年报中，由企业确认后在年报中公示。

三、操作步骤

（1）登录网址 http://gsxt.amr.jiangxi.gov.cn/gsxt.nb/，如图 2-84 所示。

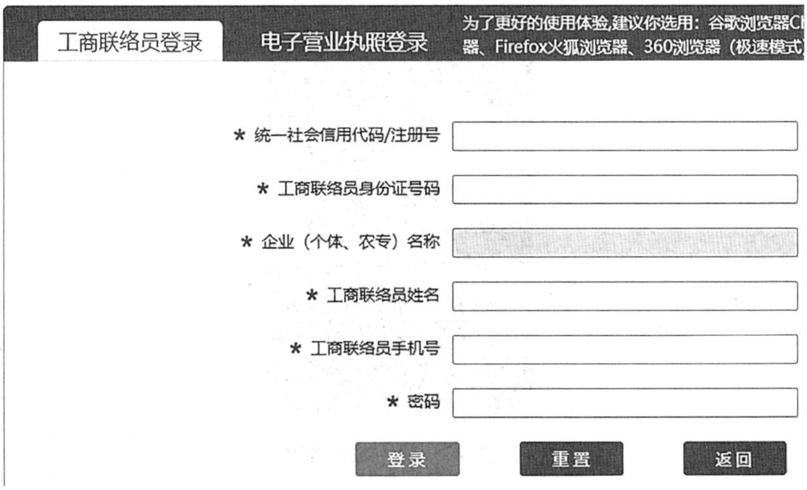

图 2-84 系统登录

(2) 登录后，填报年报信息（需在每年 6 月 30 日前填报，否则将被列入异常名单），如图 2-85 所示。

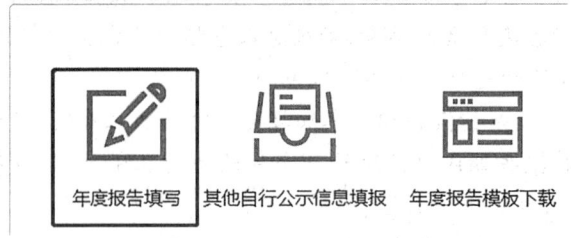

图 2-85　年度报告填写

(3) 在出现的对话框中，选择需要报送的年度，点击"确定"，如图 2-86 所示。

图 2-86　选择年度

(4) 在出现的界面中，可以看到左侧导航栏需要填写的数据，逐一填写完整，如图 2-87 所示。

图 2-87　逐一填写信息

(5) 填写完成后点击导航栏的"预览并公示",如图 2-88 所示。

图 2-88 预览并公示

(6) 页面跳转以后,下拉该页面点击底部的"提交并公示",如图 2-89 所示。

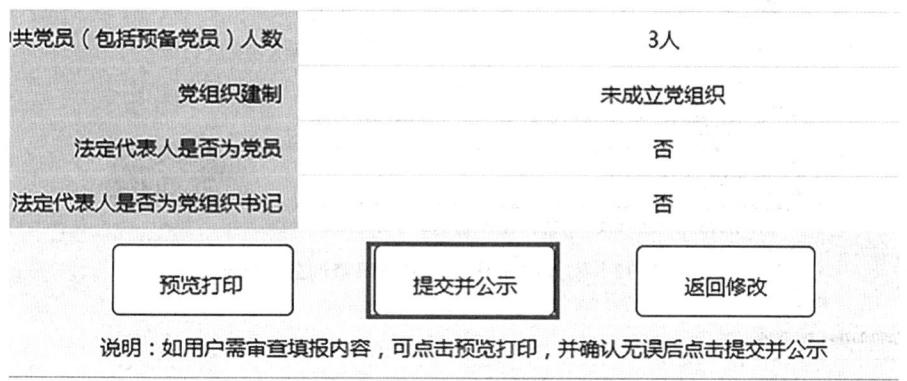

图 2-89 提交并公示

(7) 弹出对话框提示年度报告公示已成功,点击"确定",如图 2-90 所示。

图 2-90 公示成功

（8）可看到已经报送成功的企业年度报告，如图 2-91 所示。

报告年份	状态
2020年年度报告	已公示
2019年年度报告	已公示
2018年年度报告	已公示
2017年年度报告	已公示
2016年年度报告	已公示

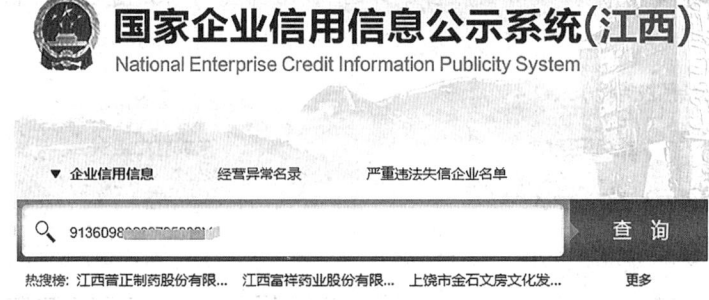

图 2-91 公示成功后的显示

（9）网络查询公示结果，如图 2-92 至图 2-94 所示。

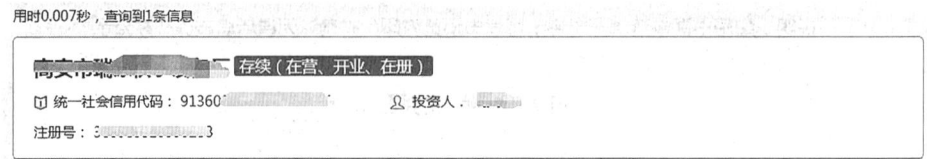

图 2-92　输入统一社会信用代码查询公示结果

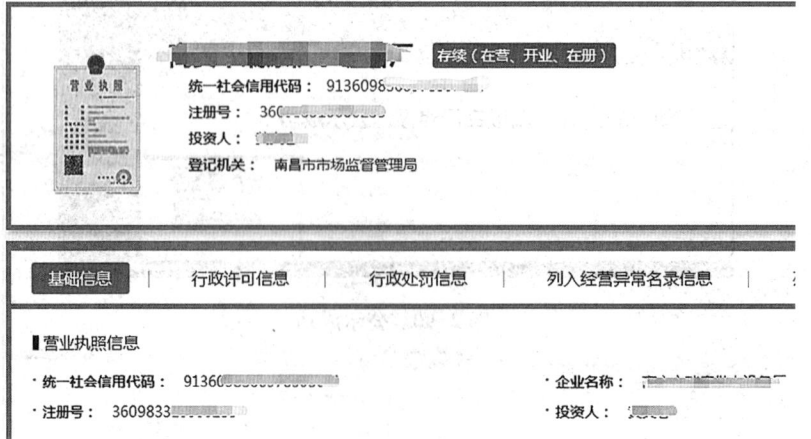

图 2-93　查询结果 1

图 2-94　查询结果 2

【活动实施】

1. 2020年12月5日,小张担任南昌市金金财务咨询公司的外勤办事员,在有关平台模拟完成企业年度报告,并截图(资料如表2-29所示)。

表2-29 企业年度报告公示信息

币种:人民币 金额单位:万元

公示项目	公示内容	是否公示
企业名称	南昌市康润饼业加工有限责任公司	应当公示
统一社会信用代码	系统自动生成913601134530511495	应当公示
工商联络员姓名	张霖生	*
工商联络员身份证号码	362222200303167890 邮箱:23450987123@qq.com	*
工商联络员手机号	13523567890	*
企业通信地址	江西省南昌市红谷滩区枫林大道888号	应当公示
邮政编码	330008	应当公示
企业联系电话	0791-82293987	应当公示
电子邮箱	krby@163.com	应当公示
企业主营业务	利用小麦面粉、淀粉、白砂糖、食用植物油原料及主料和小苏打、淀粉和膨松剂等辅料生产销售曲奇饼干、苏打和威化饼干。	应当公示
从业人数	35	选择公示
其中:高校毕业生人数(经营者)	0	默认不公示
高校毕业生人数(雇员)	8	默认不公示
退役士兵人数(经营者)	0	默认不公示
退役士兵人数(雇员)	0	默认不公示
残疾人数(经营者)	0	默认不公示
残疾人数(雇员)	0	默认不公示
失业人员再就业(经营者)	0	默认不公示
失业人员再就业(雇员)	0	默认不公示
女性从业人数	18	选择公示

(续表)

公示项目	公示内容	是否公示
中共党员(含预备党员)人数	15	默认不公示
党组织建制	未成立党组织	默认不公示
法定代表人是否为党员	否	默认不公示
法定代表人是否为党委书记	否	默认不公示
是否有网站或网店	无	应当公示
企业经营状态	正常经营	应当公示
企业控股情况	私人控股	应当公示
本年度是否发生股东股权转让	是	应当公示
企业是否有投资信息或购买其他公司股权	无	应当公示
对外投资	0	应当公示
资产总额(万元)	125	选择公示
所有者权益合计(万元)	125	选择公示
负债总额(万元)	0	选择公示
营业总收入(万元)	62.5	选择公示
其中:主营业务收入(万元)	62.5	选择公示
利润总额(万元)	10.36	选择公示
净利润(万元)	10.36	选择公示
纳税总额(万元)	13.4	选择公示
对外担保	0	选择公示
城镇职工基本养老保险(单位:人)	35	选择公示
职工基本医疗保险(单位:人)	35	选择公示
生育保险(单位:人)	35	选择公示
失业保险(单位:人)	35	选择公示
工伤保险(单位:人)	35	选择公示
单位参加城镇职工基本养老保险缴费基数(万元)	240	选择公示

(续表)

公示项目	公示内容	是否公示
单位参加城镇职工基本医疗保险缴费基数(万元)	240	选择公示
单位参加生育保险缴费基数(万元)	240	选择公示
单位参加失业保险缴费基数(万元)	240	选择公示
单位参加工伤保险缴费基数(万元)	240	选择公示
参加城镇职工基本养老保险本期实际缴费金额(万元)	38.4	选择公示
参加失业保险本期实际缴费金额(万元)	1.2	选择公示
参加职工基本医疗保险本期实际缴费金额(万元)	24	选择公示
参加工伤保险本期实际缴费金额(万元)	2.4	选择公示
参加生育保险本期实际缴费金额(万元)	1.92	选择公示

2. 什么是企业年度报告？企业年度报告的流程有哪些？
3. 简述企业年度报告填写要点。

【活动评价】

表 2-30　企业年度报告活动评价表

考核项目	考核内容		考核权重	评分			合计
				教师评	互评	自评	
专业技能	活动准备	企业年度报告思维导图	10分	√			
	活动流程	操作流程	10分	√			
		操作要点	10分	√			
		操作步骤	10分	√			
	活动实施	1	30分			√	
		2	10分		√		
		3	10分		√		
职业素养	签到		3分	√			
	合作		4分	√			
	整理		3分	√			

活动五　社保办理

【活动场景】

小张近期的主要任务之一是为手头上的几家企业代办社保。她在网上搜索学习了一些社保知识，请教了几位师傅，并咨询了全国劳动保障服务电话12333。她已做好通过实践来检验自己的学习成果的准备。

【活动准备】

社会保险（简称社保）是社会保障制度的一个最重要的组成部分，是国家通过立法筹集资金，对劳动者因年老、失业、患病、工伤、生育而减少劳动收入时给予补偿，使他们能够享受基本生活保障的一项社会保障制度。用人单位和劳动者必须依法参加社会保险，缴纳社会保险费。社会保险的主要项目包括养老保险、医疗保险、失业保险、工伤保险、生育保险。

社会保险是一种缴费性的社会保障，资金主要是由用人单位和劳动者本人缴纳，政府财政给予补贴并承担最终的责任。但是劳动者只有履行了法定的缴费义务，并在符合法定条件的情况下，才能享受相应的社会保险待遇。

目前，企业职工各项社会保险费交由税务部门统一征收。

社会保险具有稳定社会生活、再分配和促进社会经济发展的功能。具体来说，其作用如表2-31所示。

表2-31　社会保险的作用

种类	基础用途	派生用途
养老保险	退休后领取养老金、丧葬费、抚恤费	买房 买车 子女上学 落户 商业贷款
医疗保险	医疗报销 退休后享受医保待遇	
失业保险	失业后领取失业保险金、医疗费补贴	
工伤保险	支付治疗费用、生活护理费、伤残补助、伤残津贴	
生育保险	产假（约90天） 生育津贴、生育补助金	

【活动流程】

一、操作流程

（一）收集资料

不同地区的社会保险业务办理各不相同，因此，在办理社会保险业务前，应先收集企业所在地社会保险业务的办理流程和资料，收集途径常用的有两种：第一种是电话咨询，第二种是网上查询。

(二) 社会保险开户

企业需要在成立之日起 30 日内去人社局办理社会保险开户。社会保险开户后会拿到《社会保险登记证》，如图 2-95 所示。

图 2-95 社会保险开立账户的流程

(三) 增减员

单位每月都必须把企业新增的员工添加进单位的社会保险账户中，并把已经离职的员工从账户中删除。社会保险账户是一个独立的账户，增减员工的操作必须在账户中进行，如图 2-96 所示。

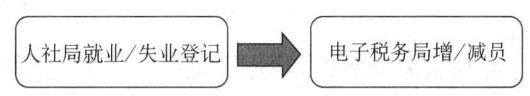

图 2-96 增员、减员操作流程

1. 增员

经办人应到当地人社局官网上进行就业登记。首次办理社会保险，在人社局开户的时候就会进行就业登记；非首次办理社保增员则要重新登录人社局网站进行就业登记。

实务中，企业经常需要给员工办社保卡，应该在办理完参保人员投保登记手续的 5 个工作日后，到所属的市或区级社保中心办理社会保障卡制作手续，办理时需提供以下资料：

第一，经办人需提供参保单位网上申报转换成功的《单位增员已提交数据查询表》，并加盖单位公章。

第二，参保人员身份证复印件。

第三，参保人员近期 1 寸正面免冠彩色头像一张，相片必须符合相关要求。

经办人领取社会保障卡时，需凭《社会保障卡领取通知单》和领卡人身份证原件领取。

2. 减员

企业有员工离职时，需要及时办理社会保险停保减员，办理时需先在当地人社局官网上办理失业登记备案手续，再到电子税务局办理社会保险减员申报。

(四) 确认缴费基数

单位每月需要为员工申报正确的社会保险缴费基数，以确保社会保险的正常缴纳。社会保险的缴费基数以员工上年度平均工资或入职首月工资为准。

(五) 社会保险缴费

如果企业、银行、社会保险管理机构三方签订了银行代缴协议，则社会保险费用将在每月固定时间从企业银行账户中直接扣除。当然，企业也可以选择通过现金或者支票的形式前往人社局现场缴费。

二、操作步骤

（1）网上搜索"国家社会保险公共服务平台"，(http://si.12333.gov.cn/index.jhtml?ret_url=http%3A%2F%2Fsi.12333.gov.cn%3A80%2F)，单击"各地办事大厅"，找到公司所在地的人社局网厅，点击查询进入，提交营业执照副本复印件、单位开户银行信息、法人身份证复印件、经办人身份证复印件和公章等信息，所有提交的申请预计1~2天就会审批完成，如图2-97所示。

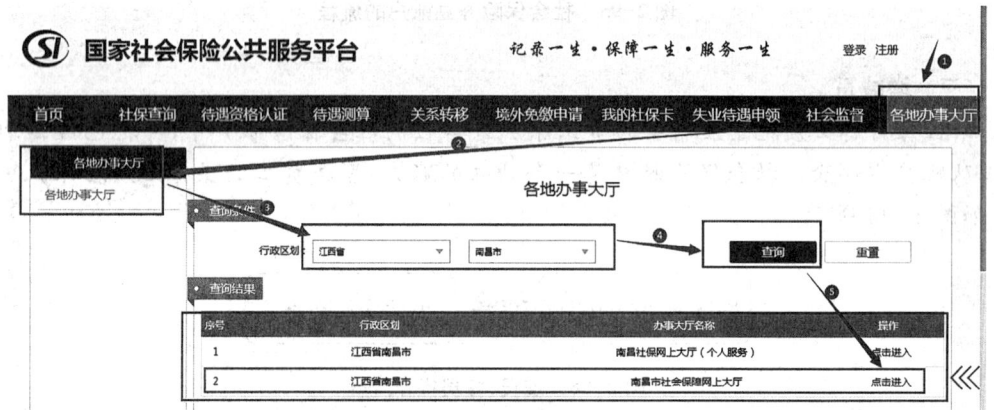

图2-97 国家社会保险公共服务平台

（2）开立账户办理银行托收，点击"单位管理"，再点"单位托收协议签订"，如图2-98所示。

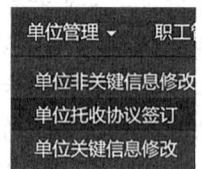

图2-98 托收协议签订

填完银行信息后，点击"模板打印"，再点击"预申报"。携带委托托收协议去单位开户行签订，协议签完后拍照上传到社会保险系统，最后提交，大概1~2天系统会审批通过。

（3）新参保人员操作。

第一，核对参保人员信息。

第二，登录系统（口令111111），点击"增员申报"，如图2-99所示。

第三，职工续保申报：如果提示不属于新参保，则进"职工续保申报"，如图2-100所示，若提示有居民医保正常参保，不能办理该业务，需要该员工带上身份证去医保局办理居民医保停保操作，之后才可以进公司参加职工五险。输入身份证号码，点击"续保"，填写基数、参保时间，预申报（参保月份只能填当月或当天，不可以补缴以前月份）。

第四，申报结果查询：人员增加成功后，进到"待提交申报管理"，选中预申报的内容，点击"提交"，提交成功后选择月份、状态和未审核，就能查询到已提交内容未审批状态，如图2-101所示。

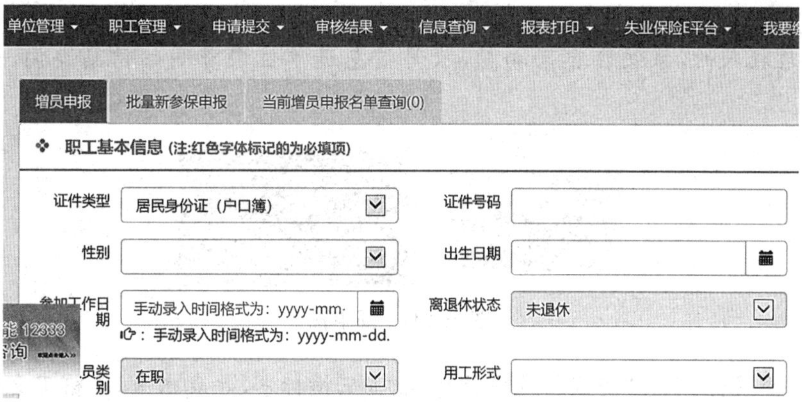

图 2-99 增员申报

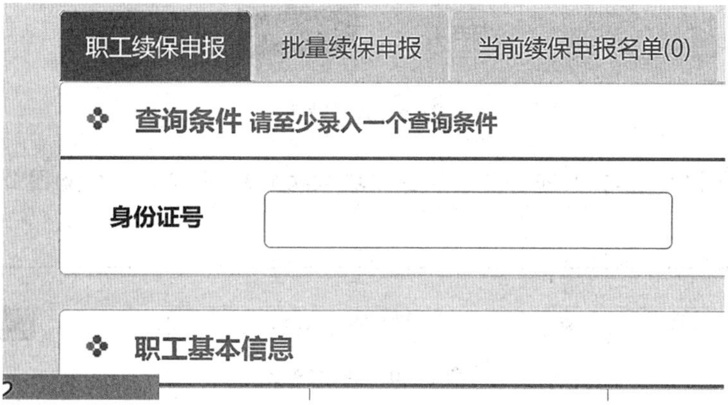

图 2-100 职工续保申报

图 2-101 查询审核结果

(4) 停保操作。

第一,单击"职工管理"下的"职工停保申报",如图 2-102 所示。

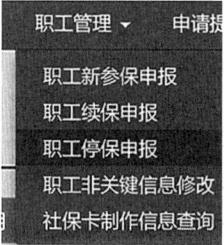

图 2-102 停保申报

第二,预申报,点击"提交"。人员停保请注意时间,当月停保,次月不会产生社会保险费用。单位办理托收的,系统会自动扣款,次月信息进单位缴费明细信息查询,如图 2-103 所示。

图 2-103　预申报

第三,选择月份,点击"查询",选中信息,点击三横标志,导表出来,表格里会体现是否实缴或欠费,点击"我要缴费",如图 2-104 所示。

图 2-104　缴费

第四,选择月份,查询、打印。表单里会体现缴款金额、月份、单位,如图 2-105 所示。

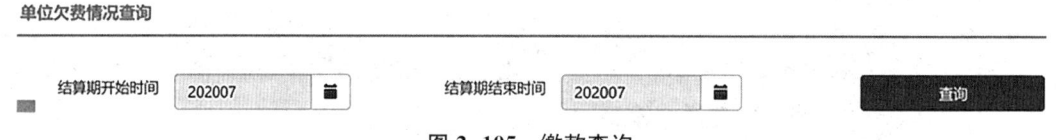

图 2-105　缴款查询

【活动实施】

1. 小张担任南昌市金全财务咨询公司的外勤办事员,在智能财税系统模拟完成以下社会保险办理,并截图。

北京振兴科技有限公司是一家刚成立不久软件开发与服务企业,2020 年 10 月 30 日,录用 10 名应届大学毕业生,这些新员工以前没有缴纳过职工社会保险。新入职应届毕业生的个人信息如表 2-31 所示。

10 名大学生的社会保险情况统一如下:

五险缴费人员类别:本市城镇职工、户口　　邮政编码:0000
获取对账单方式:网上查询
学生选择的医院统一为协和医院、北医三院、北京人民医院、积水潭医院、空军总医院。

2. 网络搜索南昌市社会保险基数及缴费比例。
3. 查询我国 2017 年以来社会保险政策的变化。

表2-31 社会保险办理信息

姓名	性别	政治面貌	学历	证件类型	证件号码	户籍所在地	移动电话	应聘职务	月工资标准（元）	婚姻状态
李四	女	团员	高职	身份证	110106199806035023	北京市丰台区怡嘉家园3号楼10层1003室	18631233912	技术工人	3 500	未婚
林海洋	男	团员	高职	身份证	110106199809052019	北京市丰台区平安小区8号楼16层1608室	15082683498	技术工人	4 000	未婚
汪建国	男	团员	高职	身份证	110101199703065815	北京市西城区新福苑6号楼9层901室	15901069322	技术工人	4 000	未婚
王凤	女	团员	本科	身份证	110107199612059167	北京市石景山区嘉义小区12号楼8层806室	18503869721	职员	5 000	未婚
刘晓萍	女	团员	本科	身份证	110106199701267125	北京市丰台区春秋家园1号楼17层1705室	13902867185	职员	5 000	未婚
陈刚	男	团员	本科	身份证	110106199703162312	北京市丰台区常青苑2号楼19层1901室	18503869721	职员	5 000	未婚
张博	男	团员	本科	身份证	110106199612091073	北京市丰台区枫林路7号楼21层2102室	13807291685	职员	5 000	未婚
陈晓斌	男	团员	本科	身份证	110106199610213651	北京市朝阳区南湖小区5号楼15层1501室	18608195723	职员	5 000	未婚
王勇	男	团员	本科	身份证	110106199705311236	北京市朝阳区欢乐家园6号楼16层1603室	13708286159	职员	5 000	未婚
孙阳	男	团员	本科	身份证	110106199706182508	北京市大兴区紫藤花园10号楼12层1205室	15091837286	职员	5 000	未婚

【活动评价】

表 2-32 社会保险办理活动评价表

考核项目	考核内容		考核权重	评分			合计
				教师评	互评	自评	
专业技能	活动准备	社保办理思维导图	10分	√			
	活动流程	操作流程	10分	√			
		操作步骤	10分	√			
	活动实施	1	30分			√	
		2	10分		√		
		3	10分		√		
职业素养	签到		6分	√			
	合作		8分	√			
	整理		6分	√			

活动六 公积金办理

【活动场景】

小张近期的主要任务之一是为手头上的几家企业代办公积金。她在网上学习了一些公积金知识,请教了几位师傅,并做好通过实践来检验学习成果的准备。

【活动准备】

住房公积金(简称公积金)是指国家机关、事业单位、国有企业、城镇集体企业、外商投资企业、城镇私营企业及其他城镇企业、民办非企业单位、社会团体为其在职职工缴存的长期住房储蓄金。

住房公积金的定义包含以下五个方面的含义:

(1) 住房公积金只在城镇建立,农村不建立住房公积金制度。

(2) 只对在职职工办理住房公积金。对无工作的城镇居民、离退休职工不办理住房公积金。

(3) 住房公积金由两部分组成,一部分由职工所在单位缴存,另一部分由职工个人缴存。职工个人缴存部分由单位代扣后,连同单位缴存部分一并缴存到住房公积金个人账户内。

(4)住房公积金缴存的长期性。住房公积金制度一经建立,职工在职期间必须不间断地按规定缴存,除职工离退休或发生《住房公积金管理条例》规定的其他情形外,不得中止和中断。

(5)住房公积金是职工按规定存储起来的专项用于住房消费支出的个人住房储蓄金,具有两个特征:

一是积累性,即住房公积金不是职工工资的组成部分,不以现金形式发放,并且必须存入住房公积金管理中心在受委托银行开设的专户内,实行专户管理。

二是专用性,即住房公积金实行专款专用,存储期间只能按规定用于购、建、大修自住住房,或缴纳房租。职工只有在离退休、死亡、完全丧失劳动能力并与单位终止劳动关系或户口迁出原居住城市时,才可提取本人账户内的住房公积金。

按我国规定,企业都应该给职员存缴住房公积金,不分国有企业和私营企业。

住房公积金中由企业和事业单位缴纳部分,不属于工资总额属性,属于企业成本费用性质的开支。

【活动流程】

一、操作流程

根据我国《住房公积金管理条例》规定,新设立的企业应当自设立之日起30日内向住房公积金管理中心办理住房公积金缴存登记。新入职职工也应为其及时办理开户或公积金转移手续,首次办理住房公积金一般分为三个步骤:①收集资料;②开立账户;③增/减员操作。

二、操作要点

(1)公积金的开户材料:①公章;②社保花名册;③法人身份证;④营业执照副本复印件。具体应到窗口办理。(社保花名册的人员名单决定公积金的缴费名单,不可以超出花名册名单,也不可以少于花名册名单)

(2)办理后即可登录系统添加人员申报公积金。

【活动实施】

1. 小张担任南昌市金金财务咨询公司的外勤办事员,在智能财税系统模拟完成公积金办理,并截图。

开户的企业基础信息如下:

```
企业名称:北京博创中联科技有限公司
登记注册地:北京市朝阳区麒麟路26号
法定代表人:刘华,身份证号110107198506133021,电话13745942345
营业执照注册号:911109107109063681
注册人:张倩,身份证号110115199005126013,手机号码13578987645
```

密码:345678
单位电子邮箱:zhangjing@163.com
单位性质:企业
单位隶属关系:北京市
单位所属行业:科技行业
单位开立日期:2019年10月1日

单位登记信息:002344768
公积金账户信息:
账户名称:开户银行:中国工商银行北京市通州支行
账号:6225887540917489588
资金来源:单位自筹
业务经办部门:人力资源部
单位发薪日:1月1日
公积金首次汇缴年月:2019年10月31日跨年清册核定月份1月
业务经办机构:公积金管理中心

经办人一信息:
张倩,身份证号110115199005126013,手机号码13578987645
经办人二信息:
赵美好,身份证130102198506230347,手机号13398763498
委托收款账户名称:中国工商银行股份有限公司
开户银行:中国工商银行
账号:6225887542658489788
银行交换号:1245
支付系统号:7865
委托收款日期:1月1日
每月汇缴需要确认:是
状态:启用

2. 网上搜索所在城市的住房公积金基数及缴费比例。

3. 查询了解我国2017年以来住房公积金政策的变化。

4. 住房公积金缴存和管理机构是什么？什么叫住房公积金提取？什么情况下可以提取住房公积金？

【活动评价】

表 2-33 公积金办理活动评价表

考核项目	考核内容		考核权重	评分			合计
				教师评	互评	自评	
专业技能	活动准备	公积金办理思维导图	10 分	√			
	活动流程	操作流程	10 分	√			
		操作要点	10 分	√			
	活动实施	1	20 分			√	
		2	10 分		√		
		3	10 分		√		
		4	10 分		√		
职业素养	签到		6 分	√			
	合作		8 分	√			
	整理		6 分	√			

任务四 企业注销

活动一 税务注销

【活动场景】

南昌市康润饼业加工有限责任公司因各股东理念、想法和诉求有分歧，决定解散。该公司已正常领取金税盘、开具发票、正常营业和纳税申报。小张想，这些事项必须结清，否则，无法进行工商注销。

【活动准备】

税务注销即注销税务登记，分为两种情况：一种情况是企业发生住所、经营地点变动，导致涉及改变税务登记机关的情况，可以理解为变更式注销税务登记；另一种情况是指纳税人由于法定的原因终止纳税义务，向原税务机关申请办理注销税务登记的手续。办理注销税务登记后，该当事人不再接受原税务机关管理，可以理解为解散式注销税务登记。本书中注销税务登记是指解散式注销税务登记。

纳税人发生以下情形的,向主管税务机关申请办理注销税务登记:

(1) 纳税人发生解散、破产、撤销以及其他情形,依法终止纳税义务的。

(2) 按规定不需要在市场监督管理部门或者其他机关办理注销登记的,但经有关机关批准或者宣告终止的。

(3) 纳税人被市场监督管理部吊销营业执照或者被其他机关予以撤销登记的。

(4) 境外企业在中国境内承包建筑、安装、装配、勘探工程和提供劳务的,项目完工、离开中国的。

(5) 外国企业常驻代表机构驻在期届满、提前终止业务活动的。

(6) 非境内注册居民企业经确认终止居民身份的。

依据企业实际情况,注销税务登记分为不同办理方式,如表 2-34 所示。

表 2-34 注销税务登记办理方式

办理方式	办理条件	办理办法
免予到税务机关办理清税证明	(1) 未办理过涉税事宜。 (2) 办理过涉税事宜但未领用发票、无欠税(滞纳金)及罚款的	直接向市场监督管理部门申请办理注销登记。未办理过涉税事宜的纳税人,主动到税务机关办理清税的,税务机关可根据纳税人提供的营业执照即时出具清税文书
注销即办业务	(1) 纳税信用级别为 A 级和 B 级的纳税人。 (2) 控股母公司纳税信用级别为 A 级和 M 级纳税人。 (3) 省级人民政府引进人才或经省级以上行业协会等机构认定的行业领军人才所创办的企业。 (4) 未纳入纳税信用级别评价的定期定额个体工商户。 (5) 未达到增值税纳税起征点的纳税人	对向市场监督管理部门申请一般注销的纳税人,税务机关在为其办理税务注销时,对未处于税务检查状态、无欠税(滞纳金)及罚款、已缴销增值税专用发票及税控专用设备,且符合要求的纳税人,优化即时办结服务,采取"承诺制"容缺办理。即纳税人在办理税务注销时,若资料不齐,可在其作出承诺后,税务机关即时出具清税文书。注:纳税人应按承诺的时限补齐资料并办结相关事项。若未履行承诺的,税务机关将对其法定代表人、财务负责人纳入纳税信用 D 级管理
注销非即办业务	(1) 处于税务检查状态、存在欠税(滞纳金)及罚款或未缴销增值税专用发票及税控专用设备。 (2) 不符合"注销即办业务"五种情形的纳税人	对向市场监督管理部门申请一般注销的纳税人,税务机关在为其办理税务注销时,不适用注销即办业务
非正常户税务注销业务办理	处于非正常状态纳税人	在办理税务注销前,需要先解除非正常状态,补办纳税申报手续。符合以下情形的,税务机关可打印相应税种和相关附加的《批量零申报确认表》,经纳税人确认后,进行批量处理:①非正常状态期间增值税、消费税和相关附加需补办的申报均为零申报;②非正常状态期间企业所得税月(季)度预缴需补办的申报均为零申报,且不存在弥补前期亏损情况的

【活动流程】

一、操作流程

注销税务登记的一般流程如图 2-106 所示。

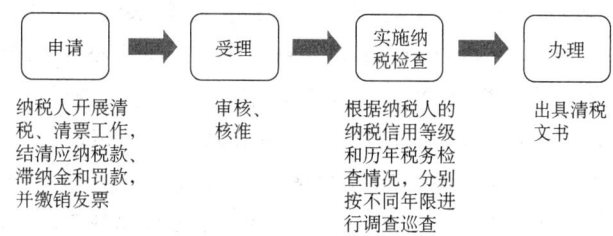

图 2-106 注销税务登记的一般流程

非正常户办理注销税务登记如图 2-107 所示。

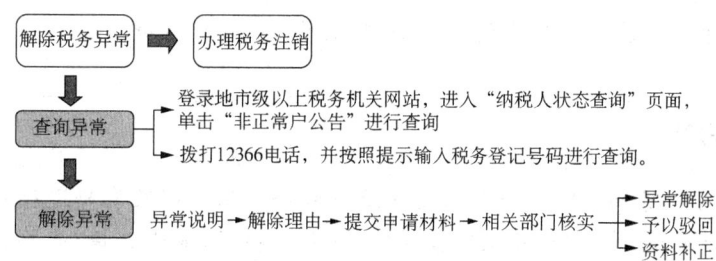

图 2-107 非正常户注销税务登记

注销税务登记操作流程如图 2-108 所示。

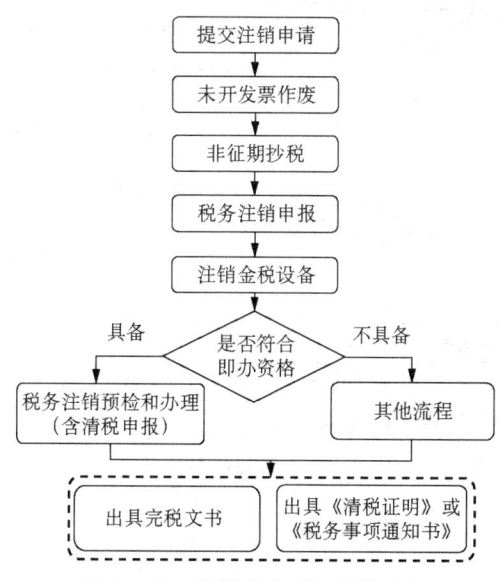

图 2-108 注销税务登记操作流程

二、操作要点

（1）准备以下资料：①公司未申报税记录；②如有发票，先把发票与税盘注销（填写增值税发票税控系统专用设备注销发行登记表3份）；③把未申报的税申报了（如有逾期申报，找专管员做罚款后，再把逾期的税申报了）；④股东决议书一份，内容为所有股东决议公司注销（加盖公章）；⑤承担未尽税收事项清缴义务承诺书一份（加盖公章）；⑥清税申请表一份（加盖公章），税务局领取；⑦注销清算表（加盖公章），税务局领取。

（2）填写资料提交至注销窗口，申请后待窗口审批。

（3）审批后无误，窗口打印"清税证明"，即完成办理税务注销。

注意事项：①实际工作中，该操作流程的某些步骤并非一定按流程图先后顺序进行，例如"未开发票作废"，可以在"提交注销申请"前操作，也可以在"提交注销申请"后操作。②税务机关办结税务注销后，委托扣款协议自动终止。③纳税人在办理注销税务登记前，应当向税务机关结清应纳税款、滞纳金、罚款，缴销发票、税务登记证件和其他税务证件。④纳税人进行税务注销时需携带税控设备（金税盘）前往人工窗口办理税控设备的注销抄报和注销发行。⑤若金税盘中还有未使用完的发票，应当提前执行未开发票的作废操作。

三、操作步骤

（1）进入电子税务局，单击"登录"，输入统一社会信用代码及密码进行登录，单击套餐业务中的"清税注销税（费）申报及缴纳套餐（含清税申报）"，或者选择"我要办税"，进入"综合信息报告"中的"税务注销预检和办理"，再单击"税务注销预检办理"，如图2-109和图2-110所示。

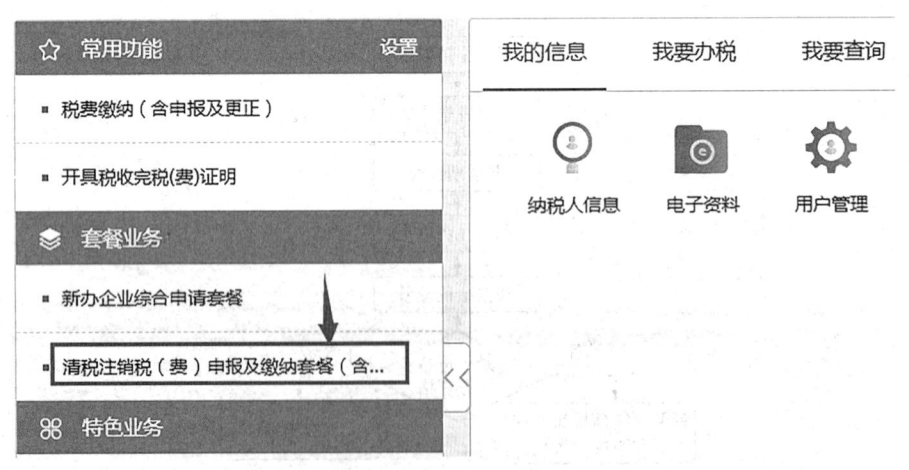

图2-109 登录税务注销1

图 2-110　登录税务注销 2

（2）进入业务办理页面，填写注销基本信息，填写完毕并检查无误注销税务登记后，单击"保存"，如图 2-111 所示。

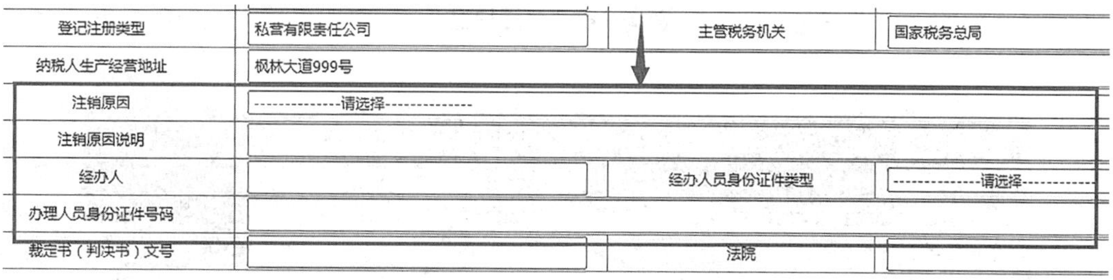

图 2-111　基本信息填写

（3）保存后，单击"监控扫描"，进行税务注销预检，如图 2-112 所示。

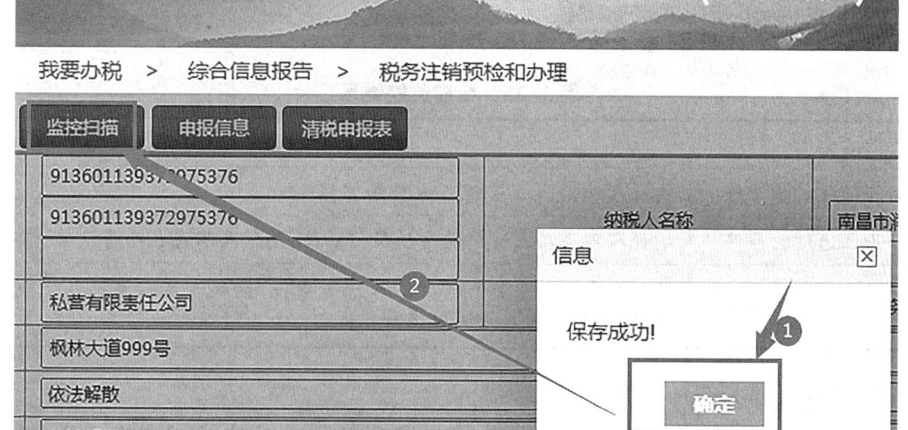

图 2-112　监控扫描

（4）首次监控扫描，如图 2-113 所示。

（5）首次监控扫描结果查阅，如图 2-114 所示。

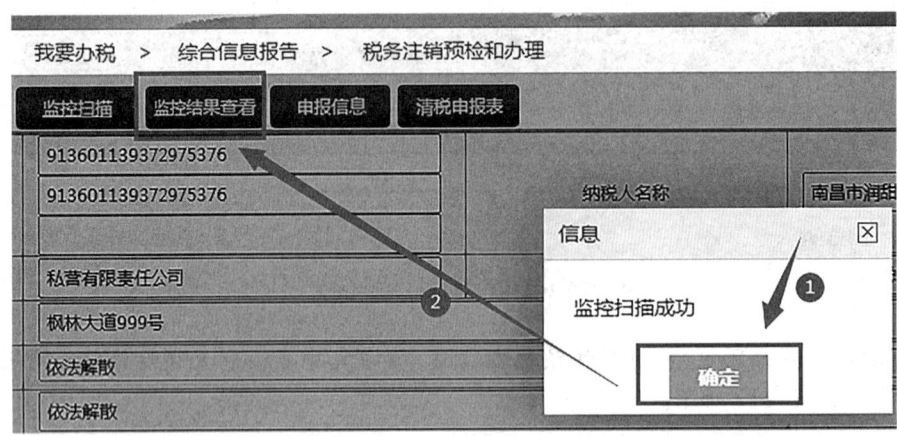

图 2-113 监控扫描

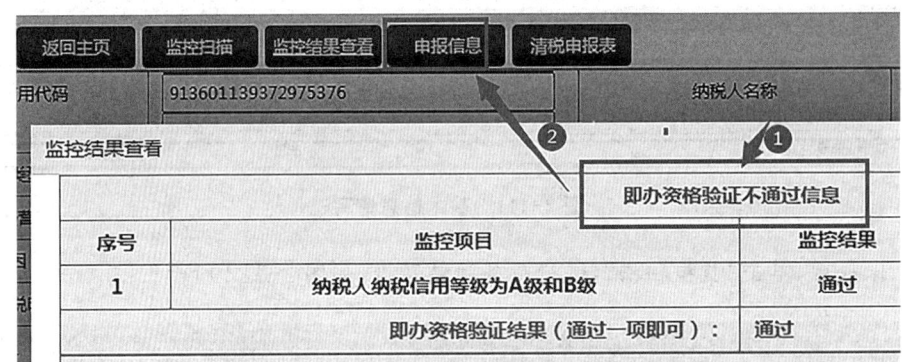

图 2-114 监控扫描结果查阅

扫描结果会显示3类不通过情况通报,如表2-35所示。

表 2-35 扫描监控结果

指标类型	具体条件
即办资格验证通过的条件	纳税人纳税信用等级为A级和B级
即办条件验证通过的条件	纳税人不存在未注销的防伪税控资格,纳税人不存在结存发票
其他条件验证通过的条件	纳税人已完成企业所得税汇算清缴申报,纳税人不存在已认定税(费)未申报,纳税人不存在未报送财务报表

分别针对不同情况进行处理。

第一,若即办条件验证不通过,要求分别在增值税开票系统中注销空白发票、在增值税税控系统中注销抄报税和注销税控盘,操作路径如下:

A. 注销空白发票。登录增值税发票防伪税控开票系统 | 输入统一社会信用代码 | 发票管理 | 未开发票作废,分别将增值税普通发票、专用发票和电子发票作废,显示作废成功,如图2-115所示。

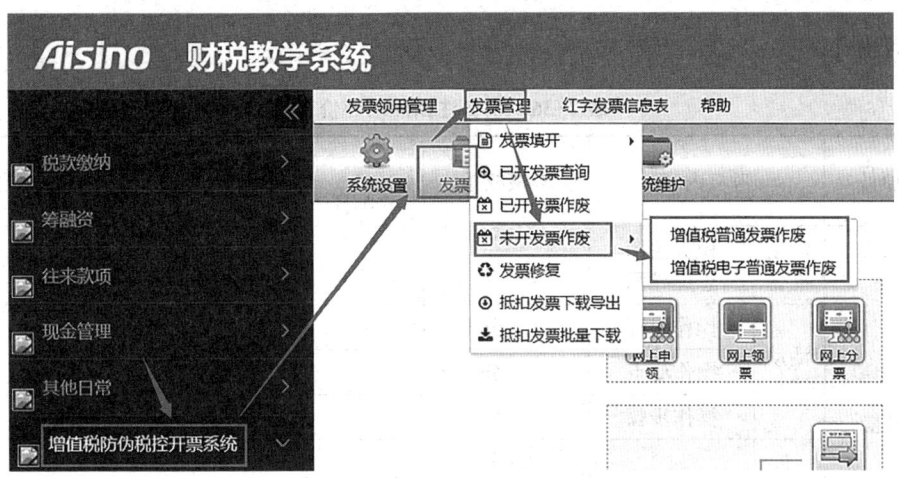

图 2-115　空白发票作废

B. 注销抄报税。登录增值税发票税控系统 2.0｜抄报管理｜注销抄报｜输入统一社会信用代码｜注销抄报,显示注销成功,如图 2-116 所示。

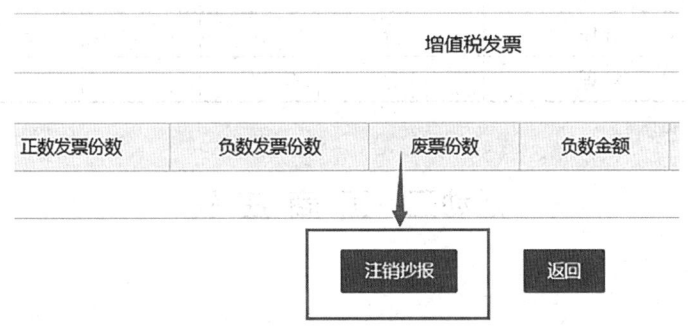

图 2-116　注销抄报税

C. 注销金税盘。登录增值税发票税控系统 2.0｜发行管理｜税控设备管理｜税控设备注销,填写注销说明、填表人等相关信息后,单击正常注销,系统显示注销成功。

第二,其他条件,主要是当期纳税申报。

(6) 再次监控扫描,显示监控结果为全部通过,单击"提交",等待税务机关审核。

(7) 返回电子税务局首页,选择互动消息｜我的消息｜提示消息,下载税务局审核通过后发送的"清税证明"。

【活动实施】

1. 2021 年 1 月 5 日,小张担任南昌市金金财务咨询公司的外勤办事员,在有关平台模拟作废空白发票、注销金税盘和注销税务登记,并截图。
2. 注销税务登记有哪几种情况?什么情况下可以办理解散式注销税务登记?
3. 简述注销税务登记流程和应提供的证明材料。
4. 税务注销扫描监控显示不通过的三种情况分别是什么?

【活动评价】

表 2-36 税务注销活动评价表

考核项目	考核内容		考核权重	评分			合计
				教师评	互评	自评	
专业技能	活动准备	税务注销思维导图	10分	√			
	活动流程	操作流程	10分	√			
		操作要点	10分	√			
		操作步骤	10分	√			
	活动实施	1	20分			√	
		2	10分		√		
		3	10分		√		
		4	10分		√		
职业素养	签到		3分	√			
	合作		4分		√		
	整理		3分	√			

活动二 工 商 注 销

【活动场景】

南昌市康润饼业加工有限责任公司因各股东理念、想法和诉求有分歧,决定解散。公司办清注销税务登记事项后,开始办理工商注销。

【活动准备】

公司注销(即工商注销)是指当一个公司宣告破产、被其他公司收购、规定的营业期限届满不续、公司内部解散时,公司需要到登记机关申请注销,终止公司法人资格的过程。

公司注销有内部和外部两方面的原因,内部原因如公司经营不善、市场不好等,外部原因如被吊销、撤销等。相关事由包括:公司被依法宣告破产;公司章程规定的营业期限届满或者公司章程规定的其他解散事由出现,但公司通过修改公司章程而存续的除外;股东会、股东大会决议解散;依法被吊销营业执照、责令关闭或者被撤销;人民法院依法予以解散;因公司合并或者分立需要解散;法律、行政法规规定的其他解散情形。

公司在解散事由出现之日起 15 日内成立清算组,开始清算活动。有限责任公司的清算组由股东组成,股份有限公司的清算组由董事会或者股东大会确定的人员组成。清算组自成立之日起 10 日内,应登录国家企业信用信息公示系统向社会公示清算组信息,并于 60 日内通过国家企业信用信息公示系统(或报纸)发布债权人公告,公告期为45个自然日。

【活动流程】

一、操作流程

(一) 一般注销流程

1. 成立清算小组

公司到登记机关办理公司注销程序之前一定要依法进行公司清算,有限责任公司的清算小组由股东组成;清算小组成立后,应按《公司法》规定,清理公司财产,通知、告知债权人,清理债权、债务,处理公司清偿债务后的剩余财产等事项;清算小组在清理公司财产后,应编制清算方案,并报股东会、股东大会或人民法院确认;清算结束后,清算组制作清算报告。

2. 税务清税

根据《税务登记管理办法》规定,企业在办理税务清税之前,应当向税务机关提交相关证明文件和资料,结清应纳税款、多退(免)税款、滞纳金和罚款,缴销发票、税务登记证件和其他税证件,经税务机关核准后,办理注销税务登记手续。

实务中,若企业适用的是简易注销,则可实行清税证明免办服务,不同地区税务清算的流程和提交的资料有所不同,具体可咨询当地税务局。

3. 工商注销

企业办完税务清税,还应办理工商注销,也就是注销营业执照。

实务中,不同地区工商注销方式有所不同,部分地区可采取全程网上申报方式进行注销,也有地区需到柜台办理工商注销,具体可咨询当地工商局。

4. 银行注销

银行注销是指存款人因开户资格或其他原因终止银行结算账户使用的行为,即"销户"或"清户",办理银行注销前要先与银行预约办理注销的时间,然后根据银行要求准备所需的相关资料,向银行申请办理银行账户注销。

实务中,不同地区不同银行所提交的资料有所不同,具体可咨询当地银行。

5. 印章注销

最后,企业应准备相关资料,包括税务注销原件及复印件、银行账户注销回执、公章、财务专用章、法定代表人章、发票专用章等,前往公安局办理印章注销即可。

以上所有事项办理完成后,即企业注销成功。

(二) 简易注销流程

对领取营业执照后未开展经营活动、申请注销登记前未发生债权债务或已将债权债务清算完结的非上市股份有限公司、各类企业分支机构,适用企业简易注销登记程序。人民法院裁定强制清算或裁定宣告破产的,有关企业清算组、企业管理人可持人民法院终结强制清算程序的裁定或终结破产程序的裁定,向被强制清算人或破产人的原登记机关申请办理简易注销登记。

(1) 适用简易注销的企业类型:有限责任公司(内资有限公司、外商投资有限公司);非上市股份有限公司;非公司企业法人(全民所有制企业、集体所有制企业);个人独资企业;合伙企业(内资合伙企业、外资合伙企业);上述企业分支机构;农民专业合作社及分支机构。

(2) 不适用简易注销程序：涉及国家规定实施准入特别管理措施的外商投资企业；被列入企业经营异常名录或严重违法失信企业名单的；存在股权（投资权益）被冻结、出质或动产抵押等情形；有正在被立案调查或采取行政强制、司法协助、被予以行政处罚等情形的；企业所属的非法人分支机构未办理注销登记的；曾被终止简易注销程序的；法律、行政法规或者国务院决定规定在注销登记前需经批准的；不适用企业简易注销的其他情况。

(3) 其他规定：若企业经登记机关审查存在"被列入企业经营异常名录""存在股权（投资权益）被冻结、出质或动产抵押等情形""企业所属的非法人分支机构未办注销登记的"等不适用简易注销程序的，待异常状态消失后，应当允许企业再次依程序申请简易注销登记。对于因承诺书文字、形式填写不规范的企业，登记机关在企业补正后予以受理其简易注销申请。

企业需对简易注销中提交的材料真实情况负责，若在简易注销登记中有隐瞒真实情况、弄虚作假的，登记机关可以依法作出撤销注销登记等处理，在恢复企业主体资格的同时将该企业列入严重违法失信企业名单，并通过企业信用信息公示系统公示，有关利害关系人及相关政府部门可以通过民事诉讼主张其权利。

(4) 简易注销流程如图 2-117 所示。

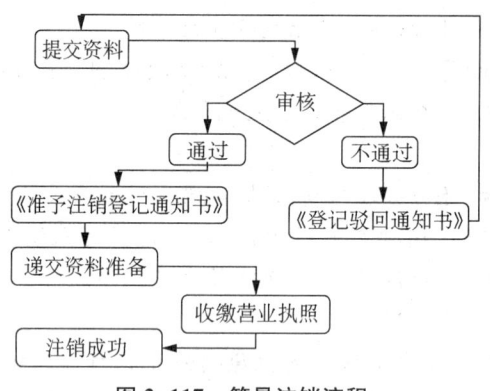

图 2-117　简易注销流程

二、操作要点

(1) 有分公司的，应当先行办理分公司的注销手续。

(2) 先进行税务注销，再进行工商注销。

(3) 注销提供材料：①《企业注销登记申请书》；②公司依照《公司法》作出解散的决议或者决定，人民法院的破产裁定、解散裁判文书，行政机关责令关闭或者公司被撤销的文件；③股东会、股东大会、一人有限责任公司的股东或者人民法院、公司批准机关备案、确认的清算报告；④税务部门出具的企业清税证明通知书；⑤国有独资公司申请注销登记，还应当提交国有资产监督管理机构的决定。其中，国务院确定的重要的国有独资公司，还应当提交本级人民政府的批准文件复印件；⑥已领取纸质版营业执照的，应缴回营业执照正、副本。

三、操作步骤

（一）普通注销

(1) 选择企业用户 | 立即激活，填写信息，获取验证码，点击"激活"，如图 2-118 所示。

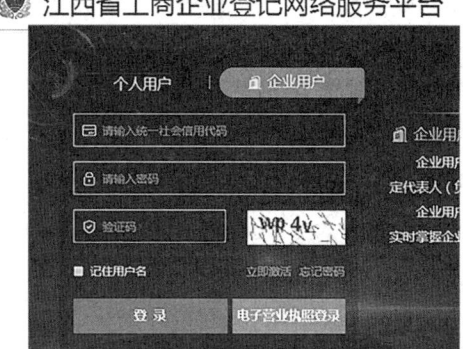

图 2-118　企业用户激活

（2）注册个人用户，如图 2-119 所示。

图 2-119　个人用户注册

（3）再次以企业用户登录，如图 2-120 所示。

图 2-120　企业用户再次注册

(4) 点击"授权委托人",如图 2-121 所示。

图 2-121　授权委托人登录

(5) 填写委托人信息,选择"注销登记",如图 2-122 所示。

图 2-122　注销登记选择

(6) 返回登录页面,选择个人用户,登录委托人账号,如图 2-123 所示。

图 2-123　个人用户登录

(7) 选择"一网通办(注销)",如图 2-124 所示。

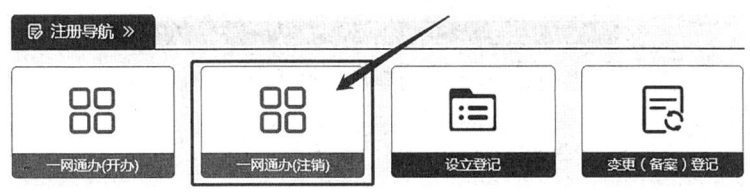

图 2-124 一网通办

(8) 点击"我要办理",如图 2-125 所示。

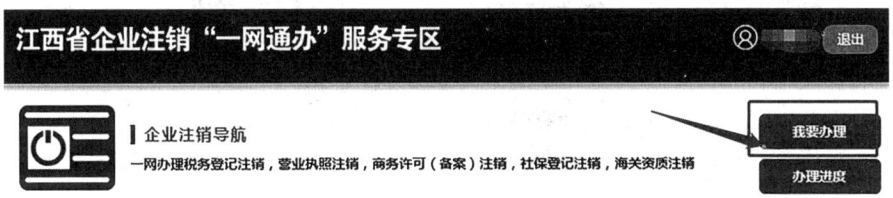

图 2-125 我要办理

(9) 申请注销,如图 2-126 所示。

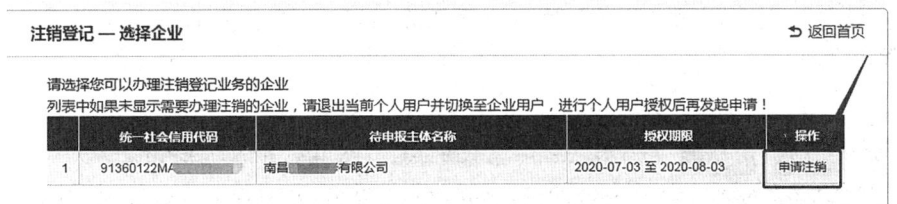

图 2-126 申请注销

(10) 异常公司选普通注销,如图 2-127 所示。

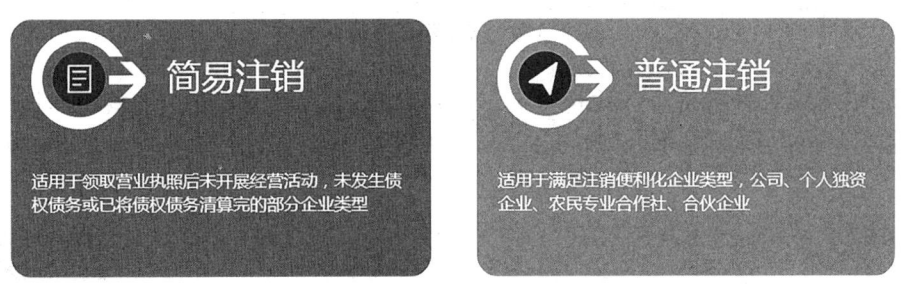

图 2-127 普通注销

(11) 填写相关信息。

(12) 普通注销要成立清算组,组成人员至少为 3 人,若注销公司股东不足 3 人,提供一位自然人补充成立清算组,这位补充的成员等公示期到了之后也要配合股东一起到现场签字、拍照,如图 2-128 所示。

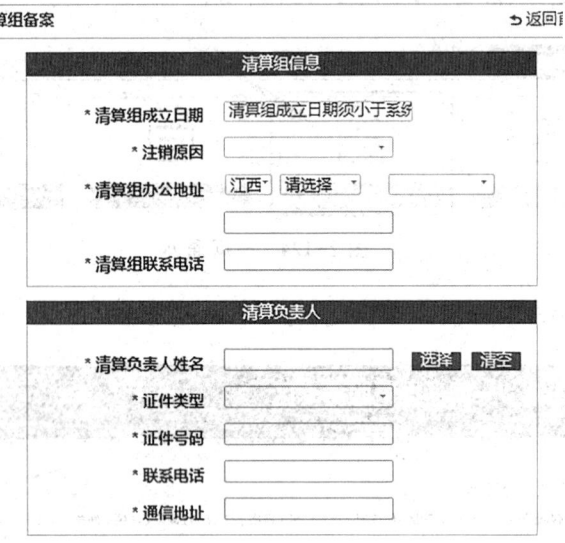

图 2-128 清算组成员填写 1

清算组成立日期一般选公示的当天。原因：决议解散。办公地址：营业执照上面的地址。联系电话：法人电话。清算组负责人：法人。通信地址：写身份证上面的地址。

（13）清算组成员，点击"新增"，填写公示股东信息，以及补充的清算组成员信息，如图 2-129 所示。

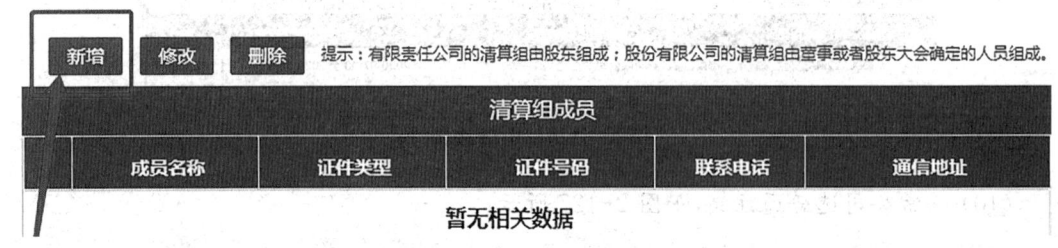

图 2-129 清算组成员填写 2

（14）依次填写有关信息。债权联系人：填法人。联系电话：法人电话。地址：营业执照上面的地址。填写完成点击"提交"，点击"办理进度"，即可查看公示时间，如图 2-130 所示。

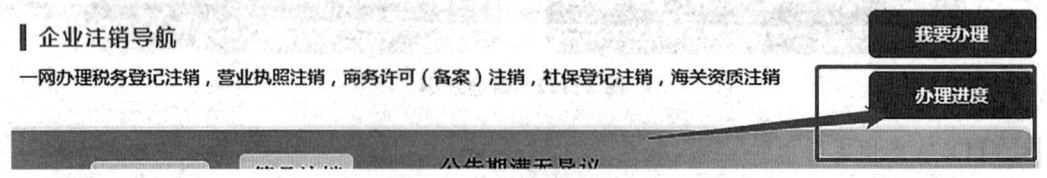

图 2-130 进度查询

（15）公示期结束，登录个人账号，点击"提交注销申请"，等工商审批后，打印材料、通知客户带身份证来签字。请客户尽快来签字,普通注销暂时没有签字时间限定。

如某公司公示期为2020年7月4日至2020年8月18日,那么到8月18日就可以登账号提交,审批之后就可以打印材料。

(16) 办理后,审批则可领取正式"工商注销通知书",完成工商注销。

(二) 简易注销

前9步操作同"普通注销"。

一切正常的公司可选择简易注销。选择简易注销后,应依次填写相关信息。

一般选择:决议解散、无债权债务(或者未开业);已清理完毕,拍承诺书上传;上传简易注销全体投资人承诺书;到企业查询或者公示网查询注销公司股东信息,承诺书一定要准确填写股东名字,人数不能多不能少,有几个股东就签几个股东的名字;承诺书日期上传、公示日期,加盖注销公司的公章。

填写完成后,点击"办理进度",可查看公示时间。公示期结束,则登录个人账号,提交注销申请,等管理部门审批后,打印材料,通知客户带身份证来签字。签字期限为一个月之内。

如某公司公示期为2020年7月4日至2020年8月18日,那么到8月18日就可以登账号提交,审批之后就可以打印材料。客户签字时间为8月19日至9月18日,但因管理部门出注销证明需要时间,应提前通知客户来签字。

办理后,审批则可领取正式"工商注销通知书",完成工商注销。

【活动实施】

1. 2021年1月5日,小张担任南昌市金金财务咨询公司的外勤办事员,在有关平台模拟完成企业简易注销,并截图。
2. 注销有哪几种?需要提供什么证明材料?
3. 简述普通注销和简易注销的流程。

【活动评价】

表2-37 企业工商注销活动评价表

考核项目	考核内容		考核权重	评分			合计
				教师评	互评	自评	
专业技能	活动准备	工商注销思维导图	10分	√			
	活动流程	操作流程	10分	√			
		操作要点	10分	√			
		操作步骤	10分	√			
	活动实施	1	30分			√	
		2	10分		√		
		3	10分		√		

(续表)

考核项目	考核内容	考核权重	评分			合计
			教师评	互评	自评	
职业素养	签到	3分	√			
	合作	4分	√			
	整理	3分	√			

项目三 会计认知

【知识目标】

1. 能准确描述会计的含义。
2. 能准确描述会计的产生和发展历程。
3. 能准确理解会计的职能。
4. 能够正确深度认知会计专业及其发展前景。
5. 了解会计工作管理体制的主要内容。
6. 掌握财务会计的主要工作流程。
7. 掌握会计工作的交接程序。
8. 掌握会计岗位的设置原则。
9. 理解会计岗位内部牵制制度。
10. 熟悉会计岗位的主要职责。
11. 熟悉出纳岗位的主要职责。
12. 熟悉会计主管岗位的主要职责。
13. 认识会计机构的设置。
14. 认识代理记账。
15. 了解会计专业技术资格的相关内容。
16. 了解会计专业技术职务的相关内容。
17. 了解会计专业技术资格和会计专业技术职务的关系。
18. 了解会计档案含义。
19. 了解会计档案包含的内容。
20. 了解会计档案的整理和保管的相关内容。
21. 了解会计档案的鉴定和销毁的相关内容。
22. 了解电子会计档案的相关内容。

【技能目标】

1. 能够正确办理会计工作交接手续。

2. 树立会计职业人意识。
3. 能正确地分辨凭证、账簿、报表等会计档案。
4. 能正确地对会计档案进行整理和保管。
5. 能正确地制定会计档案的鉴定和销毁程序。

【知识导图】

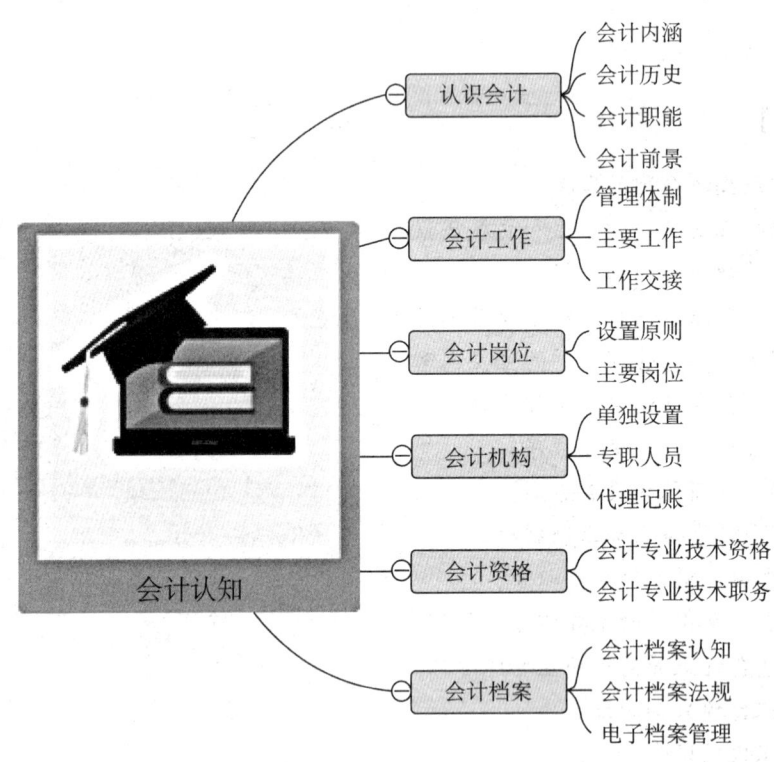

任务一　认识会计

活动一　会计内涵

【活动场景】

关于什么是会计,小张同学阅读了《孔子做会计》一文,想从中找到一些信息。

孔子做会计

《孟子·万章下》中所记:"孔子尝为委吏矣,曰'会计当而已矣'。尝为乘田矣,曰'牛羊苗壮长而已矣',位卑而言高,罪也;立乎人之本朝,而道不行,耻也。"这段话的意思是:孔子当过掌管仓库的小官,只说,"出入账目符合要求"。孔子当过主管畜牧的小吏,只说"牛羊茁壮成长"。

从这段话中,你是否也能了解到会计的工作呢?

【活动准备】

会计是以货币为主要计量单位,对企事业、机关单位或其他经济组织的经济活动进行连续、系统、全面的反映和监督的一项经济管理活动。

会计的概念包括以下四层含义:

第一,会计的本质是一种经济管理活动,属于管理的范畴。

第二,会计主体为某一特定的单位,可以是一个企业,也可以是企业内部的一个独立核算的部门。

第三,会计是以货币为主要计量单位,除货币计量以外,还可以运用实物计量(千克、吨、米、台、件等)和劳动计量(工作日、工时等)。但只有借助于统一的货币计量,才能取得经营管理上所必需的连续、系统而综合的会计资料。因此,在会计上,对于各种经济事务即使已按实物量或劳动量进行记录,但最终仍需要按货币量度综合加以核算。

第四,会计的主要作用是反映和监督单位的经济活动。

【活动实施】

1. 观看"什么是会计"的街头采访视频,搜集关键词。

2. 分组讨论会计学、会计工作、会计人员的不同含义。

我们学的是会计。

我是一名会计。

我做的是会计。

3. 口头复述会计的含义。

4. 默写会计的含义。

【活动评价】

表 3-1　会计内涵活动评价表

考核项目	考核内容		考核权重	评分			合计
				教师评	互评	自评	
专业技能	活动准备	信息系统论	10 分			√	
		管理活动论	10 分			√	
		会计含义	10 分			√	
	活动实施	搜集关键词	10 分		√		
		分组讨论	20 分		√		
		复述会计含义	10 分	√			
		默写会计含义	20 分		√		
职业素养	签到		3 分	√			
	合作		4 分	√			
	整理		3 分	√			

活动二　会计历史

【活动场景】

小张对会计的历史非常感兴趣。因此老师给她布置了一道课外作业,要求小张通过网络搜索有关会计的历史。会计是什么时候产生的？会计又将怎么发展？一起来看看小张为我们准备的"会计的产生与发展"动画吧！

【活动准备】

观看"会计的产生与发展"动画。

【活动实施】

认真阅读会计的产生和发展资料,完成下列任务。

1. 会计的起源：_____；_____；_____（最简单的原始会计行为）。
2. 奴隶社会初期至西周王朝：出现"会计"一词,含义为"_____为计,_____为会"。
3. 唐宋时期：出现"四柱结算法"。"四柱结算法"是按照"_____"（上期结存）、"_____"（本期收入）、"_____"（本期支出）、"_____"（期末结存）这"四柱"特定的格式,定期结算账目的一种会计方法。

4. 明末清初：出现的"_____"是复式记账的起源，标志着商业会计的产生。

5. 观看"会计的产生与发展"动画，讨论会计将进入怎样的时代？

结绳记事→四柱结算→单式记账→复式记账→电算化时代→

6. 网络搜寻不同会计阶段的代表性工具，并填入下框。

☐ ☐ ☐ ☐

7. 口头复述会计的产生与发展史。

【活动评价】

表 3-2　会计历史活动评价表

考核项目	考核内容		考核权重	评分			合计
				教师评	互评	自评	
专业技能	活动准备	会计起源	10分			√	
		近代时期	10分			√	
		新时代	10分			√	
	活动实施	完成填空	20分	√			
		分组讨论	20分		√		
		搜寻会计工具	10分	√			
		复述会计历史	10分			√	
职业素养		签到	3分	√			
		合作	4分	√			
		整理	3分	√			

活动三　会计职能

【活动场景】

会计是用来做什么的，对于这个问题，马克思曾有过精辟的论述。他指出："过程越是按社会的规模进行，……，作为对过程进行控制和观念总结的簿记就越是必要……"可见，马克思把会计的基本职能归纳为反映（观念总结）和监督（控制）。

【活动准备】

一、会计职能的概念

会计职能是指会计在经济管理过程中所具有的功能。作为"过程的控制和观念总结"的会计，具有会计核算和会计监督两项基本职能，还具有预测经济前景、参与经济决策、评价经营业绩等拓展职能。

二、会计的基本职能

（一）核算职能

会计的核算职能,是指会计以货币为主要计量单位,对特定主体的经济活动进行确认、计量、记录和报告的职能。会计核算贯穿于经济活动的全过程,是会计最基本的职能。会计核算的内容主要包括:款项和有价证券的收付;财物的收发、增减和使用;债权、债务的发生和结算;资本、基金的增减;收入、支出、费用、成本的计算;财务成果的计算和处理;需要办理会计手续、进行会计核算的其他事项。

（二）监督职能

会计的监督职能,是指对特定主体经济活动和相关会计核算的真实性、合法性和合理性进行审查的职能。真实性审查,即检查各项会计核算是否根据实际发生的经济业务进行。合法性审查,即检查各项经济业务是否符合国家有关法律法规,遵守财经纪律,执行国家各项方针政策。合理性审查,即检查各项财务收支是否符合客观经济规律及经营管理方面的要求,保证各项财务收支符合特定的财务收支计划,实现预算目标。

三、核算和监督的辩证关系

会计核算与会计监督是紧密联系的,对经济活动进行会计核算的过程,同时也是实行会计监督的过程。会计核算和会计监督两项会计职能是相辅相成、辩证统一的关系。会计核算是会计监督的基础,没有核算所提供的各种信息,监督就失去了依据;会计监督又是会计核算的质量保障,只有核算、没有监督,就难以保证核算所提供的信息的真实性、可靠性。

【活动实施】

查阅会计的职能资料,完成下列内容。

1. 会计的最基本职能为_____;会计的基本职能有_____和_____;会计的职能有_____、_____、_____、_____、_____、_____。

2. 会计核算是会计监督的_____,没有核算所提供的各种信息,监督就失去了依据;会计监督又是会计核算质量的_____,只有核算、没有监督,就难以保证核算所提供的信息的真实性、可靠性。

3. 会计的核算职能,是指会计以货币为主要计量单位,对特定主体的经济活动进行_____、_____、_____、_____的职能。

4. 会计的监督职能,是指对特定主体经济活动和相关会计核算的_____、_____、_____进行审查的职能。

5. 通过案例来理解会计核算的过程。

（1）采购部王经理报销差旅费 1 500 元。

（2）采购员小李采购电脑 5 000 元。

【活动评价】

表3-3 会计职能活动评价表

考核项目	考核内容		考核权重	评分			合计
				教师评	互评	自评	
专业技能	活动准备	会计职能的概念	10分			√	
		基本职能	10分			√	
		基本职能的关系	10分			√	
	活动实施	完成填空	30分	√			
		分组讨论	30分		√		
职业素养		签到	3分	√			
		合作	4分	√			
		整理	3分	√			

活动四 会 计 前 景

【活动场景】

小张读的是会计专业,在选择就业方向时,她一方面觉得可供选择的领域很多,另一方面又觉得只有传统的财务工作可以做。小张一时不知该如何选择。

【活动准备】

一、财务

就职方向:国家机关、事业单位、企业。

工作内容:会计、出纳等。初入职可能只是做办理银行存款、票据整理、做记账结账等基础工作;随着经验的累积,会逐渐接触账务处理工作;最后进入管理阶段。

职业晋级之路:出纳—会计—会计主管—财务经理—财务总监。

二、审计

就职方向:会计师事务所、企业内部审计机构。

工作内容:新人初入职场一般是做审计基础工作,研究底稿,熟悉审计流程;经验累积到一定程度,会逐渐涉及财务报表、收入、成本方面的科目;职位晋升到经理级别,则需要对负责的项目作出风险评估,进行公司治理以及投融资事宜。

三、税务

就职方向：企业、税务师事务所、税务机关。

工作内容：税务新人主要负责具体业务的税务核算或税务记录，负责与专管员对接；晋升后负责对集团的税务管理监控、研究新业务形式；更高级别的管理工作要就异常信息进行分析和风险识别，并初步拟定处理策略。

四、金融

就职方向：银行、证券、保险业。

工作内容：入职初期会做基础业务工作；随着业绩和能力的增长，会有机会接触基础会计方面的工作；经过多年的人脉和经验的积累，有机会升到支行行长，负责全行的工作。

【活动实施】

根据活动场景中小张的案例和活动准备中的资料，回答下列问题：

1. 讨论会计就业单位有哪些？
2. 为小张选择就业方向出谋划策。
3. 发布投票活动"你想进入什么样的会计就业单位？"并分析投票结果。

【活动评价】

表3-4　会计前景活动评价表

考核项目	考核内容		考核权重	评分			合计
				教师评	互评	自评	
专业技能	活动准备	财务	10分			√	
		审计	10分			√	
		税务	10分			√	
		金融	10分			√	
	活动实施	分组讨论	20分		√		
		出谋划策	20分		√		
		完成投票	10分			√	
职业素养		签到	3分	√			
		合作	4分	√			
		整理	3分	√			

任务二 会 计 工 作

活动一 管 理 体 制

【活动场景】

作为一名公司财务人员,你是否想了解你的业务受谁领导,平时的财务处理应遵循什么制度,单位领导在财务管理方面承担什么责任,财务人员有何权利与责任等一系列问题呢?

【活动准备】

一、会计管理体制简介

会计管理体制全称为"会计工作管理体制",是划分会计工作管理权限的制度。其内容包括会计工作的主管部门;会计制度的制定权限;会计人员的管理。我国的会计工作管理体制实行统一领导、分级管理的原则。国务院财政部门主管全国的会计工作。县级以上地方各级人民政府财政部门管理本行政区域内的会计工作。国家实行统一的会计制度。国家统一的会计制度由国务院财政部门根据本法制定并公布。国务院有关部门可以依照本法和国家统一的会计制度制定对会计核算和会计监督有特殊要求的行业实施国家统一的会计制度的具体办法或者补充规定,报国务院财政部门审核批准。中国人民解放军原总后勤部可以依照本法和国家统一的会计制度制定军队实施国家统一的会计制度的具体办法,报国务院财政部门备案。各地方、各部门、各单位的行政领导人领导会计机构、会计人员和其他人员执行会计法,保障会计人员的职权不受侵犯。

二、主要内容

(一) 会计工作的领导体制

在我国,财政部门管理会计工作,并在各级财政部门之间实行"统一领导,分级管理"的原则。各级财政部门分级统一管理本地区的会计工作;各级业务主管部门和基层单位在受上级或同级财政部门指导、遵守国家统一会计制度的前提下,有权根据本部门、本单位的实际情况灵活组织会计事务的权利。

(二) 会计准则、会计制度的制定权限

在我国,会计准则(包括基本准则和具体准则)以及统一的行业会计制度的制定权在财政部。各地区、各部门可在此前提下制定本地区、本部门的会计制度或补充规定,报财政部备案。各单位可以遵守会计准则、行业统一会计制度和地区或部门会计制度的前提下,制定本单位的会计制度。

(三) 会计人员管理制度

在我国,会计人员的业务管理主要由财政部门负责。单位负责人对本单位的会计工作和会计资料的真实性、完整性负责,应当保证会计机构和会计人员依法履行职责,不得授意、指使、强令会计机构和会计人员违法办理会计事项。

【活动实施】

根据活动场景中的提问和活动准备中的资料,回答下列问题:

1. 我国的会计工作管理体制的原则是(　　)。
  A. 统一领导　　　　　　　　　　B. 统一领导、分级管理
  C. 分级管理　　　　　　　　　　D. 统一领导、同级管理
2. (　　)对本单位的会计工作和会计资料的真实性、完整性负责。
  A. 单位负责人　　　　　　　　　B. 会计主管
  C. 会计　　　　　　　　　　　　D. 部门负责人
3. 对于小张的疑问,学会计的你弄明白了吗?

【活动评价】

表 3-5　管理体制活动评价表

考核项目	考核内容		考核权重	评分			合计
				教师评	互评	自评	
专业技能	活动准备	会计工作领导体制	10分			√	
		会计准则会计制度制定权限	10分			√	
		会计人员管理制度	10分			√	
	活动实施	体制原则	10分		√		
		管理体制	10分		√		
		解决问题	40分		√		
职业素养		签到	3分	√			
		合作	4分	√			
		整理	3分	√			

活动二　主 要 工 作

【活动场景】

许多年来,会计都是最热门的专业之一,但是许多新生仍然对会计工作一知半解,甚至停留在账房先生的印象里,到底会计工作是做什么的呢?

【活动准备】

　　现代会计有两大分支,即财务会计与管理会计。财务会计以传统会计的确认、计量、记录和报告为主要内容,向外界信息使用者提供会计报表。它具有事后核算、对外提供决策所需的信息和遵循一定的格式要求的特点。管理会计是适应现代企业管理的需要,突破原有会计领域而发展起来的一门相对独立的会计学科,它主要向管理者提供有特殊用途的信息,它具有事前预测、注重对内提供决策所需的信息,且无一定的格式要求的特点。管理会计和财务会计具有相互联系、相互补充、相互配合的关系。

　　财务会计岗位职责:
　　(1) 根据出纳转过来的各种原始凭证进行审核,审核无误后,编制记账凭证。
　　(2) 根据记账凭证登记各种明细分类账。
　　(3) 月末作计提、摊销、结转记账凭证,对所有记账凭证进行汇总,编制记账凭证汇总表,根据记账凭证汇总表登记总账。
　　(4) 结账、对账,做到账证相符、账账相符、账实相符。
　　(5) 编制会计报表,做到数字准确、内容完整,并进行分析说明。
　　(6) 将记账凭证装订成册,妥善保管。

　　管理会计岗位职责:
　　(1) 对财务成本进行预算,提出决策分析数据:①进行成本、销售和利润的预测;②参与生产经营短期决策和长期投资决策,提出有关决策分析的数据。
　　(2) 编制全面预算,确定各项财务目标:①根据生产经营目标,编制企业的全面预算,确定目标成本和目标利润;②提出增收节支的措施,保证成本目标和利润目标的实现,提高经济效益。
　　(3) 对财务成本进行控制,开展价值分析:①建立财务成本控制体系,对成本和资金进行控制,保证销售目标和利润目标的完成;②对产品进行价值分析,按销售区域进行利润的敏感性分析,以进行利润管理。
　　(4) 评价经营业绩,考核责任单位实绩和成果:①建立成本和利润责任中心,编制责任预算,保证企业生产经营目标的实现;②通过对各责任中心业绩报告的实际数与预算数的对比,考核评价各责任中心的工作实绩和经营效果。

【活动实施】

根据活动场景中的提问和活动准备中的资料,回答下列问题:

1. 现代会计的两大分支是＿＿＿＿＿＿、＿＿＿＿＿＿。
2. 请根据活动资料对财务会计工作流程按顺序排列。
　　登记会计账簿(　　)　　　　整理原始凭证(　　)
　　编制会计报表(　　)　　　　填制记账凭证(　　)
3. 小张应聘财务会计成功,请告诉小张怎么做好具体工作?
4. 小张应聘管理会计成功,具体要做哪些工作?

【活动评价】

表3-6 主要工作活动评价表

考核项目	考核内容		考核权重	评分			合计
				教师评	互评	自评	
专业技能	活动准备	会计分支	10分			√	
		财务会计	10分			√	
		管理会计	10分			√	
	活动实施	会计分支	20分	√			
		财务会计工作	20分		√		
		管理会计工作	20分		√		
职业素养	签到		3分	√			
	合作		4分	√			
	整理		3分	√			

活动三 工作交接

【活动场景】

小张顺利应聘财务会计岗位，需要与老李进行会计工作交接。小张应该做哪些准备呢？

【活动准备】

会计工作交接是指会计人员工作调动或者因故离职时，与接替人员办理交接手续的一种工作程序。

一、基本程序

（一）交接前的准备工作

（1）已经受理的经济业务尚未填制会计凭证的，应当填制完毕。

（2）尚未登记的账目应当登记完毕，结出余额，并在最后一笔余额后加盖经办人印章。

（3）整理好应该移交的各项资料，对未了事项和遗留问题要写出书面说明材料。

（4）编制移交清册，列明应该移交的会计凭证、会计账簿、财务会计报告、公章、现金、有价证券、支票簿、发票、文件、其他会计资料和物品等内容；实行会计电算化的单位，从事该项工作的移交人员应在移交清册上列明会计软件及密码、数据盘、磁带等内容。

(5) 会计机构负责人(会计主管人员)移交时,应将财务会计工作、重大财务收支问题和会计人员等情况向接替人员介绍清楚。

(二) 按照移交清册逐项移交

接管人员应认真按照移交清册逐项点收,具体要求如下:

(1) 现金要根据会计账簿记录余额进行当面点交,不得短缺,接替人员发现不一致或"白条抵库"现象时,移交人员应在规定期限内负责查清处理。

(2) 有价证券的数量要与会计账簿记录一致,有价证券面额与发行价不一致时,按照会计账簿余额交接。

(3) 所有会计资料必须完整无缺。如有短缺,必须查明原因,并在移交清册中加以说明,由移交人负责。

(4) 银行存款账户余额要与银行对账单核对相符,如有未达账项,应编制银行存款余额调节表调节相符;各种财产物资和债权债务的明细账户余额,要与总账有关账户的余额核对相符;对重要实物要实地盘点;对余额较大的往来账户要与往来单位和个人核对。

(5) 公章、收据、空白支票、发票、科目印章以及其他物品等必须交接清楚。

(6) 实行会计电算化的单位,交接双方应在计算机上对有关数据进行实际操作,确认有关数字正确无误后,方可交接。

(三) 专人负责监交

对监交的具体要求如下:

(1) 一般会计人员办理交接手续,由会计机构负责人(会计主管人员)监交。

(2) 会计机构负责人(会计主管人员)办理交接手续,由单位负责人监交,必要时主管单位可以派人会同监交。

主管部门派人会同监交的情况:①所属单位负责人不能监交。如因单位撤并而办理交接手续等。②所属单位负责人不能尽快监交。如主管单位责成所属单位撤换不合格的会计机构负责人(会计主管人员),所属单位负责人却以种种借口拖延不办理交接手续时,主管单位应派人督促会同监交等。③不宜由所属单位负责人单独监交,而需要主管单位会同监交。如所属单位负责人与办理交接手续的会计机构负责人(会计主管人员)有矛盾,交接时需要主管单位派人会同监交,以防可能发生单位负责人借机刁难等。④主管单位认为交接中存在某种问题需要派人监交时,也可派人会同监交。

(四) 交接后的有关事项

(1) 会计工作交接完毕后,交接双方和监交人在移交清册上签名或盖章,并应在移交清册上注明单位名称,交接日期,交接双方和监交人的职务、姓名,移交清册页数,以及需要说明的问题和意见等。

(2) 接管人员应继续使用移交前的账簿,不得擅自另立账簿,以保证会计记录前后衔接,内容完整。

(3) 移交清册一般应填制一式三份,交接双方各执一份,存档一份。

二、责任

(1) 根据规定,出纳人员不得兼任稽核、会计档案保管和收入、费用、债权债务账目的登记工作。出纳接替会计核算和会计档案保管工作不合规。

（2）根据规定一般会计人员办理交接手续，由会计机构负责人（会计主管人员）监交。出纳与会计自行办理会计交接手续不合规。

（3）根据《会计法》的规定，交接工作完成后，移交人员所移交的会计凭证、会计账簿、财务会计报告和其他会计资料是在其经办会计工作期间内发生的，原移交人员应当对这些会计资料的真实性、完整性负责，不应以会计资料已移交而推脱责任。

【活动实施】

查阅会计工作交接资料，并完成下列任务。

1. 一般会计人员交接，办理交接手续，（　　）需要负责监交。
   A. 会计主管　　　　　　　　B. 单位负责人
   C. 出纳　　　　　　　　　　D. 部门负责人

2. 会计小张在交接时，发现保险柜有张借条，应怎么处理？

3. 邓女士为某公司财务经理，离职后索要正常工资反被公司状告。该公司认为邓女士任职期间未认证全部发票而导致其预先缴纳了 548 342.2 元税费，并因其资金来源为公司借贷而又损失 49 351 元利息。该公司要求邓女士赔偿对应税款和利息共计 597 693.2 元。请问法院是否支持该公司的状告？为什么？

   邓女士有证据已履行了工作交接手续，将未认证事项和日常认证情况缘由都已交接清楚，请问法院是否支持该公司状告？为什么？

4. 模拟办理交接手续。

【活动评价】

表 3-7　工作交接活动评价表

考核项目	考核内容		考核权重	评分			合计
				教师评	互评	自评	
专业技能	活动准备	基本程序	20 分			√	
		责任	10 分			√	
	活动实施	监交要求	10 分	√			
		接管人要求	20 分		√		
		移交人责任	30 分		√		
职业素养		签到	3 分		√		
		合作	4 分		√		
		整理	3 分		√		

任务三　会计岗位

活动一　设置原则

【活动场景】

公司财务如何分工？岗位如何设置？相信这些问题不仅财务负责人感兴趣，一般会计从业人员也会感兴趣。小张也想了解你实习单位的岗位设置原则是什么。

【活动准备】

设置会计工作岗位基本原则如下：

（1）应根据会计业务需要设置会计工作岗位。会计工作岗位应与本单位业务活动的规模、特点和管理要求相适应。一般而言，会计岗位可以一人一岗、一人多岗、一岗多人。

（2）会计岗位设置应符合内部牵制制度的要求。凡是涉及款项和财务收付、结算及登记的任何一项工作，必须由两人或两人以上分工办理，以起到相互制约的作用。应特别注意的是，出纳不得兼管稽核、会计档案保管、收入、费用、债权债务账目的登记工作（而不是所有记账工作）。出纳以外的人员不得经管现金、有价证券、票据。

（3）对会计人员的工作岗位要有计划进行轮岗，以利于会计人员全面熟悉业务，不断提高业务素质。

（4）要建立岗位责任制。

【活动实施】

1. 会计工作岗位设置的原则有（　　）。
   A. 一人一岗 B. 多人多岗
   C. 一岗多人 D. 一人多岗
2. 根据《会计法》的规定，下列各项中，属于出纳人员不得兼管的工作有（　　）。
   A. 稽核
   B. 会计档案保管
   C. 收入、费用、债权债务账目登记
   D. 保管支付款项的所有印章
3. 请思考不同规模企业应如何设置会计岗位，完成连线。

   初成立的企业　　　　　成立财务部
   企业规模扩张　　　　　招聘一个会计人员，身兼数职
   企业初具规模　　　　　交给代理记账公司

【活动评价】

表 3-8　会计岗位活动评价表

考核项目	考核内容		考核权重	评分			合计
				教师评	互评	自评	
专业技能	活动准备	设置原则	20 分			√	
		内部牵制制度	10 分			√	
	活动实施	设置原则	20 分	√			
		内部牵制制度	20 分	√			
		如何设置会计岗位	30 分		√		
职业素养	签到		3 分	√			
	合作		4 分	√			
	整理		3 分	√			

活动二　主 要 岗 位

【活动场景】

小张已在公司见习一个月，工作中接触到会计主管、出纳等财务主要岗位的很多人，他们的工作范围和职责都是不一样。

【活动准备】

一、主要会计工作岗位

（1）会计工作岗位一般可分为：总会计师（或行使总会计师职权），会计机构负责人或者会计主管人员，出纳，财产物资核算，工资核算，成本费用核算，财务成果核算，资金核算，资本、基金核算，收入、支出、债权债务核算，财产物资收发，增减核算岗位，总账岗位，对外财务会计报告编制岗位，会计电算化岗位，往来结算，总账报表，稽核，档案管理等。

（2）对于会计档案管理岗位，在会计档案正式移交之前，属于会计岗位，会计档案正式移交之后，不再属于会计岗位。

（3）档案管理部门管理会计档案的人员、收银员、单位内部审计、社会审计、政府审计工作都不属于会计岗位。

二、会计主管岗位的职责

具体领导单位财务会计工作；组织制定、贯彻执行本单位的财务会计制度；组织编制本单位的各项财务、成本计划；组织开展财务成本分析；审查或参与拟定经济合同、协议及其他经济文件；参加生产经营管理会议，参与经营决策；负责向本单位领导、职工代表大会报告财务状况和经营成果；审查对外报送的财务会计报告；负责组织会计人员的政治理论、业务技术的学习和考核，参与会计人员的任免和调动。

三、会计岗位职责

（1）按国家统一的会计制度规定设置会计科目。

（2）根据审核无误的原始凭证编制记账凭证，并定期登记明细账及总账，做到账证相符、账账相符、账实相符。

（3）月末准确计提各项税金，在申报期限内按期缴纳各种税款。

（4）按财务制度规定正确核算财务成果。

（5）债权、债务及时登记、及时查清，按月做好财务状况分析。

（6）定期做好财产清查和核对工作，做到账实相符。

（7）定期编制资产负债表、损益表，做到数字准确、内容完整、报送及时。

（8）做好记账凭证、账册、报表等会计资料的整理、归档及保管工作。

（9）完成上级交给的其他日常事务工作。

四、出纳岗位职责

（1）办理现金支出，审核审批有据。严格按照国家有关现金管理制度的规定，必须经过会计审核、财务经理签批，方可办理款项收支。单笔1 000元以下的零星支出才使用现金方式支付。

（2）办理银行结算，规范使用支票。

（3）认真登记现金和银行存款流水账，保证日清月结。对收到的银行承兑汇票和支票要作好备查账登记。

【活动实施】

阅读资料，完成下列任务。

1. 下列岗位中，属于会计岗位的有（　　）。

A. 会计电算化岗位

B. 医院门诊收费员岗位

C. 医院药品库房记账岗位

D. 商场收银员岗位

2. 谈谈对会计管账、出纳管钱的理解。

3. 人工智能如何影响会计岗位？

【活动评价】

表 3-9　主要岗位活动评价表

考核项目	考核内容		考核权重	评分			合计
				教师评	互评	自评	
专业技能	活动准备	主要工作岗位	10 分			√	
		会计主管岗位职责	10 分			√	
		会计岗位职责	10 分			√	
		出纳岗位职责	10 分			√	
	活动实施	会计岗位职责	10 分	√			
		出纳岗位职责	10 分	√			
		人工智能对会计岗位影响	30 分		√		
职业素养		签到	3 分	√			
		合作	4 分	√			
		整理	3 分	√			

任务四　会计机构

活动一　单独设置

【活动场景】

小张所在的公司是个中等规模的企业,平时会计工作量比较多,该公司单独设置了一个财务部门,该公司完整的组织机构如图 3-1 所示。

财务部设会计机构负责人(财务部经理)1 人,会计主管 1 人,会计 2 人,出纳 1 人。

【活动准备】

会计机构是指各单位内部设置的办理会计事务的职能部门。会计人员是直接从事会计工作的人员。建立、健全会计机构,配备与工作要求相适应、具有一定素质和数量的会计人员,是做好会计工作、充分发挥会计职能作用的重要保证。《会计法》和《会计基础工作规范》等法律法规对会计机构设置和会计人员配备要求作出了具体规定。

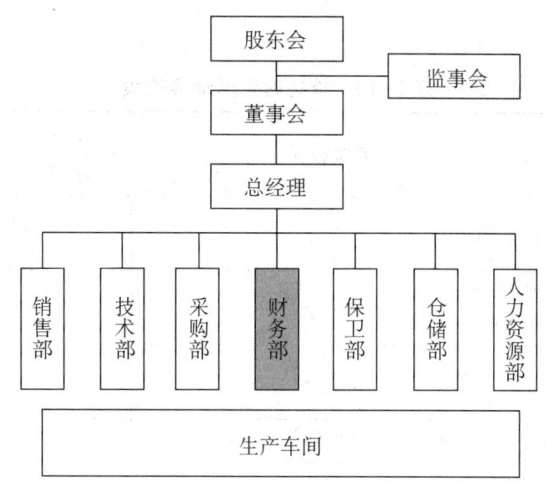

图 3-1 某公司组织机构图

各单位应当根据会计业务的需要,设置会计机构,或者在有关机构中设置会计人员并指定会计主管人员;不具备设置条件的,应当委托经批准设立从事会计代理记账业务的中介机构代理记账。

一般而言,一个单位是否单独设置会计机构,往往取决于下列各因素:

第一,单位规模的大小。一个单位的规模,往往决定了这个单位内部职能部门的设置,也决定了会计机构的设置与否。一般来说,从有效发挥会计职能作用的角度看,大中型企业(包括集团公司、股份有限公司、有限责任公司等)和具有一定规模、实行企业化管理的事业单位,都应单独设置会计机构,以便及时组织本单位各项经济活动和财务收支的核算,实行有效的会计监督。

第二,经济业务和财务收支的繁简。财务收支数额较大,会计业务较多的行政单位和社会团体及其他经济组织,有必要单独设置会计机构,以保证会计工作的效率和会计信息的质量。

第三,经营管理的要求。一个单位在经营管理上的要求越高,对会计信息的需求越多,对会计信息系统的要求也越高,从而决定了该单位设置会计机构的必要性。

【活动实施】

通过阅读以上活动场景以及相关知识,回答下列问题。

1. 一个单位是否需要单独设置会计机构,取决于( )。

A. 单位规模的大小　　　　　　　　B. 经济业务和财务收支的繁简
C. 经营管理的要求　　　　　　　　D. 单位性质

2. 现有三类单位:股份有限公司;员工500人、年销售额1 000万元、资产6 000万元的有限责任公司;小商店。这三类单位是否需要单独设置会计机构?为什么?在网上搜索相应的资料以寻求答案。

3. 学校有没有单独的会计机构?如果有,该机构的名称叫什么?

【活动评价】

表3-10 单独设置活动评价表

考核项目	考核内容		考核权重	评分			合计
				教师评	互评	自评	
专业技能	活动准备	机构认知	10分			√	
	活动实施	单独设置会计机构的条件	20分		√		
		三类单位会计机构	30分		√		
		学校会计机构	30分		√		
职业素养		签到	3分	√			
		合作	4分	√			
		整理	3分	√			

活动二 专职人员

【活动场景】

小张所在的公司新设了一家子公司,该子公司聘了一位会计员,可是该会计员对业务不熟,请小张去带带她。小张来到该子公司,发现该子公司没有财务部门。该会计员解释说,公司规模太小,就没有单独设置会计机构,由销售部经理兼任会计主管人员,对本公司的会计工作负责,会计和出纳也都是兼职的。小张恍然大悟。

【活动准备】

《会计法》规定,各单位应当根据会计业务的需要,设置会计机构,或者在有关机构中设置会计人员并指定会计主管人员;不具备设置条件的,应当委托经批准设立从事会计代理记账业务的中介机构代理记账。

对于不具备单独设置会计机构的单位,如财务收支数额不大、会计业务比较简单的企业、机关、团体事业单位和个体工商户等,应当在有关机构中配备专职会计人员并指定会计主管人员,以强化责任制度,防止出现会计工作无人负责的局面。

【活动实施】

通过阅读以上活动场景以及相关知识,回答下列问题。
1. 什么样的单位可以不单独设置会计机构?
2. 在网上搜索并写出会计主管和会计主管人员的含义。
3. 比较会计主管和会计主管人员的不同。

【活动评价】

表 3-11 专职人员活动评价表

考核项目	考核内容		考核权重	评分			合计
				教师评	互评	自评	
专业技能	活动准备	不单独设置会计机构的认知	10分			√	
	活动实施	不单独设置会计机构的条件	20分	√			
		会计主管与会计主管人员	30分		√		
		比较不同	30分		√		
职业素养	签到		3分	√			
	合作		4分	√			
	整理		3分	√			

活动三 代 理 记 账

【活动场景】

一日，小张到某超市去买东西，结账时随口问了一下收银员："你们的会计月收入多少？"收银员说："我们是个小超市，我们没有会计，也没有财务部经理之类的，是请代理记账公司替我们记账的。每个月的月末，我们将本月的原始凭证交给代理记账公司，代理记账公司代我们记账并生成报表，并完成报税工作。当然，出纳还是由本企业员工兼任。"

【活动准备】

《会计法》规定，对于不具备设置会计机构和会计人员条件的单位，应当委托经批准设立从事会计代理记账业务的中介机构代理记账。此项规定的目的是适应不具备设置会计机构、配备会计人员的小型经济组织解决记账、算账、报账问题的要求。

代理记账是指从事代理记账业务的社会中介机构（即会计咨询服务机构、会计师事务所）接受委托人（独立核算单位）的委托办理代理记账、算账、报账业务。委托人是指委托代理记账机构办理会计业务的单位。

除国家法律、行政法规另有规定外，在我国从事代理记账业务的机构，应具备下列条件：为依法设立的企业；专职从业人员不少于3名；主管代理记账业务的负责人具有会计师以上专业技术职务资格或者从事会计工作不少于3年，且为专职从业人员；有健全的代理记账业务内部规范。

除会计师事务所以外的机构从事代理记账业务，必须经所在地的县级以上人民政府财政部门审查批准，并领取由财政部统一规定样式的代理记账许可证书后，方可从事代理记账业务。具体的审批机关由省、自治区、直辖市、计划单列市人民政府财政部门确定。

代理记账机构可以接受委托,受托办理委托人的以下业务:根据委托人提供的原始凭证和其他资料,按照国家统一的会计制度的规定进行会计核算,包括审核原始凭证、填制记账凭证、登记会计账簿、编制财务会计报告等;对外提供财务会计报告;向税务机关提供税务资料;委托人委托的其他会计业务。

在委托代理记账机构办理会计业务时,单位负责人仍是单位的会计责任主体,要对会计资料的真实性和完整性承担最终责任。

【活动实施】

通过阅读以上活动场景以及相关知识,回答下列问题。

1. 完成以下题目:

(1) 主管代理记账业务的负责人必须具有_____以上专业技术职务资格且为专职从业人员。

(2) 除_____以外的机构从事代理记账业务,必须经所在地的县级以上人民政府财政部门审查批准,并领取由财政部统一规定样式的代理记账许可证书后,方可从事代理记账业务。

(3) 对委托人示意其作出不当的会计处理,提供不实的会计资料,以及其他不符合法律、行政法规和国家统一的会计制度规定的要求,代理记账机构可以视情况接受。(   )

(4) 代理记账机构对其专职从业人员和兼职从业人员的业务活动承担责任。(   )

2. 什么样的单位可以请代理记账机构代理记账?

3. 网上搜索代理记账机构有哪些类型?

4. 既然企业已经将其账务交给代理记账机构处理,有关记账的真实性、完整性,由代理记账机构负责,因此企业负责人可以不用负责。这句话对吗?为什么?

5. 列举三个代理记账机构的名称。

【活动评价】

表 3-12 代理记账活动评价表

考核项目	考核内容		考核权重	评分			合计
				教师评	互评	自评	
专业技能	活动准备	代理记账认知	20分			√	
	活动实施	客观题	10分		√		
		代理记账的条件	10分		√		
		代理记账机构认知	20分		√		
		企业负责人的责任	20分	√			
		列举题	10分				

(续表)

考核项目	考核内容	考核权重	评分			合计
			教师评	互评	自评	
职业素养	签到	3分	√			
	合作	4分	√			
	整理	3分	√			

任务五　会 计 资 格

活动一　会计专业技术资格

【活动场景】

小张工作很努力，得到了领导的赞许。不过领导对她说，如果她想当会计主管或财务经理，需要考取中级会计专业技术资格。小张对会计专业技术资格还不是很了解，于是她到网上搜索了有关会计专业技术资格的资料。

【活动准备】

一、会计专业技术资格

会计专业技术资格是指担任会计专业职务的任职资格，它与会计专业职务是不同的概念。

会计专业技术资格分为初级资格、中级资格和高级资格三个级别，分别对应助理会计师或会计员、会计师、高级会计师。初级、中级会计专业技术资格实行全国统一的考试制度，高级资格实行考试与评审相结合的制度。

二、会计专业技术资格的考试科目

会计专业技术初级资格考试科目为初级会计实务和经济法基础。参加初级资格考试的人员，必须在一个考试年度内通过全部科目的考试，方可获得会计专业技术初级资格证书。

会计专业技术中级资格考试科目为中级会计实务、财务管理、经济法。参加会计专业技术中级资格考试人员，在连续的两个考试年度内，全部科目考试均合格者，可获得会计专业技术中级资格证书。

通过全国统一考试，取得会计专业技术资格的会计人员，表明其已具备担任相应级别会计专业技术职务的任职资格。

凡申请参加高级会计师资格评审的人员,经考试合格后,方可参加评审。考试科目为高级会计实务,采取开卷笔答方式进行,主要考核应试者运用会计、财务、税收等相关的理论知识、政策法规对所提供的有关背景资料进行分析判断和处理的综合能力。参加考试并达到国家合格标准的人员,由全国会计专业技术资格考试办公室核发高级会计师资格考试成绩合格证,该证在全国范围内3年有效。

三、会计专业技术资格证书的管理

会计专业技术资格考试合格者,由省级人事部门颁发由人事部、财政部统一印制的会计专业技术资格证书,该证书在全国范围内有效。对伪造学历和资历证明,或者在考试期间有违纪行为的,由会计专业技术资格管理机构吊销其会计专业技术资格,由发证机关收回会计专业技术资格证书,2年内不得再参加会计专业技术资格考试。

【活动实施】

通过阅读以上活动场景以及相关知识,完成以下任务。

1. 什么是会计专业技术资格?
2. 找出资料中的关键词,并写出来。

【活动评价】

表3-13　会计资格活动评价表

考核项目	考核内容		考核权重	评分			合计
				教师评	互评	自评	
专业技能	活动准备	会计专业技术资格认识	20分			√	
	活动实施	会计专业技术资格的含义	20分		√		
		关键词	50分		√		
职业素养	签到		3分	√			
	合作		4分	√			
	整理		3分	√			

活动二　会计专业技术职务

【活动场景】

小张对会计专业技术资格已经有所了解,但是对会计专业技术职务还是不太懂。她去

问老会计,老会计给她举了个例子:

李明毕业后在一家事业单位的财务科工作,被聘为会计员。一年后,她考取了初级会计资格,该单位将李明聘为助理会计师。五年以后,李明考上了中级会计资格,被单位聘为会计师。又五年后,李明考上了高级会计资格,被单位聘为高级会计师。

另外,小张还搜索了有关会计专业技术职务的内容。

【活动准备】

一、会计专业技术职务的评聘

通过全国统一考试取得初级或中级会计专业技术资格的会计人员,表明其具备担任相应级别会计专业技术职务的任职资格。用人单位可根据工作需要和德才兼备的原则,从获得会计专业技术资格的会计人员中择优聘任。

取得初级会计资格的人员,如具备大专毕业且担任会计员职务满2年,或中专毕业担任会计员职务满4年,或不具备规定学历的,担任会计员职务满5年并符合国家有关规定的,可聘任助理会计师职务。不符合以上条件的人员,可聘任会计员职务。

取得中级会计资格并符合国家有关规定的会计人员,可聘任会计师职务。

申请参加高级会计师资格评审的人员,考试合格并符合规定条件的,可在合格成绩有效期内,向所在省、自治区、直辖市或中央单位会计专业高级职务评审委员会申请进行评审,通过后即表示其已具备担任高级会计师资格,经单位聘任或任命后担任高级会计师。

二、会计专业技术职务的类型

会计专业技术职务是区分会计人员业务技能的技术等级。会计专业技术职务分为高级会计师、会计师、助理会计师和会计员。高级会计师为高级职务、会计师为中级职务、助理会计师和会计员为初级职务。目前,我国部分省份实行正高级会计师职务评审试点工作,该职务也属于高级职务。

会计专业技术职务,由各单位根据会计工作需要,在规定的限额和批准的编制内设置。不同级别会计专业技术职务的任职条件及其基本职责都不一样,国家对此都有相应规定,单位应严格遵守。

【活动实施】

通过阅读以上活动场景以及相关知识,完成以下任务。

1. 什么是会计专业技术职务?
2. 我国会计专业技术职务分为(　　　)。
   A. 总会计师　　　　　　　　B. 高级会计师
   C. 会计师　　　　　　　　　D. 助理会计师和会计员
3. 小明大专毕业3年,未取得初级会计资格,他可以被聘为助理会计师吗?可以被聘为会计员吗?小丽本科刚毕业,取得初级会计资格,可以被聘为助理会计师吗?可以被聘为会计员吗?

4. 完成表 3-14。

表 3-14　会计专业技术资格与职务对照表

会计专业技术资格	会计专业技术职务

【活动评价】

表 3-15　会计专业技术职务活动评价表

考核项目	考核内容		考核权重	评分			合计
				教师评	互评	自评	
专业技能	活动准备	会计专业技术职务认知	20 分			√	
	活动实施	会计专业技术职务的含义	20 分		√		
		判断题	10 分		√		
		资格判断	20 分				
		完成表格	20 分		√		
职业素养		签到	3 分	√			
		合作	4 分	√			
		整理	3 分	√			

任务六　会计档案

活动一　会计档案认知

【活动场景】

小张除了从事日常的记账工作之外，还要保管会计档案。然而，她对会计档案包括哪些内容还不是很了解，请帮小张搜索有关会计档案的内容。

【活动准备】

请同学们用手机搜索有关会计档案的内容。

【活动实施】

通过在网上查阅有关会计档案的内容,完成以下任务。

1. 什么是会计档案?
2. 什么是会计凭证、会计账簿、财务会计报告?
3. 说出原始凭证、记账凭证、会计账簿和财务会计报告之间的关系。
4. 其他会计资料包括哪些?
5. 各单位的预算、计划、制度等文件属于会计档案吗?

【活动评价】

表3-16　会计档案活动评价表

考核项目	考核内容		考核权重	评分			合计
				教师评	互评	自评	
专业技能	活动准备	网上查阅	20分			√	
	活动实施	会计档案	20分		√		
		会计档案内容	20分		√		
		写出关系	10分		√		
		其他会计资料	10分		√		
		回答问题	10分				
职业素养		签到	3分	√			
		合作	4分	√			
		整理	3分	√			

活动二　会计档案法规

子活动一　会计档案的整理和保管

【活动场景】

一名老会计告诉小张同学,每月她都要将原始凭证和记账凭证整理、装订、分类保管,每个会计期末,还要将打印好的财务会计报告归档。对于这些工作,小张不太有经验。于是她到网上查询会计档案整理的方法。

【活动准备】

一、会计档案的装订

会计档案的装订主要包括会计凭证、会计账簿、会计报表及其他文字资料的装订。

(一) 会计凭证的装订

一般每月装订一次,装订好的凭证按年分月妥善保管归档。

1. 会计凭证装订前的准备工作

分类整理,按顺序排列,检查日数、编号是否齐全;按凭证汇总日期归集(如按上、中、下旬汇总归集),确定装订成册的本数;摘除凭证内的金属物(如订书针、大头针、回形针),对大的张页或附件要折叠成同记账凭证一样的大小,且要避开装订线,以便翻阅保持数字完整;整理检查凭证顺序号,如有颠倒要重新排列,发现缺号要查明原因;再检查附件是否漏缺,领料单、入库单、工资、奖金发放单是否随附齐全;记账凭证上有关人员(如财务主管、复核、记账、制单等)的印章是否齐全。

2. 会计凭证装订时的要求

用"三针引线法"装订,装订凭证应使用棉线,在左上角部位打上三个针眼,实行三眼一线打结,结扣应是活的,并放在凭证封皮的里面,装订时尽可能缩小所占部位,使记账凭证及其附件保持尽可能大的显露面,以便于事后查阅;凭证外面要加封面,封面纸用上好的牛皮纸印制,封面规格略大于所附记账凭证;装订凭证厚度一般为 1.5 厘米,以保证装订牢固,美观大方。

3. 会计凭证装订后的注意事项

每本封面上填写好凭证种类、起止号码、凭证张数、会计主管人员和装订人员签章;在封面上编好卷号,按编号顺序入柜,并要在显露处标明凭证种类编号,以便于调阅。

(二) 会计账簿的装订

各种会计账簿年度结账后,除跨年使用的账簿外,其他账簿应按时整理立卷,基本要求如下。

1. 账簿装订前的准备工作

先按账簿启用表的使用页数核对各个账户是否相符,账页数是否齐全,序号排列是否连续;然后按会计账簿封面、账簿启用表、账户目录、该账簿按页数顺序排列的账页、会计账簿装订封底的顺序装订。

2. 活页账簿装订要求

保留已使用过的账页,将账页数填写齐全,去除空白页和撤掉账夹,用上好的牛皮纸做封面、封底,装订成册;多栏式活页账、三栏式活页账、数量金额式活页账等不得混装,应按同类业务、同类账页装订在一起;在本账簿的封面上填写好账目的种类,编好卷号,会计主管人员和装订人(经办人)签章。

3. 账簿装订后的其他要求

会计账簿应牢固、平整,不得有折角、缺角、错页、掉页、加空白纸的现象;会计账簿的封口要严密,封口处要加盖有关印章;封面应齐全、平整,并注明所属年度及账簿名称、编号,编号为一年一编,编号顺序为总账、现金日记账、银行存(借)款日记账、分户明细账;会计账簿按保管期限分别编制卷号,如现金日记账全年按顺序编制卷号;总账、各类明细账、辅助账全年按顺序编制卷号。

(三) 会计报表的装订

会计报表编制完成及时报送后,留存的报表按月装订成册谨防丢失。小企业可按季装订成册。第一,会计报表装订前要按编报目录核对是否齐全,整理报表页数,上边和左边对齐压平,防止折角,如有损坏部位修补后完整无缺地装订。第二,会计报表装订顺序为会计报表封面、会计报表编制说明、各种会计报表(按会计报表的编号顺序排列)、会计报表的封底。第三,按保管期限编制卷号。

二、会计档案的保管

当年形成的会计档案,在会计年度终了后,可由单位会计管理机构临时保管1年,再移交单位档案管理机构保管。因工作需要确需推迟移交的,应当经单位档案管理机构同意。单位会计管理机构临时保管会计档案最长不超过3年。临时保管期间,会计档案的保管应当符合国家档案管理的有关规定,且出纳人员不得兼管会计档案。

【活动实施】

阅读以上会计档案整理和保管的相关内容,完成以下任务。

1. 会计凭证一般(　　)装订一次。
2. 装订时,要摘除凭证内的(　　),对大的张页或附件(　　),且要避开(　　),以便翻阅,保持数字完整。
3. 装订的方法是(　　)。
4. 账簿封面应齐全、平整,并注明所属年度及账簿名称、编号,编号为(　　),编号顺序为(　　)。
5. 当年形成的会计档案,在会计年度终了后,可由单位会计管理机构临时保管(　　)年,再移交单位档案管理机构保管。因工作需要确需推迟移交的,应当经单位档案管理机构同意。单位会计管理机构临时保管会计档案最长不超过(　　)年。
6. 多栏式活页账、三栏式活页账、数量金额式活页账可以混装吗?(　　)

【活动评价】

表3-17　会计档案的整理和保管活动评价表

考核项目	考核内容		考核权重	评分			合计
				教师评	互评	自评	
专业技能	活动准备	会计档案认知	30分			√	
	活动实施	完成布置的题目	60分		√		
职业素养	签到		3分	√			
	合作		4分	√			
	整理		3分	√			

子活动二 会计档案的鉴定和销毁

【活动场景】

2020年4月8日,单位领导说要把陈旧的会计档案销毁,该销毁工作由档案管理室牵头,会计部门协助。首先,小张需要找出可以销毁的会计资料。另外,领导还叫她协助档案室保管员张玲制定一份销毁工作程序,张玲也是本次销毁工作的经办人。对此,小张不太有头绪,她不清楚哪些资料是可以销毁的,也不知道销毁工作如何进行。于是小张去查了有关资料,有关资料如下。

【活动准备】

一、企业和其他组织会计档案保管期限

具体保管期限如表3-18所示。

表3-18 企业和其他组织会计档案保管期限表

序号	档案名称	保管期限	备注
一	会计凭证		
1	原始凭证	30年	
2	记账凭证	30年	
二	会计账簿		
3	总账	30年	
4	明细账	30年	
5	日记账	30年	
6	固定资产卡片		固定资产报废清理后保管5年
7	其他辅助性账簿	30年	
三	财务会计报告		
8	月度、季度、半年度财务会计报告	10年	
9	年度财务会计报告	永久	
四	其他会计资料		
10	银行存款余额调节表	10年	
11	银行对账单	10年	

(续表)

序号	档案名称	保管期限	备注
12	纳税申报表	10年	
13	会计档案移交清册	30年	
14	会计档案保管清册	永久	
15	会计档案销毁清册	永久	
16	会计档案鉴定意见书	永久	

二、会计档案的鉴定和销毁规则

(一) 会计档案的鉴定

单位应当定期对已到保管期限的会计档案进行鉴定,并形成会计档案鉴定意见书。经鉴定,仍需继续保存的会计档案,应当重新划定保管期限。对保管期满,确无保存价值的会计档案,可以销毁。会计档案鉴定工作应当由单位档案管理机构牵头,组织单位会计、审计、纪检监察等机构或人员共同进行。

(二) 会计档案的销毁

经鉴定可以销毁的会计档案,销毁的基本程序和要求如下:

(1) 单位档案管理机构编制会计档案销毁清册,列明拟销毁会计档案的名称、卷号、册数、起止年度、档案编号、应保管期限、已保管期限和销毁时间等内容。

(2) 单位负责人、档案管理机构负责人、会计管理机构负责人、档案管理机构经办人、会计管理机构经办人在会计档案销毁清册上签署意见。

(3) 单位档案管理机构负责组织会计档案销毁工作,并与会计管理机构共同派员监销。监销人在会计档案销毁前应当按照会计档案销毁清册所列内容进行清点核对;在会计档案销毁后,应当在会计档案销毁清册上签名或盖章。

(三) 不得销毁的会计档案

保管期满但未结清的债权债务原始凭证和涉及其他未了事项的会计凭证不得销毁,纸质会计档案应当单独抽出立卷,电子会计档案应当单独转存,保管到未了事项完结时为止。单独抽出立卷或转存的会计档案,应当在会计档案鉴定意见书、会计档案销毁清册和会计档案保管清册中列明。

【活动实施】

阅读以上资料,完成以下任务。

1. 帮小张鉴定哪些会计档案可以销毁?(该企业成立日期为2000年1月1日)。

2. 帮小张和张玲制定一份销毁工作程序。(单位负责人:张华;财务部经理:许平;档案管理室主任:马兰)

【活动评价】

表 3-19 会计档案的鉴定和销毁评价表

考核项目	考核内容		考核权重	评分			合计
				教师评	互评	自评	
专业技能	活动准备	会计档案鉴定销毁基本规则	30 分			√	
	活动实施	鉴定可以销毁的会计档案	30 分		√		
		制定销毁工作程序	30 分		√		
职业素养	签到		3 分	√			
	合作		4 分	√			
	整理		3 分	√			

活动三 电子档案管理

【活动场景】

目前,会计信息化已经普及,绝大部分的凭证和账簿都以电子的形式存在电脑中,小张所在的企业也不例外。对于电脑中储存的电子会计档案,需要把它们打印成纸质形式保存吗?在平时保管以及移交电子会计档案的时候,需要注意什么呢?小张对此有些疑问。

【活动准备】

一、电子档案形成条件

同时满足下列条件的,单位内部形成的属于归档范围的电子会计资料可仅以电子形式保存,形成电子会计档案:

(1)形成的电子会计资料来源真实有效,由计算机等电子设备形成和传输。

(2)使用的会计核算系统能够准确、完整、有效接收和读取电子会计资料,能够输出符合国家标准归档格式的会计凭证、会计账簿、会计报表等会计资料,并设定了经办、审核、审批等必要的审签程序。

(3)使用的电子档案管理系统能够有效接收、管理、利用电子会计档案,符合电子档案的长期保管要求,并建立了电子会计档案与相关联的其他纸质会计档案的检索关系。

(4)采取有效措施,防止电子会计档案被篡改。

(5)建立电子会计档案备份制度,能够有效防范自然灾害、意外事故和人为破坏的影响。

(6) 形成的电子会计资料不属于具有永久保存价值或者其他重要保存价值的会计档案。

满足上述条件,单位从外部接收的电子会计资料附有符合《中华人民共和国电子签名法》规定的电子签名的,可仅以电子形式归档保存,形成电子会计档案。

二、电子档案的移交

电子会计档案移交时应当将电子会计档案及其元数据一并移交,且文件格式应当符合国家档案管理的有关规定。特殊格式的电子会计档案应当与其读取平台一并移交。

单位档案管理机构接收电子会计档案时,应当对电子会计档案的准确性、完整性、可用性、安全性进行检测,符合要求的才能接收。

三、电子档案的销毁

电子会计档案的销毁还应当符合国家有关电子档案的规定,并由单位档案管理机构、会计管理机构和信息系统管理机构共同派员监销。

【活动实施】

阅读以上资料,完成以下任务。

1. 具有永久保存价值或者其他重要保存价值的会计档案可以仅以电子的形式保存吗?
2. 从单位外部接收的电子档案在什么条件下可以仅以电子的形式保存?
3. 划出第二问和第三问答案中的关键词。

【活动评价】

表 3-20 电子档案管理活动评价表

考核项目	考核内容		考核权重	评分			合计
				教师评	互评	自评	
专业技能	活动准备	电子档案认知	20 分			√	
	活动实施	第一问	30 分		√		
		第二问	20 分		√		
		第三问	20 分		√		
职业素养		签到	3 分	√			
		合作	4 分	√			
		整理	3 分	√			

项目四　法规道德认知

【知识目标】

1. 了解会计法律制度的构成,包括会计法律制度的概念、构成及其制定权限与形式。
2. 领会违反会计法律制度的法律责任,包括违反法律制度的主要行为及其法律责任。
3. 识记支付结算的概念、特征、原则。
4. 掌握办理支付结算的具体要求及结算凭证填写的规范。
5. 了解税收的概念与分类,税收的基本特征以及税法的构成要素。
6. 准确计算增值税、消费税、企业所得税和个人所得税。
7. 熟悉税收征管的具体规定。
8. 认识预算法律制度,包括预算法的概念、构成。
9. 了解国家预算的概念、作用,国家预算的级次划分与构成。
10. 熟悉会计职业道德与会计法律制度的关系。
11. 掌握会计职业道德的内容。
12. 了解会计职业道德教育的内容及其形式。
13. 认识会计职业道德建设。

【知识导图】

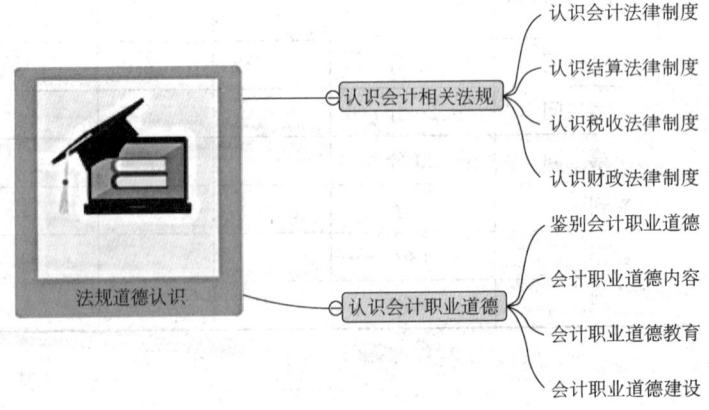

任务一　认识会计相关法规

活动一　认识会计法律制度

【活动场景】

小张在业余时间会经常收看有关财经类的新闻。恰逢周末,小张被一则新闻吸引住了。这则新闻主要讲述了某地财政部门执法检查时发现当地一家公司以虚假的经济事项编造了会计凭证和会计账簿,并据此编制了财务报表。同时,发现该公司的业务人员代表公司购买生产原材料取得的一张发票有问题。

事后查明,业务员将购买原材料的发票上的金额10万元,用"消字灵"修改为11万元报账;而且,此次出差他还将通过其他途径获得的2 000元招待费发票用于报账。

【活动准备】

一、会计法律制度的概念

(1) 会计法律制度,是指国家权力机关和行政机关制定的,关于会计工作的法律、法规、规章和规范性文件的总称,通常简称会计法规。

(2) 会计法律制度是调整会计关系的法律规范。

(3) 会计关系,是会计机构和会计人员在办理会计事务过程中,以及国家在管理会计工作过程中发生的经济关系。在一个单位,会计关系的主体为会计机构和会计人员,客体为与会计工作相关的具体事务。

(4) 2017年11月4日,第十二届全国人民代表大会常务委员会第三十次会议修正《中华人民共和国会计法》。

二、适用范围

国家机关、社会团体、公司、企业、事业单位和其他组织(以下统称单位)办理会计事务必须依照《会计法》办理。

《会计法》规定了国家实行统一的会计制度。国家统一的会计制度,是指国务院财政部门根据《会计法》制定的关于会计核算、会计监督、会计机构和会计人员以及会计工作管理的制度。

三、会计工作管理体制

(一) 会计工作的行政管理

会计工作的主管部门,是指代表国家对会计工作行使管理职能的政府部门。国务院财政部门主管全国的会计工作,县级以上地方各级人民政府财政部门管理本行政区域内的会计工作。

(二) 单位内部的会计工作管理

单位负责人对本单位的会计工作和会计资料的真实性、完整性负责。单位负责人是指单位法定代表人或者法律、行政法规规定代表单位行使职权的主要负责人。单位负责人应当保证会计机构、会计人员依法履行职责,不得授意、指使、强令会计机构、会计人员违法办理会计事项。

【提示】本书中单位负责人即单位领导人,会计机构负责人即会计主管人员。

四、违反会计法律制度的法律责任

(一)违反规定

会计核算类:不依法设置会计账簿;私设会计账簿;未按照规定填制、取得原始凭证或者填制、取得的原始凭证不符合规定;以未经审核的会计凭证为依据登记会计账簿或者登记会计账簿不符合规定;随意变更会计处理方法;向不同的会计资料使用者提供的财务会计报告编制依据不一致(多套账);未按照规定使用会计记录文字或者记账本位币。

其他类:未按照规定保管会计资料,致使会计资料毁损、灭失(会计档案);未按照规定建立并实施单位内部会计监督制度,或者拒绝依法实施的监督,或者不如实提供有关会计资料及有关情况(会计监督);任用会计人员不符合《会计法》规定。

(二)法律责任

(1) 由县级以上人民政府财政部门责令限期改正。

(2) 对单位并处 3 000 元以上 5 万元以下的罚款,对其直接负责的主管人员和其他直接责任人员,可以处 2 000 元以上 2 万元以下的罚款。

(3) 属于国家工作人员的,还应当由其所在单位或者有关单位依法给予行政处分。行政处分具有如图 4-1 所示的几种类型。

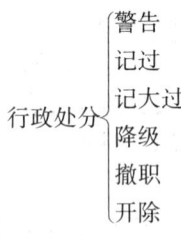

图 4-1 行政处分的类型

(4) 构成犯罪的,依法追究刑事责任。

(5) 会计人员有所列行为之一,情节严重的,5 年内不得从事会计工作。

(三)伪造、变造、隐匿或故意销毁会计资料,编制虚假财务会计报告行为的法律责任

伪造、变造、隐匿或故意销毁会计资料,编制虚假财务会计报告行为的法律责任,具体如表 4-1 所示。

表 4-1 违法行为及法律责任

行为	法律责任
伪造、变造会计凭证、会计账簿,编制虚假财务会计报告行为	①构成犯罪的,依法追究刑事责任;②不构成犯罪的,由县级以上人民政府财政部门予以通报;③可以对单位并处 5 000 元以上 10 万元以下的罚款;④对其直接负责的主管人员和其他直接责任人员,可以处 3 000 元以上 5 万元以下的罚款;⑤属于国家工作人员的,还应当由其所在单位或者有关单位依法给予撤职直至开除的行政处分;⑥其中的会计人员,5 年内不得从事会计工作
隐匿或者故意销毁依法应当保存的会计凭证、会计账簿、财务会计报告行为	

【提示】因有提供虚假财务会计报告,做假账,隐匿或者故意销毁会计凭证、会计账簿、财务会计报告,贪污、挪用公款,职务侵占等与会计职务有关的违法行为被依法追究刑事责任的人员,不得再从事会计工作。

(四) 授意、指使、强令会计机构、会计人员及其他人员伪造、变造会计凭证、会计账簿,编制虚假财务会计报告或者隐匿、故意销毁依法应当保存的会计凭证、会计账簿、财务会计报告行为的法律责任

(1) 构成犯罪的,依法追究刑事责任。
(2) 不构成犯罪的,可以处 5 000 元以上 5 万元以下的罚款。
(3) 属于国家工作人员的,还应当由其所在单位或者有关单位依法给予降级、撤职、开除的行政处分。

【活动实施】

1. 请判断新闻中业务员的行为是否违反了《会计法》。
2. 请指出新闻中哪些经济事项属于违法行为。
3. 新闻中伪造会计凭证的行为有哪些?

【活动评价】

表 4-2　认识会计法律制度活动评价表

考核项目	考核内容		考核权重	评分			合计
				教师评	互评	自评	
专业技能	活动准备	会计法律制度概念	10 分			√	
		使用范围	10 分			√	
		会计工作管理体制	10 分			√	
		违反会计法律制度的责任	10 分			√	
	活动实施	业务员是否违法	10 分		√		
		违法事项	20 分		√		
		伪造会计凭证行为	20 分		√		
职业素养		签到	3 分	√			
		合作	4 分	√			
		整理	3 分	√			

活动二　认识结算法律制度

【活动场景】

某次,小张接收了客户转让的一张银行承兑汇票,金额为 3 万元。小张所在的公司随即将该汇票用于支付下一季度的员工宿舍房租。房东因为在农村承包了几十亩林地,欠农资公司 3 万元农资费用,于是又将该汇票转让给了农资公司。该农资公司的会计收到该汇票后却拒绝接受。

【活动准备】

一、支付结算的概念

支付结算是指单位、个人在社会经济活动中使用票据、银行卡和汇兑、托收承付、委托收款等结算方式进行货币给付及其资金清算的行为。银行是支付结算和资金清算的中介机构。

支付结算的原则如下:

(1) 恪守信用,履约付款。在办理支付结算业务时,诚实守信就是要做到按照合同规定及时付款,不得无故拖延或者拒绝支付。

(2) 谁的钱进谁的账,由谁支配。除法律法规另有规定外,银行无权在未经存款人授权或委托的情况下,擅自动用存款人在银行账户里的资金。

(3) 银行不垫款。付款人账户内没有资金或资金不足,或者收款人应收的款项由于付款人的原因不能收回时,银行的中介职责可以不履行,因为银行没有为存款人垫付资金的义务。

二、支付结算的基本要求

(1) 单位、个人和银行办理支付结算,必须使用按中国人民银行统一规定印制的票据凭证和结算凭证。

(2) 银行依法为单位、个人在银行开立的存款账户内的存款保密,维护其资金的自主支配权。除国家法律、行政法规另有规定外,银行不得为任何单位或者个人查询账户情况,不得为任何单位或者个人冻结、扣划款项,不得停止单位、个人存款的正常支付。

(3) 不得伪造、变造票据和结算凭证。伪造是指无权限人假冒他人或者虚构他人名义签章的行为。例如,伪造出票签章、背书签章、承兑签章和保证签章。变造是指无权更改票据内容的人,对票据上签章以外的记载事项加以改变的行为。变造票据的方法多是在合法票据的基础上,对票据加以剪接、挖补、覆盖、涂改。

(4) 票据和结算凭证的更改。出票金额、出票日期、收款人名称不得更改。其他事项更改的,原记载人在更改处签章证明。

(5) 签章。票据和结算凭证上的签章,为签名、盖章或签名加盖章。单位、银行在票据上的签章和单位在结算凭证上的签章,为该单位、银行的盖章加其法定代表人或其授权的代理人的签名或盖章。

【提示】单位盖章为单位公章或财务章。个人在票据和结算凭证上的签章,应为该个人本人的签名或盖章。

(6) 规范填写。单位和银行的名称应当记载全称或者规范化简称。例如,"中国银行保险监督管理委员会"规范化简称为"银保监会"。出票日期的填写举例:1月15日,应写成"零壹月壹拾伍日";10月20日,应写成"零壹拾月零贰拾日"。

三、银行结算账户

(一) 银行结算账户的概念与分类

银行结算账户是指银行为存款人开立的办理资金收付结算的活期存款账户。

银行结算账户按存款人不同分为单位银行结算账户和个人银行结算账户。其中,单位银行结算账户又可以分为如图4-2所示的几种类型。

单位银行结算账户按用途划分 {基本存款账户、一般存款账户、专用存款账户、临时存款账户}

图 4-2　银行结算账户的划分

个体工商户凭营业执照以字号或经营者姓名开立的银行结算账户纳入单位银行结算账户管理。

存款人凭个人身份证以自然人名称开立的银行结算账户为个人银行结算账户。

零余额账户按基本存款账户或专用存款账户管理。

(二) 单位银行结算账户

基本存款账户是存款人因办理日常转账结算和现金收付需要开立的银行结算账户。

基本存款账户是存款人的主办账户,一个单位只能开立一个基本存款账户。存款人日常经营活动的资金收付及工资、奖金和现金支取,应通过基本存款账户办理。

一般存款账户是存款人因借款或其他结算需要,在基本存款账户开户银行以外的银行营业机构开立的银行结算账户。

专用存款账户是存款人按照法律法规和规章,对其特定用途资金进项专项管理和使用而开立的银行结算账户。

临时存款账户是存款人因临时需要并在规定期限内使用而开立的银行结算账户。因异地临时经营活动需要时,可以申请开立异地临时存款账户,用于资金的收付。

预算单位使用财政性资金,应当按照规定的程序和要求,向财政部门提出设立零余额账户的申请,财政部门审核同意后通知代理银行。一个基层预算单位只能开设一个零余额账户。预算单位零余额账户用于财政授权支付,可以办理转账、提取现金等结算业务。

四、结算方式

(一) 汇兑

汇兑是汇款人委托银行将其款项支付给收款人的结算方式。汇兑分为信汇和电汇两种。单位和个人的各种款项的结算,均可使用汇兑结算方式。

(二) 委托收款

委托收款是收款人委托银行向付款人收取款项的结算方式。

单位和个人凭已经承兑的商业汇票、债券、存单等付款人债务证明办理款项的结算,均可以使用委托收款结算方式。委托收款在同城、异地均可以使用。

(三) 国内信用证

国内信用证(以下简称信用证),是指银行依照申请人的申请开立的、对相符交单予以付款的承诺。我国信用证为以人民币计价、不可撤销的跟单信用证。

1. 分类

信用证按付款期限分为即期信用证与远期信用证。

即期信用证,开证行应在收到相符单据次日起5个营业日内付款。远期信用证,开证行应在收到相符单据次日起5个营业日内确认到期付款,并在到期日付款。

远期信用证包括但不限于单据日后定期付款、见单后定期付款、固定日付款。

信用证付款期限最长不超过1年。

2. 适用范围

信用证结算适用于银行为国内企事业单位之间货物和服务贸易提供的结算服务。

信用证只限于转账,不得支取现金。

(四) 预付卡

预付卡是指发卡机构以特定载体和形式发行的、可在发卡机构之外购买商品或服务的预付价值。

1. 分类

专营发卡机构发行,可跨地区、跨行业、跨法人使用的多用途预付卡。(类似香港八达通)商业企业发行,只在本企业或同一品牌连锁商业企业购买商品、服务的单用途预付卡。(类似美发卡、健身卡)主要学习多用途预付卡。预付卡按是否记载持卡人身份信息分为记名预付卡和不记名预付卡。

2. 限额

预付卡以人民币计价,不具有透支功能。单张记名预付卡资金限额不超过5 000元,单张不记名预付卡资金限额不得超过1 000元。

3. 期限

记名预付卡可挂失,可赎回,不得设置有效期。不记名预付卡不挂失,不可赎回,另有规定的除外。不记名预付卡有效期不得低于3年。超过有效期尚有资金余额的预付卡,可通过延期、激活、换卡等方式继续使用。

(五) 网上银行

1. 网上银行的分类和功能

网上银行的分类具体如图4-3所示。

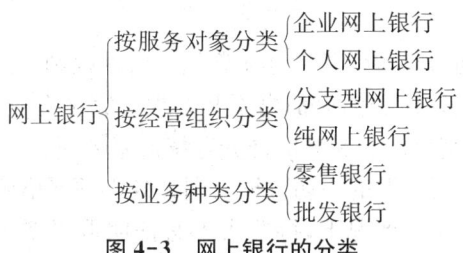

图 4-3　网上银行的分类

网上银行的主要功能如图 4-4 所示。

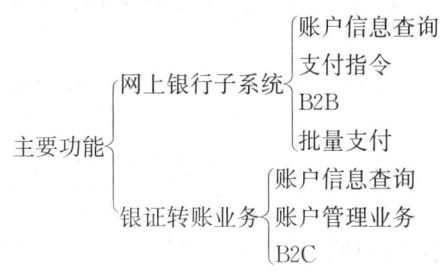

图 4-4　网上银行的主要功能

五、票据结算的概述

(一) 票据的概念和特征

《票据法》中的票据包括汇票、银行本票和支票,是指由出票人签发的、约定自己或者委托付款人在见票时或指定的日期向收款人或持票人无条件支付一定金额的有价证券。

(二) 票据当事人

(1) 出票人。出票人是指依法定方式签发票据并将票据交付给收款人的人。银行汇票的出票人为银行;商业汇票的出票人为银行以外的企业和其他组织;银行本票的出票人为银行;支票的出票人为在银行开立支票存款账户的企业、其他组织和个人。

(2) 付款人。商业承兑汇票的付款人是合同中应给付款项的一方当事人,也是该汇票的承兑人。银行承兑汇票的付款人是承兑银行。本票的付款人是出票人;支票的付款人是出票人的开户银行。

(3) 收款人。

(三) 非基本当事人

(1) 承兑人。承兑人是指接受汇票出票人的付款委托,同意承担支付票款义务的人,它是汇票的主债务人。

(2) 背书人与被背书人。背书人是指在转让票据时,在票据背面或粘单上签字或盖章的当事人(称为前手),并将该票据交付给受让人的票据收款人或持有人。被背书人,是指被记名受让票据或接受票据转让的人。背书后,被背书人成为票据新的持有人(称为后手),享有票据的所有权利。

(3) 保证人。保证人是指为票据债务提供担保的人,由票据债务人以外的第三人担当。保证人在被保证人不能履行票据付款责任时,以自己的金钱履行票据付款义务,然后取得持票人的权利,向票据债务人追索。

(四) 票据特征

（1）票据是完全有价证券，即票据完全证券化。票据权利与票据本身融为一体、不可分离；票据权利的产生、行使、转让和消灭都离不开票据。完全有价证券这一特征可以通过票据的设权证券、提示证券、交付证券和缴回证券等特征来体现。

（2）票据是文义证券，票据上的一切票据权利义务必须严格依照票据记载的文义而定。

（3）票据是无因证券，通常情况下，持票人不必证明取得票据的原因，仅以票据文义请求履行票据权利。但票据债务人认为持票人是以欺诈、偷盗或者胁迫等手段取得票据，或者明知上述情形出于恶意取得票据，或者因为重大过失取得票据，持票人应当对自己持票的合法性负责举证。

（4）票据是金钱债权证券，票据上体现的权利性质是财产权，财产权的内容是请求支付一定的金钱而不是物品。

（5）票据是要式证券，票据的制作、形式、文义都有规定的格式和要求，必须符合《票据法》的规定。

（6）票据是流通证券，票据权利的转让无须通知债务人，通过背书行为直接转让。

(五) 票据的功能

（1）支付功能：票据可以充当支付工具，代替现金使用。

（2）汇兑功能：票据可以代替货币在不同地方之间运送。

（3）信用功能：票据当事人可以凭借自己的信誉，将未来才能获得的金钱作为现在的金钱使用。

（4）结算功能：票据具有债务抵销功能。

（5）融资功能：票据的融资功能通过票据的贴现、转贴现和再贴现实现。

六、银行汇票

银行汇票是基础关系付款方（买方）申请出票银行签发的，由出票银行在见票时按照实际结算金额无条件支付给收款人或者持票人的票据。出票银行为银行汇票的付款人。（异地支付工具）

(一) 使用范围

银行汇票可以用于转账，填明"现金"字样的银行汇票也可以用于支取现金；单位和个人各种款项结算，均可使用银行汇票。

【提示】签发现金银行汇票，申请人和收款人必须均为个人。申请人或收款人为单位的，不得在"银行汇票申请书"上填明"现金"字样。

(二) 银行汇票的出票

（1）申请人使用银行汇票，应向出票银行填写银行汇票申请书。

（2）出票银行受理银行汇票申请书，收妥款项后签发银行汇票，并将银行汇票和解讫通知一并交给申请人。

（3）申请人应将银行汇票和解讫通知一并交付给汇票上记明的收款人。

(三) 填写实际结算金额

（1）收款人受理申请人交付的银行汇票时，应在出票金额以内，根据实际需要的款项办理结算,将实际结算金额和多余金额准确、清晰地填入银行汇票和解讫通知的有关栏内。

(2) 银行汇票的实际结算金额低于出票金额的,其多余金额由出票银行退交申请人。

(3) 未填明实际结算金额和多余金额或实际结算金额超过出票金额的,银行不予受理。

(4) 银行汇票的实际结算金额一经填写不得更改,更改实际结算金额的银行汇票无效。

(四) 银行汇票背书

银行汇票的背书转让以不超过出票金额的实际结算金额为准,未填写实际结算金额或实际结算金额超过出票金额的银行汇票不得背书转让。

(五) 银行汇票提示付款

(1) 银行汇票的提示付款期限自出票日起1个月。(见票即付)

(2) 持票人向银行提示付款时,须同时提交银行汇票和解讫通知,缺少任何一联,银行不予受理。

(3) 在银行开立存款账户的持票人向开户银行提示付款时,应在汇票背面"持票人向银行提示付款签章"处盖章,签章须与预留银行签章相同,并将银行汇票和解讫通知、进账单送交开户银行。

(4) 未在银行开立存款账户的个人持票人,可以向任何一家银行机构提示付款。

七、银行本票

本票是指出票人签发的,承诺自己在见票时无条件支付确定的金额给收款人或者持票人的票据。(同城支付工具)

(一) 适用范围

(1) 在我国,本票限于银行本票。

(2) 银行本票可以用于转账。

(3) 注明"现金"字样的银行本票可以用于支取现金;申请人和收款人均为个人,银行才能为其签发现金本票。

(4) 单位和个人在同一票据交换区域(同城)需要支付的各种款项,均可以使用银行本票。

(二) 出票

(1) 申请人使用银行本票,应向银行填写"银行本票申请书"。

(2) 出票银行必须具有支付本票金额的可靠资金来源,并保证支付。

(三) 付款

(1) 银行本票见票即付,付款提示期限自出票日起最长不得超过2个月。

(2) 本票的出票人在持票人提示见票时,必须承担付款的责任。

(3) 持票人超过提示付款期限不获付款的,在票据权利时效内向出票银行作出说明,提供本人身份证件或单位证明,可持银行本票向出票银行请求付款。

(4) 在银行开立存款账户的持票人向开户银行提示付款时,应在银行本票背面"持票人向银行提示付款签章"处签章,签章须与预留银行签章相同,并将银行本票、进账单送交开户银行。

八、支票

(一) 支票的概念

(1) 支票是指出票人签发的、委托办理支票存款业务的银行在见票时无条件支付确定的金额给收款人或者持票人的票据。

(2) 支票的基本当事人包括出票人、付款人和收款人。

(3) 单位和个人在同一票据交换区域的各种款项结算,均可以使用支票。全国支票影像交换系统支持全国使用。

(二) 出票

1. 支票的必须记载事项

支票的付款人为支票上记载的出票人开户银行。支票的金额和收款人名称,可以由出票人授权补记,未补记前不得背书转让和提示付款。

【提示】支票的金额是必须记载事项,收款人名称不是必须记载事项。

2. 支票的其他记载事项

(1) 支票上未记载付款地的,付款人的营业场所为付款地。

(2) 支票上未记载出票地的,出票人的营业场所、住所或者经常居住地为出票地。

(3) 出票人可以在支票上记载自己为收款人。

3. 空头支票

(1) 支票的出票人所签发的支票金额不得超过其付款时在付款人处实有的存款金额。

(2) 出票人签发的支票金额超过其付款时在付款人处实有的存款金额的,为空头支票。

(3) 禁止签发空头支票。

4. 支票上的签章

(1) 支票的出票人不得签发与其预留本名的签名式样或者印鉴不符的支票。

(2) 支票上的出票人签章,出票人为单位的,为与该单位在银行预留签章一致的财务专用章或者公章加其法定代表人或者其授权的代理人的签名或者盖章。

(3) 出票人为个人的,为与该个人在银行预留签章一致的签名或者盖章。

5. 支票付款

(1) 提示付款。支票的提示付款期限自出票日起 10 日;持票人可以委托开户银行收款或者直接向付款人提示付款;用于支取现金的支票仅限于收款人向付款人提示付款,不能背书转让。

(2) 付款。出票人必须按照签发的支票金额承担保证向该持票人付款的责任。出票人在付款人处的存款足以支付支票金额时,付款人应当在见票当日足额付款。

九、商业汇票

商业汇票是指出票人(通常是银行等金融机构以外的其他单位)签发的,委托付款人在指定日期无条件支付确定金额给收款人或者持票人的票据。在银行开立存款账户的法人及其他组织之间的结算,才能使用商业汇票。

（一）商业汇票的分类

商业汇票的分类如图 4-5 所示。

$$商业汇票\begin{cases}银行承兑汇票\\商业承兑汇票（银行以外的付款人承兑）\end{cases}$$

图 4-5　商业汇票的分类

（二）电子商业汇票

电子商业汇票是出票人依托上海票据交易所电子商业汇票系统，以数据电文形式制作的，委托付款人在指定日期无条件支付确定的金额给收款人或者持票人的票据。电子银行承兑汇票由银行业金融机构、财务公司承兑，电子商业承兑汇票由金融机构以外的法人或其他组织承兑。

（三）商业汇票的出票

（1）商业汇票的出票人为在银行开立存款账户的法人以及其他组织，与付款人具有真实的委托付款关系，资信状况良好，具有支付汇票金额的可靠资金来源。

（2）办理电子商业汇票业务，还应同时具备签约开办对公业务的企业网银等电子服务渠道，与银行签订《电子商业汇票业务服务协议》。

（3）单张出票金额在 100 万元以上的商业汇票原则上应全部通过电子商业汇票办理；单张出票金额在 300 万元以上的商业汇票应全部通过电子商业汇票办理。

（4）出票人的确定。具体如图 4-6 所示。

$$商业汇票\begin{cases}商业承兑汇票\begin{cases}付款人签发并承兑\\收款人签发交由付款人承兑\end{cases}\\银行承兑汇票\longrightarrow 承兑银行开立存款账户的存款人（出票人）签发\end{cases}$$

图 4-6　商业汇票出票人的确定

（5）签发商业汇票必须记载事项。具体如图 4-7 所示。

$$商业汇票必须记载的事项（缺一，则商业汇票无效）\begin{cases}表明"商业承兑汇票"或"银行承兑汇票"字样\\无条件支付的承诺\\确定的金额（出票金额）\\付款人名称\\收款人名称\\出票日期\\出票人签章\end{cases}$$

图 4-7　商业汇票必须记载的事项

（四）商业汇票的付款期限

纸质商业汇票的付款期限，最长不得超过 6 个月。电子承兑汇票期限，自出票日起到期日不超过 1 年。

商业汇票的提示付款期限，自汇票到期日起 10 日。

（五）商业汇票的承兑

（1）商业汇票可以在出票时向付款人提示承兑后使用，也可以在出票后先使用再向付款人提示承兑。

(2) 付款人拒绝承兑的,必须出具拒绝承兑的证明。

(3) 银行承兑汇票的承兑银行,应按票面金额向出票人收取万分之五的手续费。

(4) 定日付款或者出票后定期付款的汇票,在到期日前提示承兑。

(5) 见票后定期付款的汇票,自出票之日起1个月内提示承兑。

(6) 逾期提示承兑的,丧失对出票人以外其他前手的追索权。

十、票据权利

(一) 票据权利的类型

票据权利是指票据持票人向票据债务人请求支付票据金额的权利,包括付款请求权和追索权。

(1) 付款请求权是指持票人向汇票的承兑人、本票的出票人、支票的付款人出示票据要求付款的权利,是第一顺序权利。

【提示】汇票的承兑人、本票的出票人、支票的付款人从某种意义来看都是票据的付款人。

(2) 票据追索权是指票据当事人行使付款请求权遭到拒绝或有其他法定原因存在时,向其前手请求偿还票据金额及其他法定费用的权利,是第二顺序权利。

(3) 持票人可以不按照票据债务人的先后顺序,对其中任何一人、数人或者全体行使追索权。持票人对票据债务人中的一人或者数人已经进行追索的,对其他票据债务人仍可行使追索权。

(4) 被追索权清偿债务后,与持票人享有同一权利。

(二) 票据权利的取得

(1) 签发、取得和转让票据,应当遵守诚实信用的原则,具有真实的交易关系和债权债务关系。

(2) 票据的取得,应当给付票据双方当事人认可的相对应的代价;但如果是因税收、继承、赠与可以依法无偿取得票据的,则不受给付对价的限制,但是所享有的票据权利不得优于其前手的权利。

(三) 票据权利的丧失与补救

票据丧失后,可以采取挂失止付、公示催告和普通诉讼三种形式进行补救。

(1) 挂失止付并不是票据丧失后采取的必经措施,而只是一种暂时的预防措施,最终还要通过申请公示催告或者提起普通诉讼来补救票据权利。

(2) 公示催告:①失票人请求人民法院以公告方式通知不确定的利害关系人限期申报权利,逾期未申报者,则权利失效,而由法院通过除权判决宣告所丧失的票据无效的制度或程序。②失票人应当在通知挂失止付后的3日内,也可以在票据丧失后,依法向票据支付地人民法院申请公示催告。③人民法院决定受理公示催告申请,应当同时通知付款人及其代理付款人停止付款,并自立案之日起3日内发出公告,催告利害关系人申报权利。付款人或者代理付款人收到人民法院发出的止付通知,应当立即停止支付,直至公示催告程序终结。④公示催告的期间,国内票据自公告发布之日起60日,涉外票据可根据具体情况适当延长,但最长不得超过90日。在公示催告期间,转让票据权利的行为无效。⑤人民法院收到利害关系人的申报后,应当裁定终结公示催告程序,并通知申请人和支付人。⑥没有申报人的,人民法院应当根据申请人的申请,作出除权判决,宣告票据无效。判决应当公告,并通知支付人。自判决公告之日起,申请人有权向支付人请求支付。⑦利害关系人因正当理由不能在除权判决前向人民法院申报权利的,自知道或者应当知道判决公告之日起1年内,可以向作出判决的人民法院起诉。

(3) 普通诉讼是指丧失票据的人为原告,以承兑人或出票人为被告,请求法院判决其向失票人付款的诉讼活动。

(四) 票据权利时效

票据时效是指票据权利在时效期间内不行使,即引起票据权利丧失(过期作废)。根据不同情况,票据权利时效划分为2年、6个月、3个月。

(1) 持票人对远期汇票的出票人、承兑人的权利自票据到期日起2年;见票即付的汇票、本票自出票日起2年。

(2) 持票人对支票出票人的权利,自出票日起6个月。

(3) 持票人对一般前手的首次追索权,自被拒绝承兑或者被拒绝付款之日起6个月。

(4) 持票人对一般前手的再追索权,自清偿日或者被提起诉讼之日起3个月。

十一、票据责任

(1) 票据债务人承担票据义务的情形:①汇票承兑人因承兑而应承担付款义务;②本票出票人因出票而承担自己付款的义务;③支票付款人在与出票人有资金关系时承担付款义务;④汇票、本票、支票的背书人,汇票、支票的出票人、保证人,在票据不获承兑或不获付款时承担付款清偿义务。

(2) 持票人应当按照下列期限提示付款:①见票即付的票据,自出票日起1个月内向付款人提示付款;②定日付款、出票后定期付款或者见票后定期付款的票据,自到期日起10日内向承兑人提示付款;③持票人未按照规定期限提示付款的,在作出说明后,承兑人或者付款人仍应当继续对持票人承担付款责任。

(3) 持票人按照规定提示付款的,付款人必须在当日足额付款。

(4) 持票人委托的收款银行的责任,限于按照票据上记载事项将票据金额转入持票人账户。付款人委托的付款银行的责任,限于按照票据上记载事项从付款人账户支付票据金额。

(5) 付款人依法足额付款后,全体票据债务人的责任解除。

十二、票据追索

票据追索适用于两种情形,分别为到期后追索和到期前追索。到期后追索是指票据到期被拒绝付款的,持票人对背书人、出票人以及票据的其他债务人行使的追索。到期前追索,是指票据到期日前,持票对如图 4-8 所示情形之一行使的追索。

到期前追索 { 汇票被拒绝承兑的
承兑人或者付款人死亡、逃匿的
承兑人或者付款人被依法宣告破产的
因违法被责令终止业务活动的

图 4-8 到期前追索的票据情形

【活动实施】

1. 票据具有哪些功能?
2. 简述商业汇票的概念和种类。
3. 银行承兑汇票与商业承兑汇票有哪些不同之处?
4. 分析故事中房东和农资公司的做法是否正确。

【活动评价】

表 4-3 认识结算法律制度活动评价表

考核项目		考核内容	考核权重	评分			合计
				教师评	互评	自评	
专业技能	活动准备	支付结算的概念和要求	10 分			√	
		票据结算	10 分			√	
		银行汇票、银行本票、支票、商业汇票	10 分			√	
专业技能	活动实施	票据功能	10 分		√		
		商业汇票概念和种类	10 分		√		
		银行承兑汇票与商业承兑汇票	20 分		√		
		分析故事的做法	20 分	√			
职业素养		签到	3 分	√			
		合作	4 分	√			
		整理	3 分	√			

活动三　认识税收法律制度

【活动场景】

小张在一家高新技术企业做财务,该公司为增值税一般纳税人。2020年12月,小张统计了本月的销售情况如下:开具普通发票销售货物取得含税销售额113万元;开具专用发票销售货物取得不含税销售额30万元。

2020年12月15日,公司员工李丽向财务部门咨询为何在同等的收入水平之下,她代扣代缴的个人所得税要比其他同事高,经了解,问题的关键在于专项附加扣除项目,李丽无符合条件的专项附加扣除项目。事后小张对李丽的疑惑进行了详细的解答。

【活动准备】

一、税收法律制度概述

(一) 税收法律关系

税法即税收法律制度,是调整税收关系的法律规范的总称。税收法律关系体现为国家征税与纳税人纳税的利益分配关系,由主体、客体和内容三个方面构成。

(二) 税法要素

一般包括总则、纳税义务人、征税对象、税目、税率、纳税环节、纳税期限、纳税地点、减税免税、罚则和附则等。

(三) 现行税种与征收机关

税务机关主要负责下列税收的征收和管理:①国内增值税;②国内消费税;③企业所得税;④个人所得税;⑤资源税;⑥城镇土地使用税;⑦城市维护建设税;⑧印花税;⑨土地增值税;⑩房产税;⑪车船税;⑫车辆购置税;⑬烟叶税;⑭耕地占用税;⑮契税;⑯环境保护税;⑰出口产品退税(增值税、消费税)。非税收入和社会保险费的征收也由税务机关负责。

海关负责征收的税收如图4-9所示。

海关负责 { 关税 / 船舶吨税 / 委托代征的进口环节增值税、消费税

图4-9　海关负责征收的税收

二、增值税法律制度

在中国境内销售货物或者加工、修理修配劳务,销售服务、无形资产、不动产以及进口货物的单位和个人,为增值税的纳税人。

根据纳税人的经营规模以及会计核算健全程度的不同,增值税纳税人可分为一般纳税人和小规模纳税人。

增值税扣缴义务人如图4-10所示。

```
扣缴义务人 ─→ 中国境外的单位或个人在境内销售劳务
                         ┌ 以其境内代理人为扣缴义务人
在境内未设有经营机构的 ┤
                         └ 境内没有代理人的,以购买方为扣缴义务人
```

图 4-10　扣缴义务人

(四) 纳税范围

增值税的征税范围包括在中国境内销售货物或者劳务,销售服务、无形资产、不动产以及进口货物。

1. 销售货物

销售货物是有偿转让货物的所有权。货物是指有形动产,包括电力、热力、气体在内。

2. 销售劳务

销售劳务是指有偿提供加工、修理修配劳务。单位或者个体户聘用的员工为本单位或者雇主提供加工、修理修配劳务不包括在内。

3. 销售服务

销售服务的范围如图 4-11 所示。

```
             ┌ 交通运输服务
             │ 电信服务
             │ 邮政服务
销售服务 ┤ 金融服务
             │ 现代服务
             │ 生活服务
             └ 建筑服务
```

图 4-11　销售服务的范围

4. 进口货物

只要是报关进口的应税货物,均属于增值税的征税范围。

5. 在境内销售无形资产和不动产

销售无形资产,是指转让无形资产所有权或者使用权的业务活动。销售不动产,是指转让不动产所有权的业务活动。

6. 视同销售货物行为

单位或者个体工商户的下列行为,视同销售货物,征收增值税:①将货物交付其他单位或者个人代销;②销售代销货物;③设有两个以上机构并实行统一核算的纳税人,将货物从一个机构移送至其他机构用于销售,但相关机构设在同一县(市)的除外;④将自产或者委托加工的货物用于非增值税应税项目;⑤将自产、委托加工的货物用于集体福利或个人消费;⑥将自产、委托加工或者购进的货物作为投资,提供给其他单位或者个体工商户;⑦将自产、委托加工或者购进的货物分配给股东或者投资者;⑧将自产、委托加工或者购进的货物无偿赠送其他单位或者个人。

7. 不征收增值税项目

(1) 根据国家指令无偿提供的铁路运输服务、航空运输服务,属于《营业税改征增值税试点实施办法》规定的用于公益事业的服务,不征收增值税。

(2)存款利息,不征收增值税。

(3)被保险人获得的保险赔付,不征收增值税。

(4)房地产主管部门或者其指定机构、公积金管理中心、开发企业以及物业管理单位代收的住宅专项维修资金,不征收增值税。

(5)在资产重组过程中,通过合并、分立、出售、置换等方式,将全部或者部分实物资产以及与其相关联的债权、负债和劳动力一并转让给其他单位和个人,其中涉及的货物、不动产、土地使用权转让行为,不征收增值税。

(五)税率

增值税税率如表4-4所示。

表4-4 增值税税率

纳税义务人	税率及征收率	使用范围
小规模纳税人	3%	销售货物或者加工、修理修配劳务;销售应税服务、无形资产
	5%	销售不动产、经营租赁不动产等
个人出租住房,按5%征收率减按1.5%计算应纳税额;小规模纳税人销售旧货或销售自己使用过的固定资产,按3%征收率减按2%计算应纳税额		
一般纳税人	13%	销售或者进口货物、提供加工修理修配劳务,有形动产租赁
	9%	农产品;粮食、食用植物油、自来水、暖气、热水、食用盐;冷气、煤气、石油、液化气、天然气、沼气、居民用煤炭制品;图书、报纸、杂志、音像制品和电子出版物;饲料、化肥、农药、农机、农膜、二甲醚;交通运输业、邮政、基础电信、建筑、不动产租赁服务;销售不动产,转让土地使用权
一般纳税人	6%	现代服务业,金融服务,生活服务,增值电信服务;销售无形资产(转让土地使用权除外)
	零税率	出口货物、劳务或者境内单位和个人发生的跨境应税行为
	5%	一般纳税人简易计税销售不动产、劳务派遣差额征税

(六)增值税计算

1. 一般计税方法应纳税额的计算

$$应纳税额 = 当期销项税额 - 当期进项税额$$

$$销项税额 = 销售额 \times 适用税率$$

当期销项税额<当期进项税额,不足抵扣时,其不足部分可以结转下期继续抵扣。

2. 含税销售额的换算

增值税实行价外税,销售额中如含税,应实行价税分离。

$$不含税销售额 = 含税销售额 \div (1 + 增值税税率)$$

(七)增值税征收管理规定

1. 纳税义务发生时间

(1)采取直接收款方式销售货物的:为发出货物,收到销售款或索取销售款凭据的当天,不管货物是否发出。

(2) 采取托收承付和委托银行收款方式收款的:为发出货物并办妥托收手续的当天。

(3) 赊销和分期收款方式:为合同约定收款日期的当天,没有约定的为货物发出的当天。

(4) 预收款方式:为货物发出当天。如果生产的产品生产工期超过12个月的,为收到预收款当天或者合同约定的收款日期当天。

(5) 委托他人代销货物:为收到受托方的代销清单或者收到全部货款的当天,如果收到部分货款的,为收到部分货款当天;如果未收到代销清单和货款的,为货物发出委托代销满180天的当天。

(6) 销售应税服务:为提供劳务服务后并收到销售款项或者取得索取销售款凭据的当天。

(7) 视同销售货物行为:为货物移送当天,委托代销和受托代销货物的除外。

(8) 发生应税行为:为发生应税行为并收取款项或者索取销售款凭据的当天。如果先开具发票的,纳税义务发生时间为开具发票的当天。

(9) 提供租赁服务采取预收款方式的:为实际收到预收款的当天。

(10) 提供建筑服务:为提供服务同时收到销售款项或者取得索取销售款凭据的当天。如果先收取预收款的,收到预收款当天要在经营业务发生地预缴税金;甲方扣取的质保金等未开具发票的,以实际收到质保金等款项的当天。

(11) 金融商品转让:为其所有权转让的当天。

(12) 视同销售服务、无形资产、不动产:为服务完成、转让完成当天或者不动产权属变更当天。

2. 纳税期限

(1) 增值税纳税期限为1日、3日、5日、10日、15日、1个月或1个季度。以1个季度为纳税期限的规定适用于小规模纳税人、银行、财务公司、信托投资公司、信用社等。

(2) 以1个月或1个季度为纳税期的,自期满之日起15日内申报纳税;以1日、3日、5日、10日、15日为1个纳税期的,自期满之日起5日内预缴税款,于次月1日起15日内申报纳税并结清上月应纳税款。

(3) 纳税人进口货物,应当自海关填发进口增值税专用缴存书之日起15日内缴纳税款。

(4) 不能按固定期限纳税的,可以按次纳税。

三、消费税法律制度

(一) 消费税征税范围

消费税征税范围如图4-12所示。

消费税征税范围
- 生产应税消费品
- 委托加工应税消费品
- 进口应税消费品
- 零售应税消费品
- 批发销售卷烟

图4-12 消费税征收范围

(二) 消费税税目

消费税的税目有：烟、酒、高档化妆品、贵重首饰及珠宝玉石、鞭炮、焰火、成品油（汽油、柴油、石脑油、溶剂油、航空煤油、润滑油、燃料油）、摩托车、小汽车、高尔夫球及球具、高档手表、游艇、木制一次性筷子、实木地板、电池、涂料。

(三) 消费税税率

消费税税率采取比例税率（从价）和定额税率（从量）两种形式。对卷烟和白酒采取了比例税率和定额税率复合征收的形式。

纳税人兼营不同税率的应税消费品，应当分别核算不同税率应税消费品的销售额、销售数量。未分别核算或将不同税率的应税消费品组成成套消费品销售的，从高适用税率。

(四) 消费税应纳税额的计算

1. 从价计征销售额的确定

从价计征销售额的确定如表4-5所示。

表4-5 销售额的确定

	全部价款	
销售额包括	价外费用	如销售时在价外向购买方收取的手续费、补贴、集资费、返还利润、奖励费、违约金、滞纳金、延期付款利息、赔偿金、代收代垫款项、包装费、包装物租金、储备费、优质费、运输装卸费等
不包括	(1) 符合条件的代垫运输费用； (2) 符合条件的代收的政府性基金或行政事业性收费	

应纳消费品的销售额＝含增值税销售额÷(1＋增值税税率或征收率)

2. 从量计征销售数量的确定

(1) 销售应税消费品的，为应税消费品的销售数量。
(2) 自产自用应税消费品的，为应税消费品的移送使用数量。
(3) 委托加工应税消费品的，为纳税人收回的应税消费品数量。
(4) 进口应税消费品的，为海关核定的应税消费品进口征税数量。

【提示】黄酒、啤酒、成品油从量计征。

3. 复合计征销售额和销售数量的确定

分别按照从价计征和从量计征确定。

(五) 消费税征收管理

消费税纳税期限为1日、3日、5日、10日、15日、1个月或1个季度；以1个月或1个季度为纳税期的，自期满之日起15日内申报纳税；以1、3日、5日、10日、15日为1个纳税期的，自期满之日起5日内预缴税款，于次月1日起15日内申报纳税并结清上月应纳税款。纳税人进口货物，应当自海关填发进口增值税专用缴存书之日起15日内缴纳税款。

四、个人所得税法律制度

(一) 纳税人

纳税义务人包括中国公民、个体工商户、个人独资企业、合伙企业投资者、在中国有所得的外籍人员（包括无国籍人员）和港澳台同胞。

按照住所和居住时间两个标准，纳税人分为居民个人和非居民个人。

（二）所得来源的确定

除国务院财政、税务主管部门另有规定外，下列所得，不论支付地点是否在中国境内，均为来源于中国境内的所得：①因任职、受雇、履约等在中国境内提供劳务取得的所得；②将财产出租给承租人在中国境内使用而取得的所得；③许可各种特许权在中国境内使用而取得的所得；④转让中国境内的不动产等财产或者在中国境内转让其他财产取得的所得；⑤从中国境内企业、事业单位、其他组织以及居民个人取得的利息、股息、红利所得。

（三）征税对象

《个人所得税法》列举征税的个人所得共9项，包括：工资、薪金所得；劳务报酬所得；稿酬所得；特许权使用费所得；经营所得；利息、股息、红利所得；财产租赁所得；财产转让所得；偶然所得。

注：除了居民个人工资、薪金所得、劳务报酬所得、稿酬所得、特许权使用费所得四项所得合并为综合所得按年计算以外，其余均分项计算纳税。

（四）税率

（1）综合所得，适用3%~45%的超额累进税率，如表4-6所示。

表4-6 综合所得个人所得税税率表

级数	全年应纳税所得额	税率(%)	速算扣除数
1	不超过36 000元的	3	0
2	超过36 000元至144 000元的部分	10	2 520
3	超过144 000元至300 000元的部分	20	16 920
4	超过300 000元至420 000元的部分	25	31 920
5	超过420 000元至660 000元的部分	30	52 920
6	超过660 000元至960 000元的部分	35	85 920
7	超过960 000元的部分	45	181 920

（2）经营所得，适用5%~35%的超额累进税率，如表4-7所示。

表4-7 经营所得个人所得税税率

级数	全年应纳税所得额	税率(%)	速算扣除数
1	不超过30 000元的	5	0
2	超过30 000元至90 000元的部分	10	1 500
3	超过90 000元至300 000元的部分	20	10 500
4	超过300 000元至500 000元的部分	30	40 500
5	超过500 000元的部分	35	65 500

（3）财产租赁所得，财产转让所得，利息、股息、红利所得，偶然所得，适用20%的比例税率。

【提示】个人出租住房取得的所得暂减按10%的税率征收个人所得税。

(五) 税收优惠

1. 免税项目

(1) 省级人民政府、国务院部委和中国人民解放军军以上单位,以及外国组织颁发的科学、教育、技术、文化、卫生、体育、环境保护等方面的奖金。

(2) 国债、地方政府债券利息和国家发行的金融债券利息。

(3) 国务院规定发放的政府特殊津贴、院士津贴、和国务院规定免纳个人所得税的其他津补贴。

(4) 福利费(福利费或生活补助费)、抚恤金、救济金(生活困难补助费)。

(5) 保险赔款。

(6) 军人的转业费、复员费。

(7) 按国家统一规定发给干部、职工的安家费、退职费、离退休工资、离休生活补助费。

2. 减税项目

有下列情形之一的,可以减征个人所得税,具体幅度和期限,由省、自治区、直辖市人民政府规定,并报同级人民代表大会常务委员会备案:①残疾、孤老人员和烈属的所得;②因严重自然灾害造成重大损失的;③其他。

(六) 应纳税额的计算

居民个人综合所得应纳税额＝应纳税所得额×适用税率－速算扣除数

居民个人综合所得的应纳税所得额＝每一纳税年度的收入额－基本费用扣除60 000元－专项扣除－专项附加扣除－依法确定的其他扣除

【提示】商业健康保险的扣除限额为2 400元/年(每月200元)。单位统一为员工购买符合规定的商业健康保险产品的支出,应分别计入员工个人工资、薪金,视同个人购买,按限额扣除。

(1) 收入额:工资薪金全额计算收入额;劳务报酬所得、稿酬所得、特许权使用费所得以收入减除20%的费用后的余额为收入额(收入的80%);稿酬所得的收入额减按70%计算(收入的56%)。

(2) 专项附加扣除项目如图4-13所示。

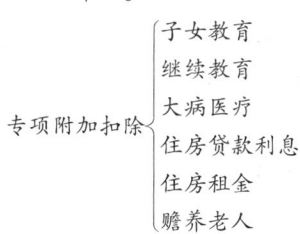

图4-13 专项附加扣除项目

(七) 征收管理规定

1. 扣缴义务人

个人所得税以取得应税所得的个人为纳税义务人,以支付所得的单位或者个人为扣缴义务人。①扣缴义务人应当按照国家规定办理全员全额扣缴申报,并向纳税人提供其个人所得和已扣缴税款等信息。②扣缴义务人每月或者每次预扣、代扣的税款,应当在次月15日内缴入国库,并向税务机关报送扣缴个人所得税申报表。

2. 代扣代缴税款的手续费

税务机关应根据扣缴义务人所扣缴的税款,付给2%的手续费。

3. 自行申报纳税

税法规定,有下列情形之一的,纳税人应当依法办理纳税申报:

(1) 取得综合所得需要办理汇算清缴:从两处以上取得综合所得,且综合所得年收入额减除专项扣除的余额超过6万元;取得劳务报酬所得、稿酬所得、特许权使用费所得中一项或者多项所得,且综合所得年收入额减除专项扣除的余额超过6万元;纳税年度内预缴税额低于应纳税额;纳税人申请退税。

(2) 取得应税所得没有扣缴义务人。

(3) 取得应税所得,扣缴义务人未扣缴税款。

(4) 取得境外所得。

(5) 因移居境外注销中国户籍。

(6) 非居民个人在中国境内从两处以上取得工资、薪金所得。

(7) 国务院规定的其他情形。

(八) 申报期限

居民个人取得综合所得,按年计算个人所得税;有扣缴义务人的,由扣缴义务人按月或者按次预扣预缴税款;需要办理汇算清缴的,应当在取得所得的次年3月1日至6月30日内办理汇算清缴。

五、企业所得税法律制度

(一) 征税对象

(1) 居民企业就来源于中国境内、境外的所得缴纳企业所得税。

(2) 非居民企业在中国境内未设立机构、场所的,就来源于中国境内的所得缴纳企业所得税。非居民企业在中国境内设立机构场所的,就来源于境内,以及发生在境外但与所设机构、场所有实际联系的所得,缴纳企业所得税。

(二) 企业所得税税率

企业所得税实行比例税率,我国现在有两种所得税税率:一是一般企业25%的所得税税率,即利润总额中的25%要作为税收上交国家财政;二是对三资企业和部分高科技企业采用的优惠税率,所得税税率为15%。

(三) 企业所得税应纳税额的计算方法

1. 直接法

应纳税所得额=收入总额-不征税收入-免税收入-准予扣除项目金额-允许弥补的以前年度亏损

2. 间接法

$$应纳税所得额=会计利润+纳税调整增加额-纳税调整减少额$$

(四) 不征税收入与免税收入

1. 不征税收入

(1) 财政拨款。

(2) 依法收取并纳入财政管理的行政事业性收费、政府性基金。
(3) 国务院规定的其他不征税收入。

2. 免税收入

(1) 国债、地方政府债券利息收入。
(2) 符合条件的居民企业之间的股息、红利等权益性投资收益（条件：直接投资＋持有12个月以上）。
(3) 在中国境内设立机构、场所的非居民企业从居民企业取得与该机构、场所有实际联系的股息、红利等权益性投资收益（持有12个月以上）。
(4) 符合条件的非营利组织的收入（从事营利活动的要征税）。

（五）扣除标准

(1) 工资、薪金支出。企业发生的合理的工资薪金，准予扣除。工资、薪金，包括所有现金或者非现金形式的劳动报酬，包括基本工资、奖金、津贴、补贴、年终加薪、加班工资，以及与员工任职或者受雇有关的其他支出。

(2) 三项经费。①职工福利费，不超过工资、薪金总额14%的部分，准予扣除。②企业拨缴的工会经费，不超过工资、薪金总额2%的部分，准予扣除。③企业发生的职工教育经费支出，不超过工资、薪金总额8%的部分，准予扣除；超过部分，准予在以后纳税年度结转扣除。

(3) 五险一金。按照政府规定的范围和标准缴纳的"五险一金"，准予扣除。补充养老保险和补充医疗保险，按照不超过工资、薪金总额5%的部分，准予扣除。

(4) 借款费用。

(5) 利息费用。

(6) 公益性捐赠。①企业发生公益性捐赠支出，不超过年度利润总额12%的部分，准予扣除。超过部分，准予结转以后3年内扣除。②企业在对公益性捐赠支出计算扣除时，应先扣除以前年度结转的捐赠支出，再扣除当年发生的捐赠支出。

(7) 业务招待费。双限额：①自身发生额的60%；②最高不得超过当年销售收入的5‰。

(8) 广告费和业务宣传费。企业发生的符合条件的广告费和业务宣传费支出，除另有规定外，不超过当年销售（营业）收入15%的部分，准予扣除；超过部分，准予在以后纳税年度结转扣除。

(9) 其他。

（六）不得扣除项目

(1) 向投资者支付的股息、红利等权益性投资收益款项。
(2) 企业所得税税款。
(3) 税收滞纳金。
(4) 罚金、罚款和被没收财物的损失。
(5) 超过规定标准的公益性捐赠支出及所有非公益性捐赠支出。
(6) 赞助支出。
(7) 未经核定的准备金支出。
(8) 与取得收入无关的其他支出。

（七）亏损弥补

(1) 企业纳税年度发生的亏损，准予向以后年度结转，用以后年度的所得弥补，但结转年限最长不得超过5年。

(2) 自2018年1月1日起,当年具备高新技术企业或科技型中小企业资格的企业,其具备资格年度之前5个年度发生的尚未弥补完的亏损,准予结转以后年度弥补,最长结转年限由5年延长至10年。

(3) 企业在汇总计算缴纳企业所得税时,其境外营业机构的亏损不得抵减境内营业机构的盈利。

(八) 企业所得税税收优惠

1. 免征企业所得税

(1) 蔬菜、谷物、薯类、油料、豆类、棉花、麻类、糖料、水果、坚果的种植。

(2) 农作物新品种的选育。

(3) 中药材的种植。

(4) 林木的培育和种植。

(5) 牲畜、家禽的饲养。

(6) 林产品的采集。

(7) 灌溉、农产品初加工、兽医、农技推广、农机作业和维修等农、林、牧、渔服务业项目。

(8) 远洋捕捞。

2. 减半征收企业所得税

(1) 花卉、茶以及其他饮料作物和香料作物的种植。

(2) 海水养殖、内陆养殖。

(3) 对企业投资者持有2019—2023年发行的铁路债券取得的利息收入,减半征收企业所得税。

3. 税率优惠

(1) 小微企业按20%税率征收企业所得税。

(2) 国家需要重点扶持的高新技术企业和经认定的技术先进型服务企业(服务贸易类),减按15%的税率征收企业所得税。

4. 加计扣除

研究开发费用的加计扣除,是指企业为开发新技术、新产品、新工艺发生的研究开发费用,未形成无形资产计入当期损益的,在按照规定据实扣除的基础上,按照研发费用的75%加计扣除;形成无形资产的,按照无形资产175%摊销。

企业安置残疾人员所支付的工资的加计扣除,是指企业安置残疾人员的,在按照支付给残疾职工工资据实扣除的基础上,按照支付给残疾职工工资的100%加计扣除。

(九) 企业所得税征收管理

1. 纳税期限

(1) 企业所得税按年计征,分月或分季预缴,年终汇算清缴,多退少补。纳税年度自公历1月1日起至12月31日止。

(2) 企业在一个纳税年度中间开业,或者终止经营活动,使该纳税年度的实际经营期不足12个月的,应当以其实际经营期为1个纳税年度。

(3) 企业依法清算时,应当以清算期间作为1个纳税年度。

(4) 企业应当自年度终了之日起 5 个月内,向税务机关报送年度企业所得税纳税申报表,并汇算清缴,结清应缴应退税款。

(5) 企业在年度中间终止经营活动的,应当自实际经营终止之日起 60 日内,向税务机关办理当期企业所得税汇算清缴。

2. 纳税申报

(1) 企业应当自月份或者季度终了之日起 15 日内,向税务机关报送预缴企业所得税纳税申报表,预缴税款。

(2) 企业在纳税年度内无论盈利或者亏损,都应当依照规定期限,向税务机关报送预缴企业所得税纳税申报表、年度企业所得税纳税申报表、财务会计报告和税务机关规定应当报送的其他有关资料。

【活动实施】

1. 活动场景中销售货物适用的增值税税率是多少?
2. 小张如何将含税销售额换算成不含税销售额?
3. 2020 年 12 月增值税的销售额是多少?
4. 个人所得税的专项附加扣除项目有哪些?

【活动评价】

表 4-8　认识税收法律制度活动评价表

考核项目	考核内容		考核权重	评分			合计
				教师评	互评	自评	
专业技能	活动准备	税收法律制度	10 分			√	
		增值税法律制度	10 分			√	
		消费税法律制度	10 分			√	
		个人所得税法律制度	10 分			√	
		企业所得税法律制度	10 分			√	
	活动实施	增值税税率	10 分		√		
		含税销售额换算不含税销售额	10 分	√			
		计算增值税销售额	10 分		√		
		个税专项附加扣除	10 分	√			
职业素养		签到	3 分	√			
		合作	4 分	√			
		整理	3 分	√			

活动四　认识财政法律制度

【活动场景】

小张的姑父在某事业单位工作。该单位2020年初准备使用财政性资金修缮和装修一栋办公楼，预算金额为800万元，采用公开招标方式。A公司是取得政府采购代理机构资格的中介机构。A公司于2020年2月1日在财政部指定的媒体上公开发布招标文件，招标文件中确认的投标截止时间为2020年2月17日。招标活动中，A公司确定的符合专业条件的供应商为5家，最终确定中标的供应商为B建筑公司。工程于当年10月1日完工验收，实际结算金额与预算金额相同。由于施工质量极佳，该单位准备将另一幢楼房按同样的标准进行外墙修缮，但不再进行内部装修，并与B建筑公司签订补充合同，该合同的预算金额为80万元。

【活动准备】

一、预算法律制度

预算法律制度是指国家经过法定程序制定的，用以调整国家预算关系的法律、行政法规和相关规章制度。我国预算法律制度由《预算法》《预算法实施条例》以及有关国家预算管理的其他法规制度构成。

《预算法》是规范预算编制、预算审批监督和预算管理执行的基本法律，是财政预算领域内的根本大法。《预算法》是提高预算民主化、强化预算监督的需要，是国家宏观调控的重要手段。

二、国家预算概述

（一）国家预算概念

国家预算也称政府预算，是政府的基本财政收支计划，即经法定程序批准的国家年度财政收支计划。国家预算规定了财政收入的来源数量，财政收支的各项用途和数量，反映着整个国家政策、政府活动的范围和方向，是实现财政职能的基本手段。

国家预算原则是指国家选择预算形式和体系应遵循的指导思想，也就是制定政府财政收支计划的方针，主要有公开性、可靠性、完整性、统一性和年度性。

1. 公开性

国家预算反映政府的活动范围、方向和政策，与全体公民的切身利益息息相关，因此国家预算及其执行情况必须采取一定形式公开，为人民所了解并置于人民的监督之下。

2. 可靠性

每一收支项目的数字指标必须运用科学的方法，依据充分确实的资料，并总结出规律性，进行计算，不得假定、估算，更不能任意编造。

3. 完整性

该列入国家预算的一切财政收支都要列在预算中，不得打埋伏、造假账、预算外另列预算。国家允许的预算外收支,也应在预算中有所反映。

4. 统一性

虽然一级政府设立一级预算,但所有地方预算连同中央预算一起共同组成统一的国家预算。因此要求设立统一的预算科目,每个科目都应按统一的口径、程序计算和填列。

5. 年度性

政府必须按照法定预算年度编制国家预算,这一预算要反映全年的财政收支活动,同时不允许将不属于本年度财政收支的内容列入本年度的国家预算之中。

(二) 国家预算的作用

国家预算作为财政分配和宏观调控的主要手段,具有分配、调控和监督职能。国家预算的作用是国家预算职能在经济生活中的具体体现,它主要包括以下3个方面。

1. 财力保证作用

国家预算既是保障国家机器运转的物资条件,又是政府实施各项社会经济政策的有效保证。通过预算的编制,事先进行预测,使我们能掌握一年内筹集到多少收入,并根据财力的多少和支出的需要确定支出,也是我们常说的要量入为出。

2. 调节制约作用

国家预算作为国家的基本财政计划,是国家财政实行宏观调控的主要依据和主要手段。国家通过预算管理手段,可以有计划地筹集和分配由国家集中支配的财政资金,实现政府资源的优化配置。

3. 反映监督作用

国家预算是国民经济的综合反映,预算收入反映国民经济发展规模和经济效益水平,预算支出反映各项建设事业发展的基本情况。因此,通过国家预算的编制和执行,便于掌握国民经济的运行状况、发展趋势以及出现的问题,从而采取对策措施,促进国民经济稳定协调地发展。

(三) 国家预算级次的划分

我国国家预算级次结构是根据国家政权结构、行政区域划分和财政管理体制要求而确定的,是在一级政府一级预算的原则上建立起来的,共分为五级预算,具体包括如下内容:

(1) 中央预算。

(2) 省级(省、自治区、直辖市)预算。

(3) 地市级(设区的市、自治州)预算。

(4) 县市级(县、自治县、不设区的市、市辖区)预算。

(5) 乡镇级(乡、民族乡、镇)预算。

(四) 国家预算的组成

预算由预算收入和预算支出组成。政府的全部收入和支出都应当纳入预算。各级预算应当遵循统筹兼顾、勤俭节约、量力而行、讲求绩效和收支平衡的原则,各级政府应当建立跨年度预算平衡机制。

我国的国家预算按照政府级次可分为中央预算和地方预算;按照收支管理范围可分为总预算和部门单位预算;按照预算收支的内容可分为一般公共预算、政府性基金预算、国有资本经营预算和社会保险基金预算。一般公共预算、政府性基金预算、国有资本经营预算和社会保险基金预算应当保持完整、独立。政府性基金预算、国有资本经营预算和社会保险基金预算应当与一般公共预算相衔接。

三、预算收入与预算支出

(一) 预算收入

预算收入是国家为建立预算资金而筹集的收入。我国一般公共预算收入包括以下几种形式。

(1) 各项税收收入。它是国家预算收入最主要的部分,在许多国家都占预算收入总额的90%以上,包括我国。

(2) 行政事业性收费收入。它是指国家机关、事业单位、依法行使政府职能的社会团体及其他组织根据法律、法规规定,依照国务院及本省、自治区、直辖市政府规定程序审批,在实施社会公共管理,以及在向自然人、法人和其他组织提供特定公共服务过程中,向规定对象按规定标准收取费用形成的收入。

(3) 国有资源(资产)有偿使用收入。它包括矿藏、水流、海域、无居民海岛以及法律规定属于国家所有的森林等国有资源有偿使用收入、专项储备物资等国有资产处置收入,保障性住房配租配售收入等非经营性国有资产收入,纳入一般公共预算管理的经营性国有资产收入等。

(4) 转移性收入。它包括上级税收返还、转移支付,下级上解收入,调入资金,以及按照财政部规定列入转移性收入的无隶属关系的政府无偿资助。

(5) 其他收入。此类收入是指上述各项收入以外的收入,主要包括规费收入、罚没收入、捐赠收入等。

此外,按照归属分类,预算收入可分为中央预算收入、地方预算收入、中央和地方预算共享收入。

(二) 预算支出

预算支出是指国家对集中的预算收入有计划地分配和使用而安排的支出。我国的一般公共预算支出按照功能可分为以下几种形式。

(1) 公共服务支出。它是一般公共预算支出的主要部分。

(2) 外交、公共安全、国防支出。它包括外交事务费、国内公共安全费、国防费、国防科研事业费、民兵建设费等。

(3) 农业、环境保护支出。它包括粮油补贴、农业生产资料价差补贴、副食品风险基金、环境保护基金等。

(4) 教育、科学、文化、卫生、体育等事业发展支出。

(5) 社会保障及就业支出。

(6) 其他支出。它包括对外援助支出、财政贴息支出、国家物资储备支出、少数民族地区补助费、抚恤和社会福利救济费支出等。

除此之外,一般公共预算支出按照其经济性质,还可以分类为工资福利支出、商品和服务支出、资本性支出和其他支出。

（三）预算组织程序

预算组织程序，即国家在预算管理方面依序进行的各个工作环节所构成的有秩序活动的总体。

预算的编制，是指国家制定取得和分配使用预算资金的年度计划的活动，是一种基础性的程序。这一阶段编制的预算实际上是预算草案，不具备法律效力的国家预算。

1. 预算年度

我国采取的是公历年制，自公历1月1日起至12月31日止。

2. 预算草案的编制依据

政府编制年度预算草案的依据：①相关法律、法规；②年度经济社会发展目标、国家宏观调控总体要求；③上级政府对编制年度预算草案的要求；④中期财政规划、有关的财政经济政策，以及跨年度预算平衡的需要；⑤本级政府的预算管理职权和财政管理体制确定的预算收入范围和支出责任；⑥上一年度预算收入情况、对本年度经济形势的预测、收入政策调整，以及上级政府提前下达的转移支付预计数等；⑦最近年度决算和有关绩效评价结果、上一年度支出预算执行情况和本年度支出政策调整。

3. 预算草案的编制内容

中央一般公共预算的编制内容：①收入，包括本级一般公共预算收入、从政府性基金预算和国有资本经营预算调入资金、地方上解收入、从预算稳定调节基金调入资金；②支出，包括本级一般公共预算支出、偿还政府债务本金支出、对地方的税收返还和转移支付、补充预算稳定调节基金。

中央财政本年度举借的国内外债务和还本付息数额应当在本级预算中单独列示。

地方各级政府预算编制内容：①收入，包括本级一般公共预算收入、从政府性基金预算和国有资本经营预算调入资金、上级税收返还和转移支付、下级上解收入、从预算稳定调节基金调入资金、其他调入资金；②支出，包括本级一般公共预算支出、偿付政府债务本金支出、上解上级的支出、对下级的税收返还和转移支付、补充预算稳定调节基金。

（四）预算的审批

预算的审批是指各级国家权力机关对同级政府所提出的预算草案进行审查与批准的活动。预算的审批是使预算草案转为正式预算的关键阶段。国家预算草案一经批准，就成为正式的国家预算，具有法律效力，任何单位和个人必须严格遵守，不得随意变更。为此，我国《预算法》专门规定，经本级人民代表大会批准的预算，非经法定程序，不得改变。预算批准后要向国家机关备案。

（五）预算的执行

经过预算编制、预算审批，预算就进入了执行阶段。在这一阶段，相关的预算主体要进行预算收支的组织执行，国库在预算资金的收付方面发挥重要作用。预算的执行是指各级财政部门和其他预算主体在组织国家预算收入和划拨预算支出中的活动。

预算执行是整个预算管理程序中的一个重要环节，是经过批准的预算付诸实施的重要阶段。根据《预算法》的规定，各级预算由本级政府组织执行，具体工作由本级政府财政部门负责。

(六) 预算的调整

预算的调整是指经全国人民代表大会批准的中央预算和经地方各级人民代表大会批准的本级预算,在执行中因特殊情况需要增加支出或者减少收入,使原批准的收支平衡的预算的总支出超过总收入,或者使原批准的预算中举借债务的数额增加的部分变更。预算调整必须提请本级人大常委会审查和批准。未经批准,不得调整预算。

四、决算

决算在形式上是对年度预算收支执行结果的会计报告,在实质上是对年度预算执行结果的总结。决算是国家管理预算活动的最后一道程序。它包括决算报表和文字说明两个部分。决算是国家经济活动在财政上的综合反映,从中可以考察出国家经济政策和法律的实际执行情况。决算的编制和审批工作有利于发现问题、减少损失,也有利于总结经验、扬长避短,为今后的工作提供指导、参考,还有利于加强财政监督、完善财政法制。

五、政府采购法律制度

(一) 政府采购的概念

根据《政府采购法》的规定,政府采购是指各级国家机关、事业单位和团体组织使用财政性资金采购依法制定的集中采购目录以内或者采购限额标准以上的货物、工程和服务的行为。

(二) 政府采购的原则

政府采购应遵循如下基本原则:①公开透明原则;②公平竞争原则;③公正原则;④诚信原则。

(三) 政府采购的功能

(1) 节约财政支出,提高采购资金的使用效益。
(2) 强化宏观调控。
(3) 活跃市场经济。
(4) 推进反腐倡廉。
(5) 保护民族产业。

(四) 政府采购模式

1. 集中采购

集中采购,即由政府采购的集中采购机构依据政府制定的集中采购目录,受有关采购人的委托,按照公开、公平、公正的采购原则,以及必须采取的市场竞争机制和一系列专门操作规程进行的统一采购。

2. 分散采购

分散采购是集中采购模式的对称,指采购由各采购单位自己进行。但应该注意的是,政府采购法律制度中的分散采购模式与缺乏政府采购制度下的无组织进行采购并非同一概念。在政府采购制度下,即使是分散采购,采购单位的采购行为也要受到政府采购法的严格规定,采购也要遵从一定的法律程序。

(五) 政府采购当事人

政府采购当事人是指在政府采购活动中享有权利和承担义务的各类主体,包括采购人、供应商、采购代理机构等。

采购人是指依法进行政府采购的国家机关、事业单位、团体组织。

供应商是指在中国境内外注册的企业、公司及其他提供货物、工程、服务的法人、其他组织或者自然人。

采购代理机构是指集中采购机构和集中采购机构以外的采购代理机构。集中采购机构是设区的市级以上人民政府依法设立的非营利事业法人,是代理集中采购项目的执行机构。集中采购机构以外的采购代理机构,是从事采购代理业务的社会中介机构。

(六) 政府采购的方式

1. 公开招标采购

公开招标采购是指采购人按照法定程序,通过发布招标公告,邀请所有潜在的不特定的供应商参加投标,采购人通过某种事先确定的标准,从所有投标供应商中择优评选出中标供应商,并与之签订政府采购合同的一种采购方式。

公开招标应作为政府采购的主要采购方式。

2. 邀请招标采购

邀请招标采购是指采购人根据供应商的资信和业绩,选择若干供应商向其发出投标邀请书,由被邀请的供应商投标竞争,从中选定中标者的采购方式。

3. 竞争性谈判采购

竞争性谈判采购是指采购人直接邀请三家以上的供应商进行谈判,最后从中确定最优供应商的采购方式。

4. 单一来源采购

只能由一家供应商提供,因为它是一种没有竞争的采购,所以也叫直接采购。

5. 询价采购

询价采购是指采购人向有关供应商发出询价单让其报价,然后在报价的基础上进行比较,并确定最优供应商的一种采购方式,也就是我们说的货比三家。这是一种直接的采购方式,也是一种相对简单的采购方式。

六、国库集中收付制度

(一) 国库集中收付制度的概念

国库集中收付制度一般也称为国库单一账户制度,包括国库集中支付制度和收入收缴管理制度,是指由财政部门代表政府设置国库单一账户体系,所有的财政性资金均纳入国库单一账户体系收缴、支付和管理的制度。财政收入通过国库单一账户体系,直接缴入国库;财政支出通过国库单一账户体系,以财政直接支付和财政授权支付的方式,将资金支付到商品和劳务供应者或用款单位,即预算单位使用资金但见不到资金;未支用的资金均保留在国库单一账户,由财政部门代表政府进行管理运作,降低政府筹资成本,为实施宏观调控政策提供可选择的手段。

(二) 国库单一账户体系

1. 国库单一账户体系的概念

国库单一账户体系是指以财政国库存款账户为核心的各类财政性资金账户的集合。所有财政性资金的收入、支付、存储及资金清算活动均在该账户体系进行。

2. 国库单一账户体系的构成

我国建立的财政国库单一账户体系主要包括五类账户：国库单一账户、财政部门零余额账户、预算单位零余额账户、预算外资金财政专户、特设专户。财政部是管理国库单一账户体系的职能部门，任何单位不得擅自设立、变更或撤销国库单一账户体系中的各类银行账户。中国人民银行按照有关规定，加强对国库单一账户和代理银行的管理监督。

【活动实施】

1. 论述国家预算的概念。
2. 活动场景中政府采购的方式有哪些？
3. 活动场景中政府采购的当事人包括哪些？
4. 结合故事资料，简要概述政府采购的原则。

【活动评价】

表 4-9 认识财政法律制度活动评价表

考核项目	考核内容		考核权重	评分			合计
				教师评	互评	自评	
专业技能	活动准备	预算法律制度	10 分			√	
		国家预算	10 分			√	
		决算	10 分			√	
		政府采购和国库集中收付法律制度	20 分			√	
	活动实施	国家预算概念	10 分	√			
		政府采购的方式	10 分		√		
		政府采购当事人	10 分		√		
		政府采购原则	10 分	√			
职业素养		签到	3 分	√			
		合作	4 分	√			
		整理	3 分	√			

任务二 认识会计职业道德

活动一 鉴别会计职业道德

【活动场景】

小张在阅读《中国青年报》时,有这样一则新闻引发了他的思考。山西"卖官书记"武保安敛财有方,趋炎附势者送礼方式五花八门。某局局长从 2000 年开始,每逢中秋节和春节都用公款给武保安送礼,为了免除自己私吞的嫌疑,该局长去送钱的时候还把会计带上。带着会计去行贿,除了告诉受贿方此款安全,可以放心接受之外,就是告诉会计这批款项应该通过"技术手段"将账面做得不留蛛丝马迹。

要想人不知,除非己莫为。近些年来,这样的事情层出不穷。东窗事发后,涉事的会计人员也表现得很无奈,他们认为会计人员是"站得住的顶不住,顶得住的站不住",领导怎么说就怎么做,只要领导高兴,"原则"可以变成"圆则"。会计人员整天与钱物打交道,"常在河边走,哪有不湿鞋"。只要坚守"不犯罪"这根底线就行了。

【活动准备】

会计职业道德是指在会计职业活动中应当遵循的、体现会计职业特征、调整会计职业关系的职业行为准则和规范。

一、会计法律与会计职业道德的联系

(1)会计职业道德与会计法律制度在内容上相互渗透、相互吸收;在作用上相互补充、相互协调。

(2)会计职业道德是对会计法律制度的重要补充,会计法律制度是对会计职业道德的最低要求。

二、会计法律与会计职业道德的区别

会计法律与会计职业道德的区别如表 4-10 所示。

表 4-10 会计法律与会计职业道德的区别

区别	会计法律制度	会计职业道德
性质不同	会计法律制度通过国家行政权力强制执行,具有很强的他律性	会计职业道德依靠会计从业人员的自觉性,具有很强的自律性
作用范围不同	会计法律制度侧重于调整会计人员的外在行为和结果的合法化,具有较强的客观性	会计职业道德不仅调整会计人员的外在行为,还调整会计人员内在的精神世界

(续表)

区别	会计法律制度	会计职业道德
表现形式不同	会计法律制度是通过一定的程序由国家立法部门或行政管理部门制定、颁布的,其表现形式是具体的、明确的、正式形成文字的成文规定(公开性)	会计职业道德出自会计人员的职业生活和职业实践,其表现形式既有成文的规范,也有不成文的规范
保障机制不同	会计法律制度依靠国家强制力保证其贯彻执行	会计职业道德主要依靠道德教育、社会舆论、传统习俗和道德评价来实现
评价标准不同	会计法律制度以法律规定为评价标准(是否违法)	会计职业道德以道德评价为标准

【活动实施】

1. 简述会计职业道德的内涵。
2. 请简要分析活动场景中会计人员的行为是否违背了会计职业道德?
3. 结合活动场景,论述作为会计人员,应当如何规范自身的行为?

【活动评价】

表 4-11 鉴别会计职业道德活动评价表

考核项目		考核内容	考核权重	评分			合计
				教师评	互评	自评	
专业技能	活动准备	会计职业道德的含义	10 分			√	
		会计法律与会计职业道德的联系	10 分			√	
		会计法律与会计职业道德的区别	10 分			√	
	活动实施	会计职业道德的内涵	20 分		√		
		是否违背会计职业道德	20 分		√		
		会计人员规范自身的行为	20 分		√		
职业素养		签到	3 分	√			
		合作	4 分	√			
		整理	3 分	√			

活动二　会计职业道德内容

【活动场景】

小张的弟弟经营一家小型的五金批发店。最近接到一个10多万元的订单,但因时间紧,无法凑齐10万元货款,无法进货。于是找在做会计的哥哥帮忙。小张了解情况后,挪用单位账户的存款10万元,解决了弟弟的燃眉之急。半个月后,小张又将弟弟返还的10万元存入单位银行账户。小张的这些行为,公司人员毫无察觉。小张暗自窃喜,自己既帮助了弟弟,又没有损害公司的利益!

【活动准备】

会计职业道德的内容如表4-12所示。

表4-12　会计职业道德的内容及标准

主要内容	会计人员的道德标准
爱岗敬业	①正确认识会计职业,树立职业荣誉感;②热爱会计工作,敬重会计职业;③安心工作,任劳任怨;④严肃认真,一丝不苟;⑤忠于职守,尽职尽责
诚实守信	①做老实人,说老实话,办老实事,不搞虚假;②保密守信,不为利益所诱惑;③执业谨慎,信誉至上
廉洁自律	①树立正确的人生观和价值观;②公私分明、不贪不占;③遵纪守法,一身正气
客观公正	①端正态度,依法办事;②实事求是,不偏不倚;③如实反映,保持应有的独立性
坚持准则	①熟悉国家法律、法规和国家统一的会计制度,始终坚持按法律、法规和国家统一的会计制度的要求进行会计核算,实施会计监督;②会计人员在实际工作中,应当以准则作为自己的行动指南,在发生道德冲突时,应坚持准则,维护国家利益、社会公众利益和正常的经济秩序
提高技能	①具有不断提高会计专业技能的意识和愿望;②具有勤学苦练的精神和科学的学习方法,刻苦钻研,不断进取,提高业务水平
参与管理	在做好本职工作的同时,努力钻研业务,全面熟悉本单位经营活动和业务流程,主动提出合理化建议,积极参与管理,使管理活动更有针对性和实效性
强化服务	树立服务意识,提高服务质量,努力维护和提升会计职业的良好社会形象

【提示】 2018年4月19日,财政部发布了《关于加强会计人员诚信建设的指导意见》,明确了加强会计人员诚信建设的总体要求,包括增强会计人员诚信意识、加强会计人员信用档案建设、健全会计人员守信联合激励和失信联合惩戒机制,以及强化组织实施等方面的内容。《关于加强会计人员诚信建设的指导意见》指出,要建立严重失信会计人员"黑名单"制度,将有提供虚假财务会计报告,做假账,隐匿或者故意销毁会计凭证、会计账簿、财务会计

报告,贪污,挪用公款,职务侵占等与会计职务有关违法行为的会计人员,作为严重失信会计人员列入"黑名单",纳入全国信用信息共享平台,依法通过"信用中国"网站等途径,向社会公开披露相关信息。

【活动实施】

1. 从会计职业道德的角度,对小张的行为进行简要分析。
2. 假如你是小张的同事,发现了此事应当如何处理?

【活动评价】

表 4-13　会计职业道德内容活动评价表

考核项目	考核内容		考核权重	评分			合计
				教师评	互评	自评	
专业技能	活动准备	会计职业道德内容	15分			√	
		会计职业道德标准	15分			√	
		失信名单	15分			√	
	活动实施	小张的行为分析	20分		√		
		如何处理此事	25分		√		
职业素养		签到	3分	√			
		合作	4分	√			
		整理	3分	√			

活动三　会计职业道德教育

【活动场景】

小王自毕业后在一家贸易公司做会计,因为工作努力,热爱学习,钻研业务,提出了很多合理化的建议,提高了公司效率,节约了成本,年年被评为先进会计工作者。小王的朋友在另一家公司做贸易代表,在朋友的多次请求下,小王将在工作中接触到的一些商业秘密提供给该朋友,给公司造成了一定的损失。后来被公司发现决定辞退小王。

【活动准备】

一、会计职业道德教育的含义

会计职业道德教育是指根据会计工作的特点,有目的、有组织、有计划地对会计人员施加系统的会计职业道德影响,促使会计人员形成会计职业道德品质,履行会计职业道德义务的活动。

二、会计职业道德教育的形式

会计职业道德教育的主要形式包括接受教育和自我教育。

(一) 接受教育

接受教育即外在教育,是指通过学校或培训单位对会计从业人员进行以职业责任、职业义务为核心内容的正面灌输,以规范其职业行为,维护国家和社会公众利益的教育。

(二) 自我教育

自我教育是内在教育,是从业人员自我学习、自我改造,提升自身道德修养的行为活动。

三、会计职业道德教育的内容

(一) 观念教育

通过学习会计职业道德知识,树立会计职业道德观念,了解会计职业道德对社会经济秩序、会计信息质量的影响,以及违反会计职业道德将受到的惩戒和处罚。普及会计职业道德基础知识,是会计职业道德教育的基础,也是重要的一环。应广泛宣传会计职业道德基本常识,使广大会计人员懂得什么是会计职业道德,它对社会经济秩序、会计信息质量有何重要影响;懂得一旦违反会计职业道德,除了受到良心和道义上的谴责外,还会受到行业惩戒和处罚。把会计职业道德教育同社会教育、学校教育、家庭教育结合起来。采取广播电视、报纸杂志等媒介普及会计职业道德知识,形成会计人员遵守职业道德光荣,不遵守职业道德可耻的社会氛围。

(二) 规范教育

职业道德规范教育是指对会计人员开展以会计职业道德规范为内容的教育。会计职业道德规范的主要内容是爱岗敬业、诚实守信、廉洁自律、客观公正、坚持准则、提高技能、参与管理和强化服务等。这是会计职业道德教育的核心内容,应贯穿于会计职业道德教育的始终。

(三) 警示教育

通过对违反会计职业道德行为和违法会计行为典型案例进行讨论和剖析,从中得到警示,从而可以提高会计人员的法律意识和会计职业道德观念,提高会计人员辨别是非的能力。

【活动实施】

1. 小王遵循了哪些职业道德要求?
2. 小王违反了哪些职业道德要求?
3. 作为小王的朋友,你应该如何对其进行教育?

【活动评价】

表 4-14　会计职业道德教育活动评价表

考核项目	考核内容		考核权重	评分			合计
				教师评	互评	自评	
专业技能	活动准备	会计职业道德教育的含义	10 分			√	
		会计职业道德教育的形式	10 分			√	
		会计职业道德教育的内容	20 分			√	
	活动实施	遵循的职业道德要求	10 分		√		
		违反的职业道德要求	10 分		√		
		会计职业道德教育	20 分		√		
职业素养		签到	3 分	√			
		合作	4 分	√			
		整理	3 分	√			

活动四　会计职业道德建设

【活动场景】

小张毕业后一直从事财务工作,其父亲教导小张,作为一名合格的会计人员需要严格遵守职业道德,法律的红线绝对不能碰触,并向小张分享了一则发生在身边的故事。小张父亲所在的财务局经费管理处会计在 2016 年 8 月至 2019 年 12 月间,利用担任某基金委综合计划局财务处出纳、财务局经费管理处会计的职务便利,在负责办理向申请国家自然科学基金经费的院校、科研单位拨款工作中,多次将部分因故退回款以重新拨出为名,分别采取伪造银行进账单、信汇凭证、电汇凭证等平账手段,将共计人民币 1 262.37 万元的公款侵吞。

【活动准备】

会计职业道德决定会计职能作用的发挥和会计工作的质量。因此,全面加强会计职业道德建设,提高会计人员道德素质,是一项重大紧迫的任务。会计职业道德建设是一项复杂的系统工程,关键要加强和改善对会计职业道德建设的组织与领导,并得到切实贯彻和实施。各部门、行业、会计职业组织和社会各界应积极行动起来,共同把会计职业道德建设搞好。

一、财政部门的组织推动

在我国,财政部门作为会计工作的主管部门,在会计职业道德建设中发挥了重要作用,是会计职业道德建设的主要推动者和组织者。会计职业道德建设是会计管理工作的重要组成部分,是实现《会计法》立法宗旨的道德建设的重要组成部分,必须发挥财政部门的政府主导作用,使我国的会计职业道德建设朝着正确的方向前进,财政部门可以从以下方面组织实施会计职业道德建设。

(一)采用多种形式开展会计职业道德宣传教育

《会计法》规定,县级以上财政部门管理本行政区域内的会计工作。各级财政部门应有计划、有步骤地开展会计职业道德的宣传教育工作,要结合本地区的实际情况制定切实可行的宣传教育方案,采取灵活多样的宣传形式,如举办会计职业道德演讲会、知识竞赛、有奖征文、论坛、专题研讨等多种形式的活动,引导广大会计人员积极参与会计职业道德教育活动,要充分利用广播电视、网络、报纸、杂志等媒体,广泛宣传遵守会计职业道德的先进典范,弘扬正气,树立诚实守信等会计新风尚,发挥思想文化阵地在职业道德建设中的作用,在全社会营造会计职业道德建设的良好氛围。

(二)会计职业道德建设与会计从业资格信息化管理相结合

会计从业资格管理机构应当建立持证人员从业档案信息系统,及时记载、更新持证人员的有关信息,包括持证人员因违反会计法律法规规章和会计职业道德被处罚情况等相关信息。

(三)会计职业道德建设与会计专业技术资格考评、聘用相结合

《会计专业技术资格考试暂行规定》及实施办法规定,报考初级资格、中级资格的人员,应"坚持原则,具备良好的职业道德品质"等,对报考人员的遵守会计职业道德情况提出了要求。会计专业技术资格考试管理机构应对参加考试报名的会计人员的职业道德情况进行检查,经审查发现有不遵循会计职业道德记录的报考人员,应取消其报名资格。高级会计师资格的取得实行考试与评审相结合的制度,高级会计师资格的考评不仅对申报人员的学历条件、工作成绩及专业水平等方面进行考评,而且会对会计职业道德进行考评。如果申报人存在曾因违法行为而受到刑事处罚,或在财务、会计、审计、企业管理或其他经济管理工作中犯有严重错误而受过党纪、政纪处分的情形,则不能参与高级会计师资格的评审。

(四)会计职业道德建设与《会计法》执法检查相结合

财政部门作为《会计法》的执法主体,可以依法对单位执行会计法律、法规、国家统一会计制度情况及会计信息质量情况进行检查。财政部门在开展《会计法》执法检查的同时,也对会计人员是否遵守职业道德情况进行检查。

对于检查中发现的违反会计法律的行为,按照法律规定依法进行处理,构成犯罪的,依法追究刑事责任。违反会计法律的行为,一般也是违反会计职业道德要求的行为。会计从业人员若存在违法行为,不但要承担相应的行政处罚或刑事处罚,同时还必须接受相应的职业道德惩戒,包括会计行业内通报批评、指令参加一定学时的继续教育课程、暂停从业资格、在行业内部的公开刊物予以曝光等。法律惩罚和道德惩戒两者并行不悖、不可替代,应同时并举。

(五) 会计职业道德建设与会计人员表彰奖励制度相结合

《会计法》规定：对认真执行本法，忠于职守，坚持原则，做出显著成绩的会计人员，给予精神的或者物质的奖励。通过对自觉遵守会计职业道德的优秀会计工作者进行表彰、宣传，可以使受奖者感到对遵守道德规范的回报和社会肯定，增强会计人员的职业荣誉感，调动会计人员的工作积极性和开拓创新的精神，从而促使其强化职业道德行为；还可以树立本行业的楷模、榜样，使会计职业道德原则和规范具体化、人格化，使广大会计工作者从这些富于感染性、可行性的道德榜样中获得启示、获得动力，营造抑恶扬善的环境，从而在潜移默化中提高全体会计人员的职业道德素质。

二、会计行业的自律

会计行业自律是一个群体概念，是会计职业组织对整个会计职业的会计行为进行自我约束、自我控制的过程。

会计行业组织起着联系会员与政府的桥梁作用，应充分发挥协会等会计行业组织的作用，改革和完善会计行业组织自律机制，有效发挥自律机制在会计职业道德建设中的促进作用。应当借鉴国外通过会计行业组织实施职业道德约束的做法和经验，应在注册会计师协会、总会计师协会等行业组织中设立职业道德委员会，专司职业道德规范的制定、解释、修订和实施之职，建立健全行业自律制度。

会计行业组织在促进会计职业道德建设中可采取的措施有：①制定会计职业道德规范；②开展会计职业道德典型人物宣传；③对违反会计职业道德的会员实施惩戒；④对严格遵守会计职业道德的会员予以表彰。

三、企事业单位的内部监督

加强企事业单位的内部监督，是促进会计职业道德建设的重要方面。企事业单位是会计职业道德建设组织与实施的主体，企事业单位内部会计人员的会计职业道德的水准将直接影响该组织的发展。作为会计主体的单位，是做好会计职业道德建设的最基础环节。

单位负责人重视和加强会计职业道德建设的内容有：①在任用会计人员时，必须任用具备从事会计工作所需要的专业能力的人员从事会计工作，在任用重要会计岗位的人员时，应审查其职业记录和诚信档案，选择业务素质高、职业道德好、无不良记录的人员从事会计工作；②在日常工作中，应注意开展对会计人员的道德和纪律教育，并加强检查，督促会计人员坚持原则，诚实守信；③在制度建设上，要重视内部控制制度建设，完善内部约束机制，为会计人员遵守职业道德提供良好的执业环境，从而可以有效地防范舞弊和经营风险，规避道德失范；④单位负责人要做遵纪守法的表率，支持并督促会计人员遵循会计职业道德，依法开展工作。

四、社会各界的监督与配合

(一) 各有关部门和机构要重视会计职业道德建设

各有关部门和机构要重视会计职业道德建设，各尽其责，相互配合，把道德建设与业务工作紧密结合起来，纳入目标管理责任，制定规划，完善措施，根据会计职业道德规范的要求,结合本系统、本行业(单位)的特点,有针对性地制定具体的会计职业道德规范,积极探索会计职业道德建设组织与实施的制度和机制,齐抓共管,保证会计职业道德建设的各项任务和要求落到实处。

(二)发挥社会舆论的重要监督作用

良好会计职业道德风尚的树立,离不开社会舆论的支持和监督。"银广夏"等会计造假案被发现,媒体的追踪报道功不可没。要以新闻媒体为阵地,广泛开展会计职业道德的宣传教育,让社会各界了解会计职业道德规范的内容,促进良好的会计职业道德的建立与健全。要在全社会会计人员中倡导诚信为荣、失信为耻的职业道德意识,引导会计人员加强职业修养。通过会计职业道德建设中正、反典型的宣传,弘扬正气,打击歪风。通过强化舆论监督,形成良好的诚实守信的社会环境和社会氛围,有效地搞好会计职业道德建设,更好地提高广大会计人员的思想道德素质。

【活动实施】

1. 故事中,经费管理处会计的做法是否正确?
2. 经费管理处会计违反了哪些会计职业道德的内容?
3. 结合故事资料,应该从哪些方面组织实施会计职业道德建设?

【活动评价】

表4-15 会计职业道德建设活动评价表

考核项目	考核内容		考核权重	评分			合计
				教师评	互评	自评	
专业技能	活动准备	财政部门组织推动	10分			√	
		会计行业的自律	10分			√	
		企事业单位的内部监督	10分			√	
		社会各界的监督与配合	10分			√	
	活动实施	经费管理处会计的做法是否正确	10分		√		
		故事中违反的会计职业道德内容	20分		√		
		实施会计职业道德建设	20分		√		
职业素养		签到	3分	√			
		合作	4分	√			
		整理	3分	√			

项目五　业务单据认知

【知识目标】

1. 了解不同行业、不同企业、不同类型的常用业务单据的种类。
2. 掌握会计业务单据中原始凭证的概念、分类和作用。
3. 掌握根据业务特点,对原始凭证进行分类的方法。
4. 掌握各类常用业务单据的填制。
5. 掌握原始凭证审核的一般方法,以及发票、差旅费报销单和支票的审核要点。
6. 掌握审核错误的原始凭证的处理办法。

【技能目标】

1. 能识别业务单据的类型。
2. 能使用税务局开票软件开具正确的增值税发票。
3. 做好简单的货币资金收支业务核算工作,如支票和差旅费报销等。
4. 会编制工资表,解决简单的产品入库和出库流程问题。
5. 能够正确审核原始凭证。
6. 能够根据原始凭证错误的类型,进行相应的处置,保证原始凭证审核正确,为编制记账凭证提供依据。
7. 能够对原始凭证按照业务特征进行分类,将不同业务单据归入相应的业务类型。

【知识导图】

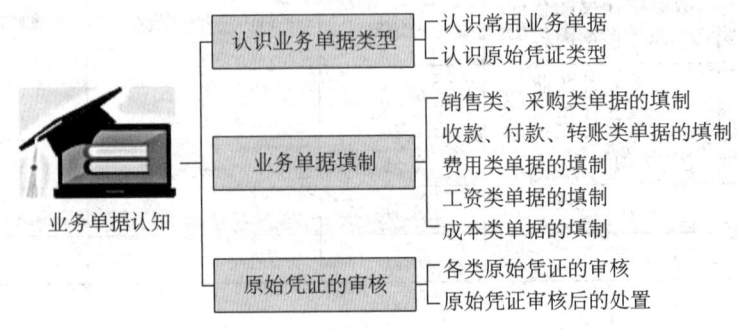

任务一 认识业务单据类型

活动一 认识常用业务单据

【活动场景】

小明是会计专业的一名新生,性格比较内向,做事细心,平时对接触到的各类单证都会多看几眼,比如超市购物小票、家电的维修单、购物发票、银行取款、存款凭条、出租车票等。她认为这些单据对自己曾经的活动有记录和证明作用,因此,常常保管起来。在新学期"企业与会计认知"的课堂上,学习业务单据认知,小明得心应手,积极主动,帮助所在小组取得了最高评分。

【活动准备】

一、会计凭证的概念和分类

会计凭证是指记录经济业务发生或者完成情况的书面证明,是登记账簿的依据。每个企业都必须按一定的程序填制和审核会计凭证,根据审核无误的会计凭证进行账簿登记,如实反映企业的经济业务。

按其编制程序和用途的不同,会计凭证分为原始凭证和记账凭证,前者又称单据,是在经济业务最初发生时填制的原始证明,如销货发票、款项收据等。后者又称记账凭单,是以审核无误的原始凭证为依据,按照经济业务的事项的内容加以归类,并据以确定会计分录后所填制的会计凭证。它是登记账簿的直接依据,常用的记账凭证有收款凭证、付款凭证和转账凭证等。

(一)原始凭证的概念和分类

原始凭证是记录经济业务已经发生、执行或完成,用以明确经济责任,作为记账依据的最初的书面证明文件,如出差乘坐的车船票、采购材料的发货票、到仓库领料的领料单等,都是原始凭证。原始凭证是在经济业务发生的过程中直接产生的,是经济业务发生的最初证明,在法律上具有证明效力,所以也可叫作"证明凭证"。原始凭证按其取得的来源不同,可以分为自制原始凭证和外来原始凭证两类。

1. 自制原始凭证

自制原始凭证是指在经济业务发生、执行或完成时,由本单位的经办人员自行填制的仅供内部使用的原始凭证,如收料单、领料单、产品入库单等。自制原始凭证按其填制手续不同,又可分为一次凭证、累计凭证、汇总原始凭证和记账编制凭证四种。

(1)一次凭证是指只反映一项经济业务,或者同时反映若干项同类性质的经济业务,其填制手续是一次完成的会计凭证,如领料单、收料单和各种报销凭单等。

（2）累计凭证是指在一定期间内，连续多次记载若干不断重复发生的同类经济业务，直到期末，凭证填制手续才算完成，以期末累计数作为记账依据的原始凭证，如制造业常用的限额领料单等。使用累计凭证可以简化核算手续，能对材料消耗、成本管理起事先控制作用，是企业进行计划管理的手段之一。

（3）汇总原始凭证是指在会计核算工作中，为简化记账凭证的编制工作，将一定时期内若干份记录同类经济业务的原始凭证按照一定的要求汇总编制一张汇总凭证，用以集中反映某项经济业务总括发生情况的会计凭证，如"发料凭证汇总表""收料凭证汇总表""现金收入汇总表"等。

（4）记账编制凭证是根据账簿记录，把某一项经济业务加以归类、整理而重新编制的一种自制原始凭证。例如，在计算产品成本时编制的"制造费用分配表"，就是根据制造费用明细账记录的数字按费用的用途填制的。

2. 外来原始凭证

外来原始凭证是指在同外单位发生经济往来关系时，从外单位取得的凭证。外来原始凭证都是一次凭证，如发票等。

（二）记账凭证的概念和分类

记账凭证是会计人员根据审核无误的原始凭证或汇总原始凭证，用来确定经济业务应借、应贷的会计科目和金额而填制的，作为登记账簿直接依据的会计凭证。

记账凭证包括凭证名称、编制凭证的日期及编号、接受凭证单位的名称、经济业务的数量和金额、填制凭证单位的名称和有关人员的签章等。

记账凭证按其适用的经济业务，分为专用记账凭证和通用记账凭证。

1. 专用记账凭证

专用记账凭证是用来专门记录某一类经济业务的记账凭证。专用记账凭证按其所记录的经济业务是否与现金和银行存款的收付有关系，又分为收款凭证、付款凭证和转账凭证三种。

2. 通用记账凭证

以一种格式记录全部经济业务的记账凭证。在经济业务比较简单的单位，为了简化凭证，可以使用通用记账凭证记录所发生的各种经济业务。

二、业务单据和原始凭证的关系

广义的单据是指经济活动中涉及的各类单据的统称，包括会计凭证（原始凭证和记账凭证）、账簿、报表、证书合同等。会计业务单据是指与会计业务相关的单据。本部分所学习的业务单据仅指会计业务单据，包括原始凭证和非原始凭证两类。

不是所有的会计业务单据都是原始凭证，只有记录经济业务发生和完成情况的最初证明，才称为原始凭证，它通常附于记账凭证背面，用于补充说明经济业务情况。

【活动实施】

请认真查阅图 5-1 至图 5-41 所示单据，并根据常识适当分类，填入其后所附图 5-42 和图 5-43 中。

销售单

购货单位：	北京惠龙家具商贸有限责任公司	地址和电话：	北京市朝阳区诺阳路042号010-81394836	单据编号：	1949
纳税识别号：	788592101833394024	开户行及账号：	工行北京市海骄路支行73815294369101	制单日期：	2020年12月08日

编码	产品名称	规格	单位	单价	数量	金额	备注
101	写字台	200*80	张	150.00	200	30,000.00	
合计	人民币（大写）：叁万元整					¥30,000.00	

总经理：曾佳瑶　　销售经理：王伟　　经手人：曾德馨　　会计：吴妓　　签收人：

图 5-1　销售单

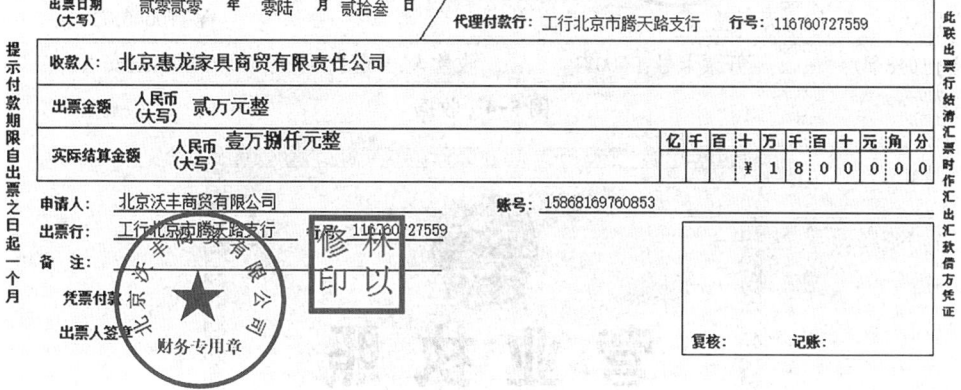

图 5-2　银行汇票

工商银行 电子汇划收款 回单

2020 年 06 月 15 日　　流水号：928383776437247

付款人	全称	北京沃丰商贸有限公司	收款人	全称	北京惠龙家具商贸有限责任公司
	账号	15868169760853		账号	73815294369101
	开户银行	工行北京市腾天路支行		开户银行	工行北京市海骄路支行
金额	人民币（大写）：叁万元整				¥30,000.00
用途					
备注：	汇划日期：2020-06-15　　　　　汇划流水号：928383776437247　　　　汇出行行号：116760727559　　　　原凭证种类：　　　　原凭证号码：　　　　　　　　　原凭证金额：¥30,000.00　　　　汇款人地址：北京市朝阳区恒驰路000号　　　　收款人地址：北京市朝阳区诺阳路042号　　　　实际收款人账号：73815294369101　　　　实际收款人名称：北京惠龙家具商贸有限责任公司				

图 5-3　电汇回单

北京市政府非税收入专用票据

No.: 27653390
票据类型: 001001007
数字指纹: 003802FE960E93C6WD

注册号码: 财[2019]票字第90号 北京

2020 年 01 月 20 日

缴款单位（或缴款人）	北京万年青投资管理咨询有限公司	执收单位编码	303007	收费许可证京价费字第 D01GT63 号	
项目编码	收费项目	计费数量	收费标准	金额	备注
303107	土地使用权过户费			10000.00	

人民币（大写）合计：壹万元整　　　　　￥：10000.00

收费单位（公章）：　　开票卡号：000031　　收款人：吴起新　　开票人：王安里

第一联：收据

图 5-4　收据

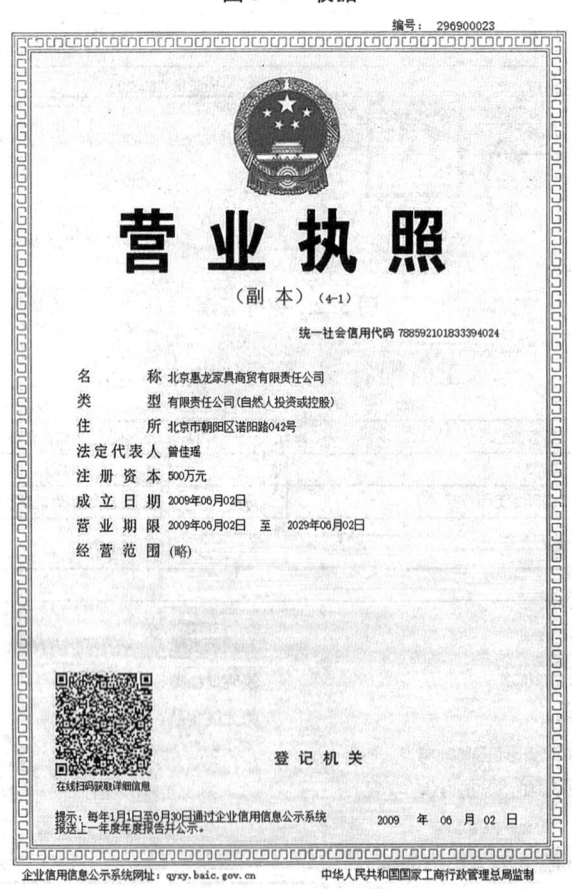

图 5-5　营业执照

1100191140			北京增值税普通发票		No.86190037		1100191140
机器编号:982888812388							86190037
							开票日期:2020年06月10日

购买方	名　　　称:北京沃丰商贸有限公司	密码区	172312-4-275＜1＋46＊54＊82＊59＊
	纳税人识别号:736612655965873338		181321＞＜8182＊59＊09618153＜／
	地　址、电　话:北京市朝阳区恒驰路000号 010-58837578		＜4＜3＊2702-9＞9＊＋153＜／0＞2-3
	开户行及账号:工行北京市腾天路支行 15868169760853		＊08／4＊＞＞2-3／0／9／＞＞25-275＜1

货物或应税劳务、服务名称	规格型号	单位	数量	单价	金额	税率	税额
＊木质家具＊办公桌	1200＊800＊600	张	200	150.00	30,000.00	13％	3,900.00
合　　计					￥30,000.00		￥3,900.00

价税合计(大写)	⊗叁万叁仟玖佰元整	(小写)￥33,900.00

销售方	名　　　称:北京惠龙家具商贸有限责任公司	备注	校验码 52118 02817 08248 65199
	纳税人识别号:788592101833394024		
	地　址、电　话:北京市朝阳区诺阳路042号 010-81394836		
	开户行及账号:工行北京市海骄路支行 73815294369101		

收款人:　　　　复核:吴姣　　　　开票人:高凯心　　　　销售方:(章)

图 5-6　增值税普通发票

图 5-7　出租车发票

航空运输电子客票行程单

印刷序号：06559487770

顾客姓名	有效身份证件号码		签注						
汪其	36010219981025								
	承运人	航班号	座位等级	日期	时间	客票级别/客票类别	客票生效日期	有效截止日期	免费行李
自 北京	BJ	9867	7	2020-06-05	11：30	F100			20KG
至 厦门	IN	V101	2	2020-06-05	13：00				
	原价： CHY￥1,420.00		机场建设费 CN￥50.00		燃油附加费 YQ		其他税费	合计 CNY￥1,470.00	
电子客票号码：1376788340920			验证码		提示信息			保险费	
销售单位代号：			填开单位：中国东方航空公司					填开日期：2020 年 06 月 05 日	
验真网址：			服务热线：400-815-8888					短信验证：发送 JP 至 19669018	

图 5-8　航空电子客票行程单

托收承付 委托收款		结算	部分 全部	拒绝付款理由书		（回单或 付款通知）		1	
			拒付日期 2018 年 01 月 15 日			原托收号码 036395			
付款人	全称	上海东方集团有限公司			收款人	全称	北京天狗商贸有限公司		
	账号	31001125100050001205				账号	110010412025098180018		
	开户银行	中国建设银行上海嘉定支行	行号			开户银行	交通银行北京房山支行	行号	
	托收金额	￥247200.00				拒付金额	￥1500.00	部分付款金额	亿千百十万千百十元角分 ￥245700 00
	附寄单证	1　张		部分付款金额（大写）	人民币贰拾肆万伍仟柒佰元整				
拒付理由： 根据合同规定，检费由天狗商贸有限公司承担									
						付款人签章			

图 5-9　拒付理由书

借款借据（借方传票）

		借款日期 2020年01月01日		借据编号 201888	
收款单位	名　称	北京天宇贸易有限公司	借款单位	名　称	北京天宇贸易有限公司
	开户账号	140200100901213644122		借款账号	110098767890980000
	开户银行	交通银行北京朝阳支行		开户银行	交通银行北京朝阳支行
借款金额	人民币（大写）	贰佰万元整		千百十万千百十元角分 ¥ 2 0 0 0 0 0 0 0	
借款原因及用途	生产周转资金		借款期限	2020年01月01日至2020年06月30日	

兹根据你行贷款办法规定，申请办理上述借款，请核定贷给。
（借款单位预留印鉴）

会计分录：
（借）
（贷）

主管　复核　记账

此联作为借方传票

图 5-10　借款借据

银行承兑汇票（卡片） 1

出票日期（大写）　贰零贰零年零贰月壹拾壹日　　30104452　81463970

出票人全称	北京意和实业有限公司	收款人	全　称	北京天宇商贸有限公司
出票人账号	140200271501040000000		账　号	140200100901213644122
付款行名称	交通银行北京东城支行		开户银行	交通银行北京朝阳支行
出票金额	人民币（大写）壹拾捌万玖仟陆佰元整		亿千百十万千百十元角分 ¥ 1 8 9 6 0 0 0 0	
汇票到期日（大写）	贰零贰零年零捌月壹拾壹日	付款行	行号	102393000118
承兑协议编号	20182789		地址	北京市东城区朝安街123号

本汇票请银行承兑，此项汇票款我单位按承兑协议分别交存你行，到期请予支付。

出票人签章

密押

备注

复核　记账

此联承兑行留存备查，到期支付票款时作借方凭证附件

图 5-11　银行承兑汇票（卡片）

图 5-12 房屋租赁合同

机打代码	374895527395	税控码	172312-4-275<1*46*54*82*59* 181321><*8182*59*09618153</ <4<3*2702-9>9*+153</0>2-3 *08/4>*>>2-3*0/9/>>25-275<1		
机打号码	22423678				
机器编号	803266843894				
购买方名称及身份证号码/组织机构代码	北京惠龙家具商贸有限责任公司 788592101833394024		纳税人识别号	78859210183394024	
车辆类型	轿车	厂牌型号		产地	北京
合格证号	WDV180116072736	进口证明书号	无	商检单号	无
发动机号码	JA016483	车辆识别号/车架号码		LVSHFL2GF473873	
价税合计	⊗伍拾伍万陆仟元整			小写 ¥556,000.00	
销货单位名称	北京志达汽车销售有限公司		电话	010-62934900	
纳税人识别号	911101082993648297		账号	140207632312299231102	
地 址	北京东城区安定门大街99号		开户银行	交通银行东城区支行	
增值税税率或征收率	13%	增值税税额	63,964.60	主管税务机关及代码	国家税务总局北京东城区税务局
不含税价	492,035.40		完税凭证号码		吨位 0	限乘人数 5
销货单位盖章			开票人		备注

开票日期:2020-06-12
发票代码:374895527395
发票号码:22423678

图 5-13 机动车销售统一发票

北京增值税电子普通发票

发票代码：110006265012
发票号码：30961856
开票日期：2020年06月25日
校验码：82465877562228229102

机器编号：661803459163

购买方	名　　称：谢煌清 纳税人识别号： 地　址、电　话：北京市西城区二龙路已33号 开户行及账号：交通银行北京大兴支行　562009089809926639232	密码区	03*3187<4/+8490<-595-7<243 4987<0>>6>525<6937-197*7 87*3187<4/+8490<+<95708681380 9<712/<1+9016>6906++>84>93/

货物或应税劳务、服务名称	规格型号	单位	数量	单价	金额	税率	税额
*油料*花生		kg	2000.00	5.00	10000.00	***	***
合　　计					￥10000.00		***

价税合计(大写)　⊗ 壹万元整　　　　　　　　　　　(小写) ￥10000.00

销售方	名　　称：北京锄禾农副食品有限公司 纳税人识别号：91110115952537 6323 地　址、电　话：北京市大兴区大连街长江路8号 010-57630742 开户行及账号：交通银行北京大兴支行　412009089809926639000	备注	（北京锄禾农副食品有限公司 911101159525376323 发票专用章）

收款人：黄仁杰　　　复核：殷晓斌　　　开票人：陈洁　　　销售方：(章)

图 5-14　增值税电子普通发票

交通银行 电汇凭证 (回单)　　　1

□ 普通　　□ 加急　　委托日期 2020 年 03 月 18 日

汇款人	全　称	北京天狗商贸有限公司	收款人	全　称	上海远程贸易有限公司
	账　号	110010412025098180018		账　号	4367420010523682475
	汇出地点	省　北京市/县		汇入地点	省　上海市/县
汇出行名称		交通银行北京房山支行	汇入行名称		中国建设银行上海陕西西路分理处

金额	人民币(大写) 壹拾万零陆仟伍佰叁拾元零伍角陆分	亿	千	百	十	万	千	百	十	元	角	分
			￥	1	0	6	5	3	0	5	6

支付密码
附加信息及用途：

汇出行签章　　　　　　　复核：　　　　记账：

此联汇出行给汇款人的回单

图 5-15　银行电汇回单

B100000　中华人民共和国企业所得税月(季)度预缴和年度纳税申报表(B类,2020年版)

纳税人识别号(统一社会信用代码):911101020351019380　　纳税人名称:北京美达副食品店

所属时期:20200401 至 20200630　　填表日期:2020708　　金额单位:元至角分

核定征收方式	☑核定应税所得率(能核算收入总额的)□核定应税所得率(能核算成本费用总额的)□核定应纳所得税额	
行次	项目	本年累计金额
1	收入总额	500000.00
2	减:不征税收入	
3	减:免税收入(4+5+8+9)	
4	国债利息收入免征企业所得税	
5	符合条件的居民企业之间的股息、红利等权益性投资收益免征企业所得税	
6	其中:通过沪港通投资且连续持有H股满12个月取得的股息红利所得免征企业所得税	
7	通过深港通投资且连续持有H股满12个月取得的股息红利所得免征企业所得税	
8	投资者从证券投资基金分配中取得的收入免征企业所得税	
9	取得的地方政府债券利息收入免征企业所得税	
10	应税收入额(1-2-3)\成本费用总额	500000.00
11	税务机关核定的应税所得率(%)	10%
12	应纳税所得额(第10×11行)\[第10行÷(1-第11行)×第11行]	50000.00
13	税率(25%)	25%
14	应纳所得税额(12×13)	1250
15	减:符合条件的小型微利企业减免企业所得税	
16	减:实际已缴纳所得税额	7500.00
17	本期应补(退)所得税额(14-15-16)\税务机关核定本期应纳所得税额	500.00
月(季)度申报填报	小型微利企业	□是 ☑否	期末从业人数	12
年度申报填报	所属行业明细代码		国家限制或禁止行业	□是 □否
	从业人数		资产总额(万元)	

图 5-16　企业所得税纳税申报表

存货盘点报告表

企业名称:北京沃丰商贸有限公司　　2020年06月30日

编号	财产名称	单位	单价	数量		盘盈		盘亏		盈亏原因
				账存	实存	数量	金额	数量	金额	
101	生铁	吨	2000.00	50	52	2	4000.00		0.00	计量差错
财务部门建议处理意见:	经核实,冲减当期损益。									
单位主管部门批复处理意见:	同意财务部处理意见。									

审核人:张笑玮　　　　监盘人:李娟　　　　监盘人:胡丽

图 5-17　存货盘点报告

入 库 单

No.83819196

供货单位：北京凯玉商贸有限公司　　2020 年 06 月 13 日

编号	品名	规格	单位	数量	单价	金额	备注
205	钢板	5mm	吨	50	50.00	2,500.00	
	合			计		¥2,500.00	

仓库主管：刘义鹤　　记账：刘焕　　保管：周石　　经手人：周石　　制单：周石

图 5-18　入库单

交通银行　进账单　（回单）　1

2020 年 08 月 12 日

出票人	全　称	北京天宇商贸有限公司	收款人	全　称	北京胜益纸业有限公司
	账　号	140200100901412677812		账　号	4147090326280169040000
	开户银行	交通银行北京朝阳支行		开户银行	交通银行北京东城支行

金额	人民币（大写）	贰万玖仟元整	亿	千	百	十	万	千	百	十	元	角	分
						¥	2	9	0	0	0	0	0

票据种类	转账支票	票据张数	1
票据号码	20049783		

复核　　　记账　　　　　　　　　开户银行签章

此联是开户银行交给持票人的回单

图 5-19　进账单(回单)

图 5-20　银行承兑协议

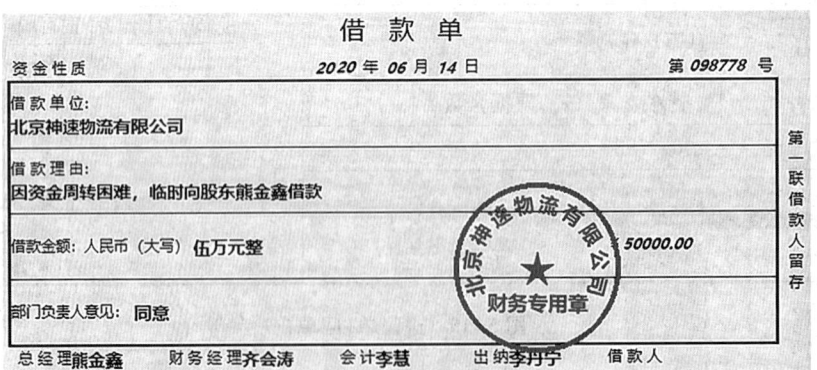

图 5-21　借款单

往来对账单

北京琪宝百货有限公司：   编号：009898

　　为了真实、准确地反应双方账务情况，现将双方往来账进行核对：截止 2020年07月31日　贵公司与我单位的往来金额为￥：35100.00（人民币叁万伍仟壹佰元整）
　　请贵公司予以核实，贵单位如无异议，请盖章后回传至我单位财务室，传真：010-78368202

通信地址：北京市东城区朝安街56号
收信人：北京爱佳实业有限公司　　　　　收
邮　编：100809　　　　　　　　　　　　　　　　电　话：010-78368202

1．本公司与贵公司的往来账项列示如下：

截止日期	贵公司欠	欠贵公司	备注
2020年07月31日	￥35100.00	￥0.00	

2．其他事项
　　本函仅为复核账目之用，并非催款结算。若款项在上述日期之后已经付清，仍请及时函复联络，望贵单位配合，谢谢合作！

结论：

1．数据证明无误
2．数据不符，请列明不符金额

序号	日期	票据编号	摘要	金额	备注
1					
2					
3					
4					
5					
合计					

（签章）

图 5-22　往来对账单

退料单

退料部门：C1车床生产车间
退料仓库：第一仓库　　　　2020年09月30日　　　　退第 04001 号

材料			单位	数量		成本			备注
编号	名称	规格		退库	实收	单价	总价		
Y0101	轴承	#102	件	20	20				
合计									

部门经理：钱秦民　　　　会计：　　　　仓库：高达　　　　经办人：王森

图 5-23　退料单

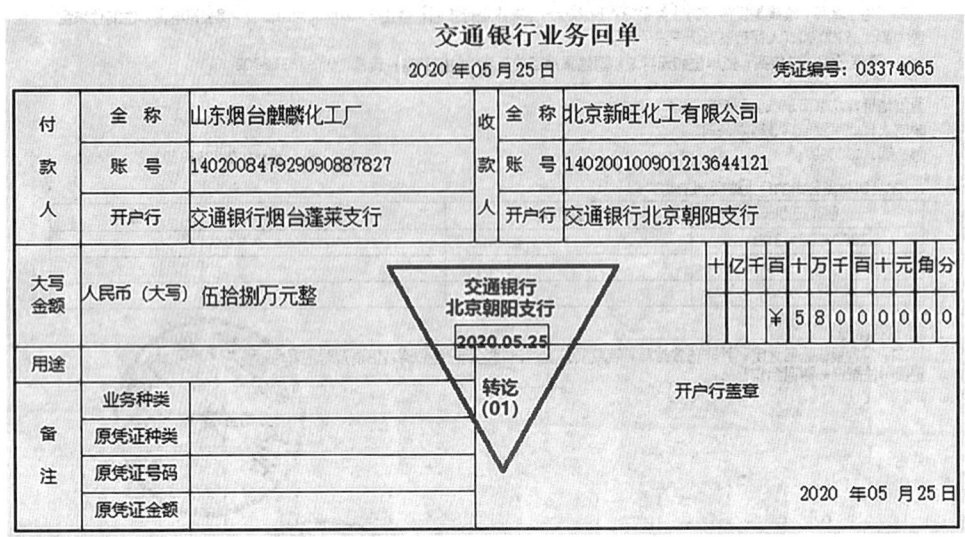

图 5-24　银行回单

银行存款余额调节表

编制单位：北京惠龙家具商贸有限责任公司　　2020 年 06 月 30 日　　　　　　　　　　　　　　　　单位：元

项目	金额	项目	金额
企业银行存款日记账余额	1188645.08	银行对账单余额	1149645.08
加：银行已收、企业未收的款项		加：企业已收、银行未收的款项	
1.		1. 记 522	14000.00
2.		2.	
3.		3.	
减：银行已付、企业未付的款项		减：企业已付、银行未付的款项	
1.	25000.00	1.	
2.		2.	
3.		3.	
调节后余额	1163645.08	调节后余额	1163645.08

图 5-25　银行存款余额调节表

收 料 单

供应单位：北京凯玉商贸有限公司　　　　　　　　　　　　　收料单编号：0110
材料类别：原材料　　　　　　　2020 年 06 月 09 日　　　　收料仓库：材料1库

材料编号	名称	规格	单位	数量		买价		实际成本			
				应收	实收	单价	金额	运杂费	其他	合计	
01	聚氨脂防水涂料	CS-0029	桶	200	200		0.00			¥0.00	
合　　　计				200	200		0.00			¥0.00	
备　　　注											

仓库主管：刘义鹤　　　　记账：刘焕　　　　收料：周石　　　　制单：刘焕

图 5-26　收料单

库 存 现 金 盘 点 表

20 20 年 08 月 31 日　　　　　　　　　　　　　　单位：元

票面额	张数	金额	票面额	张数	金额
壹佰元	30	3000	伍　角		
伍拾元	10	500	贰　角		
贰拾元	5	100	壹　角		
拾　元	10	100	伍　分		
伍　元			贰　分		
贰　元			壹　分		
壹　元			合　计		¥3700.00
库存现金日记账账面余额：					¥3500.00
差额：					200.00

盘盈库存现金200元，原因待查。

处理意见：

审批人（签章）：连林东　　监盘人（签章）：张益康　　盘点人（签章）：王和明

图 5-27　库存现金盘点表

领 料 单

领料部门：运输部
用　途：修理汽车
2020 年 02 月 03 日
第 153 号

材料			单位	数量		成本	
编号	名称	规格		请领	实发	单价	总价
01	火花塞		个	100	100		
合计		--	--	--	--	--	--

部门经理：　　　　会计：　　　　仓库：　　　　经办人：于军

业务联

图 5-28　领料单

交 通 银 行（北京东城支行）付 款 通 知 书

日期 2020 年 05 月 09 日

机构号 112765　　　　交易代码 778274

单位名称　北京三淼电子有限公司

账　号　110043281000898909111

摘要

金额合计　¥15.50

金额合计（大写）　人民币壹拾伍元伍角整

流水号 352099150172　　　　经办 35671104

QF-001-50×2-50000-2005

第一联　存根

图 5-29　付款通知书

还 款 凭 证

第 0089 号

借款日期：2020 年 05 月 08 日

借款原因：出差考察市场

借款人签章：赵世山

借款大写金额：叁仟元整
¥：3000.00

左列款项已于 05 月 08 日全部结清
报销数 ¥ 2721.00
退还数 ¥ 279.00
补付数 ¥

现金收讫

还款记账凭证

图 5-30　还款凭证

购销合同

合同编号:20899912

购货单位（甲方）：北京中益商贸有限公司

供货单位（乙方）：北京惠龙家具商贸有限责任公司

根据《中华人民共和国民法典》及国家相关法律、法规之规定，甲乙双方本着平等互利的原则，就甲方购买乙方货物一事达成以下协议。

一、货物的名称、数量及价格：

货物名称	规格型号	单位	数量	单价	金额	税率	价税合计
写字台	200*80	张	500	150.00	75,000.00	13%	84,750.00
合计（大写） 捌万肆仟柒佰伍拾元整							¥84,750.00

二、交货方式和费用承担：交货方式：销货方送货，交货时间：2020年08月20日前，交货地点：销售方送至购货方仓库，运费由卖方承担。

三、付款时间与付款方式：双方约定预付货款50000元，采用汇兑方式支付，余款于收货时一并付清。

四、质量异议期：订货方对供货方的货物质量有异议时，应在收到货物后10内提出，逾期视为货物质量合格。

五、未尽事宜经双方协商可作补充协议，与本合同具有同等效力。

六、本合同自双方签字、盖章之日起生效；本合同壹式贰份，甲乙双方各执壹份。

甲方（签章）：北京中益商贸有限公司

授权代表：何华

地址：北京市朝阳区邦领路701号

电话：010-12430981

日期：2020年06月29日

乙方（签章）：北京惠龙家具商贸有限责任公司

授权代表：曾佳新

地址：北京市朝阳区诺阳路042号

电话：010-81394836

日期：2020年06月29日

图 5-31　购销合同

中国工商银行　现金存款凭条

日期：2020 年 06 月 16 日

存款人	全称	北京惠龙家具商贸有限责任公司		
	账号	73815294369101	款项来源	销售货款
	开户行	工行北京市海骄路支行	交款人	施天富

金额 人民币(大写) 贰拾万伍仟陆佰元整	金额（小写）	亿	千	百	十	万	千	百	十	元	角	分
				¥	2	0	5	6	0	0	0	0

票面	张数	十	万	千	百	十	元	票面	张数	千	百	十	元	角	分	备注
壹佰元	2056	2	0	5	6	0	0	伍角								工行北京市海骄路支行 2020.06.16 转讫
伍拾元								贰角								
贰拾元								壹角								
拾元								伍分								
伍元								贰分								
贰元								壹分								
壹圆								其他								

第一联　银行核对联

201508 190*100mm

图 5-32　现金存款凭条

银行（短期 贷款）还款凭证（回单）

2020 年 06 月 28 日　　原借款凭证银行编号：

收款单位	名称	工行北京市海骄路支行	付款单位	名称	北京惠龙家具商贸有限责任公司
	往来户账号	73815294369101		存款户账号	73815294369101
	开户银行	工行北京市海骄路支行		开户银行	工行北京市海骄路支行

还款时间	2020年06月28日		还款次序									
还款金额	货币及金额（大写）：	伍万捌仟元整		亿	千	百	十	万	千	百	十	元	角	分
							¥	5	8	0	0	0	0	0
还款原因	到期											

（工行北京市海骄路支行 收讫 2020.06.28）

图 5-33　还款凭证

中国工商银行　　　　凭证
电子缴税付款凭证

缴税日期：2020 年 07 月 06 日　　　　　　　　凭证字号：20200010

纳税人全称及纳税人识别号：北京惠龙家具商贸有限责任公司	788592101833394024
付款人全称：北京惠龙家具商贸有限责任公司	
付款人账号：73815294369101	征收机关名称：北京市朝阳区税务局
付款人开户行：工行北京市海骄路支行	收款国库（银行）名称：
小写（合计）金额：　　　　　元	缴款书交易流水号：66775824
大写（合计）金额：	税票号码：080950950277112677
税（费）种名称　　　所属日期	实缴金额（单位：元）
增值税　　　2020.06.01—2020.06.30	
—	—
—	—

第　　　次打印　　　　　　　　　　打印时间：2020 年 07 月 06 日

客户回单联　　　　验证码：147002　　　　复核：　　　　记账：

图 5-34　电子缴税付款凭证

付款申请书

2020 年 06 月 26 日填　　　　　　　　　　　　字 203 号

收款单位	北京凯玉商贸有限公司	付款原因	支付货款
账　号	31207676805229		
开户行	工行北京市瑞骄路支行		
金　额	零佰零拾零万玖仟伍佰捌拾零元零角零分		
附件 2 张	金额(小写) ￥9580.00		
审批 罗明	财务 杨华		

财务主管 杨华　　记账 刘焕　　复核 杨华　　出纳 徐轴　　制单 刘焕

图 5-35　付款申请书

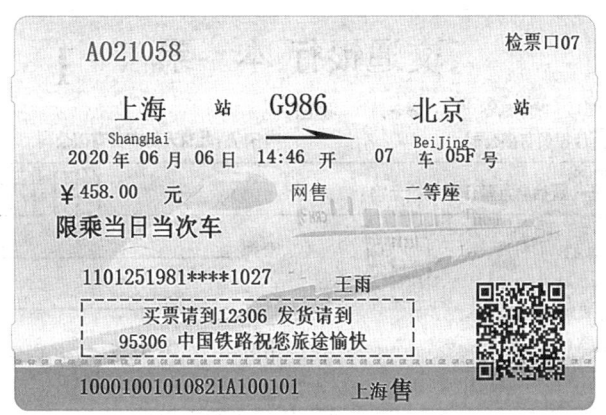

图 5-36　高铁票

差旅费报销单

部门	销售部						2020 年 06 月 21 日					
出差人	王雨嫣						出差事由	推介产品				
出发			到达			交通工具	交通费		出差补贴		其他费用	
月	日	时	地点	月	日	时	地点		单据张数	金额	天数	金额	项目	单据张数	金额
06	09	9:00	上海	06	09	13:00	北京	火车	1	458.00	1	300.00	住宿费		
06	09	18:00	北京	06	09	23:10	上海	火车	1	458.00			市内车费		100
													邮电费		
													办公用品费		
													不买卧销补贴		
													其他		
合计									2	￥916.00		￥300.00			100
报销总额	人民币(大写)	壹仟叁佰壹拾陆元整						预借金额					补领金额		￥1316.00
													退还金额		

主管　　审核 杨华　　出纳 徐姗　　领款人 王雨嫣

图 5-37　差旅费报销单

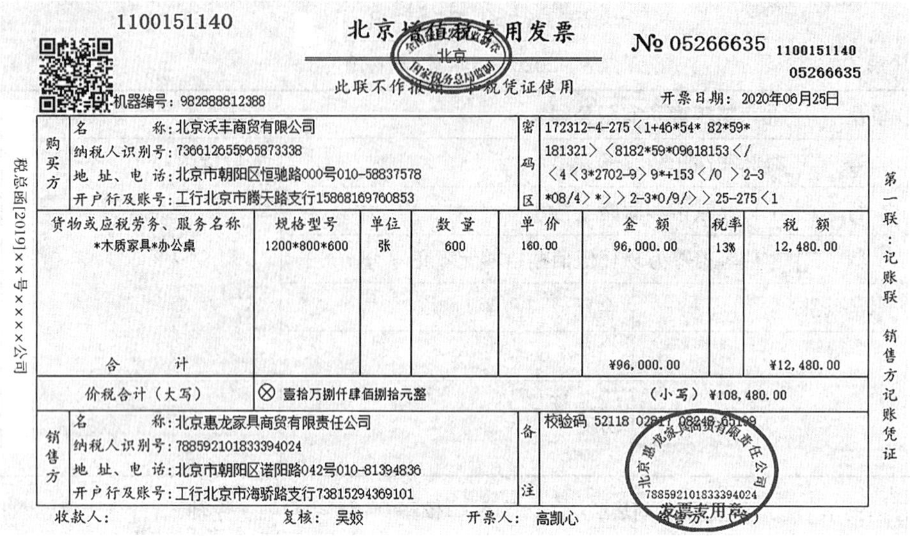

1100151140　　北京增值税专用发票　　№ 05266635　1100151140　05266635

机器编号：982888812388　　此联不作报销、扣税凭证使用　　开票日期：2020年06月25日

购买方	名　称：北京沃丰商贸有限公司 纳税人识别号：736612655965873338 地址、电话：北京市朝阳区恒驰路000号010-58837578 开户行及账号：工行北京市腾天路支行15868169760853	密码区	172312-4-275＜1+46*54* 82*59* 181321＞＜8182*59*09618153＜/ ＜4＜3*2702-9＞9*+153＜/0 ＞2-3 *08/4＞*＞＞2-3*0/9/＞＞25-275＜1

货物或应税劳务、服务名称	规格型号	单位	数量	单价	金额	税率	税额
*木质家具*办公桌	1200*800*600	张	600	160.00	96,000.00	13%	12,480.00
合　计					¥96,000.00		¥12,480.00
价税合计（大写）	⊗壹拾万捌仟肆佰捌拾元整				（小写）¥108,480.00		

销售方	名　称：北京惠龙家具商贸有限责任公司 纳税人识别号：788592101833394024 地址、电话：北京市朝阳区诺阳路042号010-81394836 开户行及账号：工行北京市海骄路支行73815294369101	备注	校验码 52118 02817 08248 65109

收款人：　　复核：吴姣　　开票人：高凯心　　销售方：（章）

税总函[2019]××号×××公司　　第一联：记账联　销售方记账凭证

图 5-38　增值税专用发票

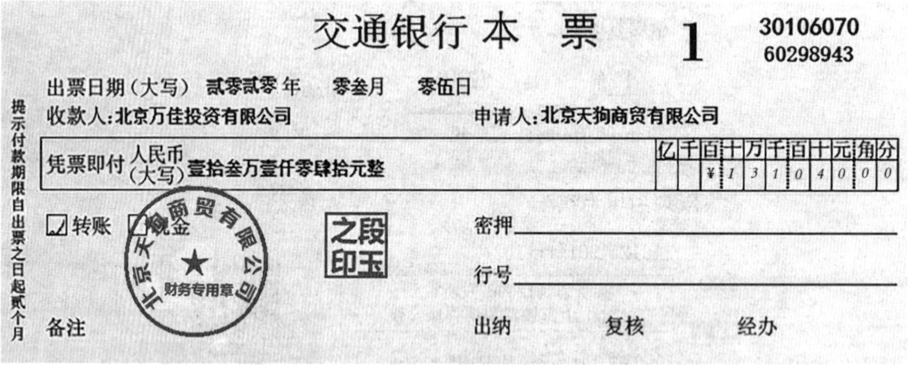

交通银行 本　票　　1　　30106070　60298943

出票日期（大写）贰零贰零年 零叁月 零伍日

收款人：北京万佳投资有限公司　　申请人：北京天狗商贸有限公司

凭票即付	人民币（大写）壹拾叁万壹仟零肆拾元整	亿	千	百	十	万	千	百	十	元	角	分
				¥	1	3	1	0	4	0	0	0

☑转账　☐现金　　密押　　行号

备注　　出纳　　复核　　经办

提示付款期限自出票之日起贰个月

图 5-39　银行本票

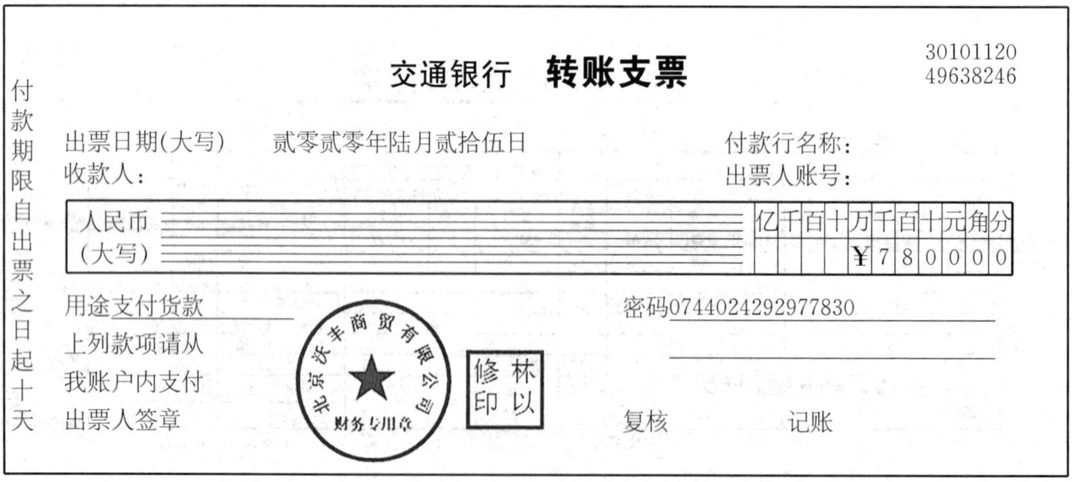

交通银行　转账支票　　30101120　49638246

出票日期（大写）　贰零贰零年陆月贰拾伍日　　付款行名称：

收款人：　　出票人账号：

人民币（大写）	亿	千	百	十	万	千	百	十	元	角	分
					¥	7	8	0	0	0	0

用途支付货款　　密码0744024292977830

上列款项请从

我账户内支付

出票人签章　　复核　　记账

付款期限自出票之日起十天

图 5-40　转账支票

固定资产卡片

第 101 号

类　别：　　　　　　　　2020 年 06 月 15 日　　　　　　　　　　　单位：元

编号	2101	名称	铣床	新旧程度	全新		财产来源	外购
牌号		规格		财产原值	¥320,000.00		保管地点	车间
数量	5	特征		来源时间	2020 年 06 月 15 日		已使年限	
所属设备								
折旧价格		折旧年限			年折旧额		清理残值	
备注								
年度	累计折旧		账面净值	年度	累计折旧		账面净值	
2020			¥320,000.000				¥320,000.000	
			¥320,000.000				¥320,000.000	
			¥320,000.000				¥320,000.000	
			¥320,000.000				¥320,000.000	
			¥320,000.000				¥320,000.000	

图 5-41　固定资产卡片

请根据所学原始凭证的知识，对以上单据进行分类，将答案填入图 5-42 和图 5-43。

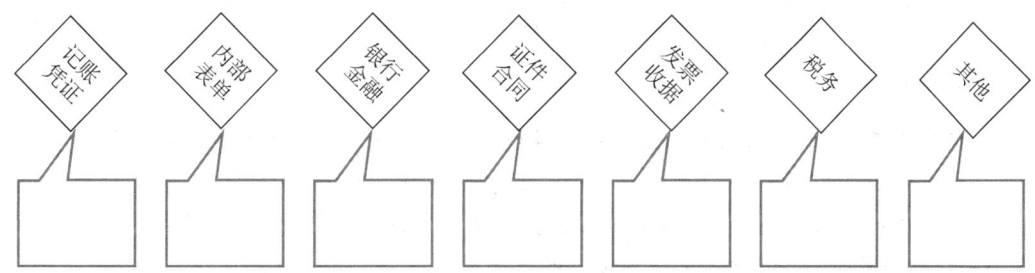

图 5-42　常用单据类别

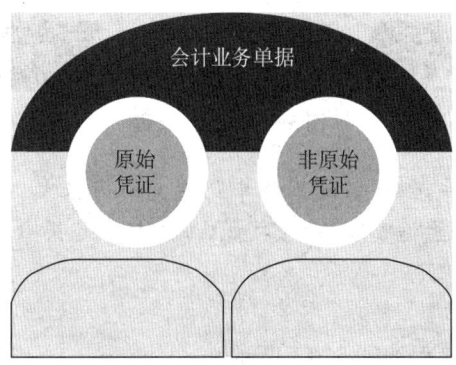

图 5-43　会计业务单据分类

【活动评价】

表5-1　认识常用业务单据活动评价表

考核项目	考核内容		考核权重	评分			合计
				教师评	互评	自评	
专业技能	活动准备	单据与凭证认知	30				
	活动实施	常用单据分类	20				
		原始凭证辨识	40				
职业素养		到课情况	2			—	
		学习态度	3			—	
		合作精神	3			—	
		对成果贡献率	2	—		—	

活动二　认识原始凭证类型

【活动场景】

小张毕业后,有幸应聘为财务共享服务中心的一名会计人员,负责票据整理扫描和录入工作。小张的工作流程如下:月初,小张在收到客户寄送来的核算资料后,经财务共享服务中心的收发会计核对无误后,转给整理扫描会计进行整理、编号、扫描成图片并上传到系统中;小张将数据录入会计系统,再将系统中的电子票据进行整理分类。

工作流程如图5-44所示。

图5-44　工作流程

虽然小张学习成绩优异,但在实际工作中仍感觉压力很大。她在工作上投入极大的热情和精力,逐渐熟练掌握了票据整理、录入技能,工作越来越得心应手。

【活动准备】

整理扫描的会计工作流程如图5-45所示。

在实际工作中,根据不同经济业务,可将原始凭证(单据)归为九大业务类型,具体如图5-46所示。

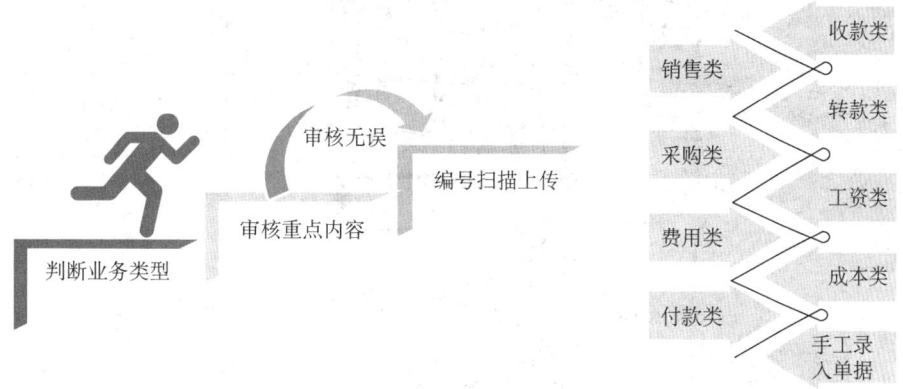

图 5-45　整理扫描的会计工作流程　　图 5-46　单据按业务类型分类

企业常见的业务类型与对应的单据如表 5-2 所示。

表 5-2　常见业务类型及单据

业务类型	业务内容	单据名称
销售类	销售商品、销售原材料、提供应税服务等	发票（记账联）等
收款类	销售收款、提供应税服务等	银行回单（收款）凭证等
转款类	存/取现金等	银行回单（付款）凭证、国内支付业务收/付款回单等
采购类	采购商品、采购原材料等	发票（发票联）等
费用类	房屋租赁费、物业管理费、快递费、汽车费、差旅费、业务招待费、会计服务费等	报销单、差旅费报销单、发票（发票联）等
付款类	支付货款、银行手续费、缴纳税费等	银行回单（付款）凭证、银行电子缴税付款凭证等
工资类	计提工资、发放工资等	工资汇总表、工资明细表等
成本类	领用材料、产成品入库等	出库单、库存相关单等
手工录入单据	计提折旧、摊销计算、未交增值税计算表、计提各项税费等	折旧计算表、未交增值税计算表、税费计算表、增值税纳税申报表附表（四）（税额抵减情况表）等

【活动实施】

请将小张在财务共享服务中心整理过的单据（活动一列示的单据）中，属于原始凭证的单据按照业务类型进行分类，将编号填入图 5-47 中。

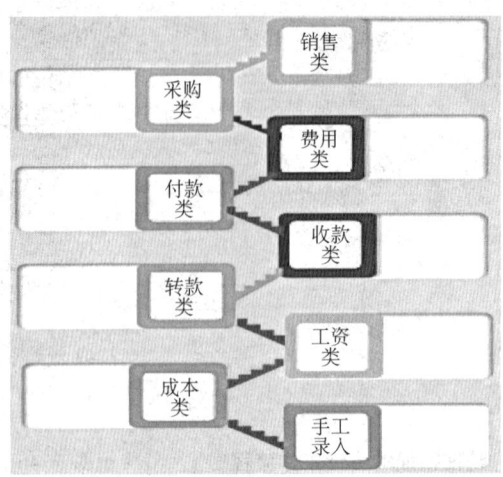

图 5-47 单据整理

【活动评价】

表 5-3 认识原始凭证类型活动评价表

考核项目	考核内容		考核权重	评分			合计
				教师评	互评	自评	
专业技能	活动准备	认知	30				
	活动实施	单据分类	50				
职业素养		到课情况	4			—	
		学习态度	6				
		合作精神	6			—	
		对成果贡献率	4	—		—	

任务二　业务单据填制

活动一　销售类、采购类单据的填制

【活动场景】

2020年12月,南昌市康润饼业加工有限责任公司开始生产试营业。由于前期广告力度

大,产品质量好,受到客户一致好评,该公司产品销售火爆,财务处小张需经常开具销售发票,处理发票业务。南昌市康润饼业加工有限责任公司的基本情况如表5-4所示。

表5-4　南昌市康润饼业加工有限责任公司基本情况

企业名称	南昌市康润饼业加工有限责任公司
企业类型	制造业
地址(邮编)	江西省南昌市红谷滩区枫林大道888号(330008)
电话	0791-83806657
纳税人识别号	913601134530511495
纳税人性质	一般纳税人(税率13%)
开户银行(账号)	中国建设银行昌北经开区支行(36011345305114957785)
主营业务	生产销售曲奇饼干、苏打和威化饼干

【活动准备】

一、发票概念

发票是指在购销商品、提供或者接受服务以及从事其他经营活动中,开具或收取的收付款凭证。发票是审计机关、税务机关执法检查的重要依据,发票一般分为增值税普通发票和增值税专用发票两种。常见的有增值税专用发票、增值税普通发票、增值税电子普通发票、机动车销售统一发票、二手车销售统一发票、旅游景点门票、过路过桥费发票、定额发票、客运发票等。

二、增值税发票的联次与使用范围

(一) 发票联次

1. 增值税专用发票基本联次

第一联为记账联,是销货方的记账凭证;第二联为抵扣联,是购货方的扣税凭证;第三联为发票联,是购货方的记账凭证。

2. 增值税普通发票基本联次

第一联是记账联,销货方用作记账凭证;第二联是发票联,购货方用作记账凭证。

3. 发票内容

发票内容一般包括票头、发票号码、发票代码、联次及用途、客户名称、银行开户账号、商(产)品名称或经营项目、计量单位、数量、单价、大小写金额、经手人、单位印章、开票日期等。

(二) 增值税发票使用范围

一般纳税人发生应税销售行为,应当向索取增值税专用发票的购买方开具专用发票,属于下列情形之一的,不得开具增值税专用发票,需开具普通发票。

(1)商业企业一般纳税人零售烟、酒、食品、服装、鞋帽(不包括劳保专用部分)、化妆品等消费品的。

(2)应税销售行为的购买方为消费者个人的。

(3) 发生应税销售行为适用免税规定的。

(4) 小规模纳税人发生应税销售行为的(需要开具专用发票的,可向税务机关申请代开,国家税务总局另有规定的除外)。

【提示】根据纳税人的经营规模以及会计核算健全程度不同,增值税的纳税人可划分为小规模纳税人和一般纳税人。小规模纳税人标准为年应征增值税销售额500万元及以下。年应税销售额是指纳税人在连续不超过12个月或四个季度的经营期内累计应征增值税销售额,包括纳税申报销售额、稽查查补销售额、纳税评估调整销售额,一般纳税人超过小规模纳税人标准。

三、增值税发票的开具

(一) 开具增值税发票的注意事项

(1) 项目齐全,与实际交易相符。
(2) 字迹清楚,不得压线、错格。
(3) 发票联和抵扣联加盖财务专用章或者发票专用章。
(4) 按照增值税纳税义务的发生时间开具。
(5) 开具专用发票要求购销双方名称、纳税人识别号、地址及电话、开户行及账号缺一不可。

(二) 开具增值税发票的具体要求

1. 购买方的填写

纳税人在向企业开具增值税专用发票时,购买方信息必须全部填写,并保证填写信息正确。纳税人在向企业开具增值税普通发票时,应在购买方信息栏目填写购买方的名称、纳税人识别号,可以不填写地址电话、开户行及账号两项内容。纳税人在向个人开具增值税普通发票时,应在购买方信息栏目的名称处填写姓名或个人,可以不填写纳税人识别号、地址电话、开户行及账号等内容。具体如图5-48所示。

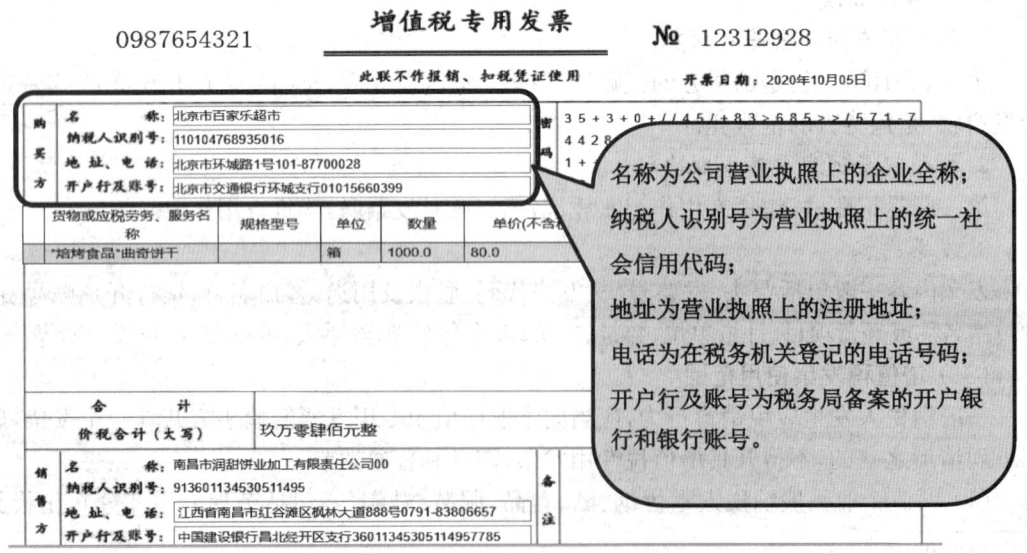

图5-48 发票购买方的填写

2. 货物或应税劳务、服务名称填写

自2018年1月1日起，纳税人通过增值税发票管理新系统开具增值税发票（包括增值税专用发票、增值税普通发票、增值税电子普通发票）时，必须在"货物或应税劳务、服务名称"选择商品和服务税收分类编码。货物或应税劳务、服务名称填写具体如图5-49所示。

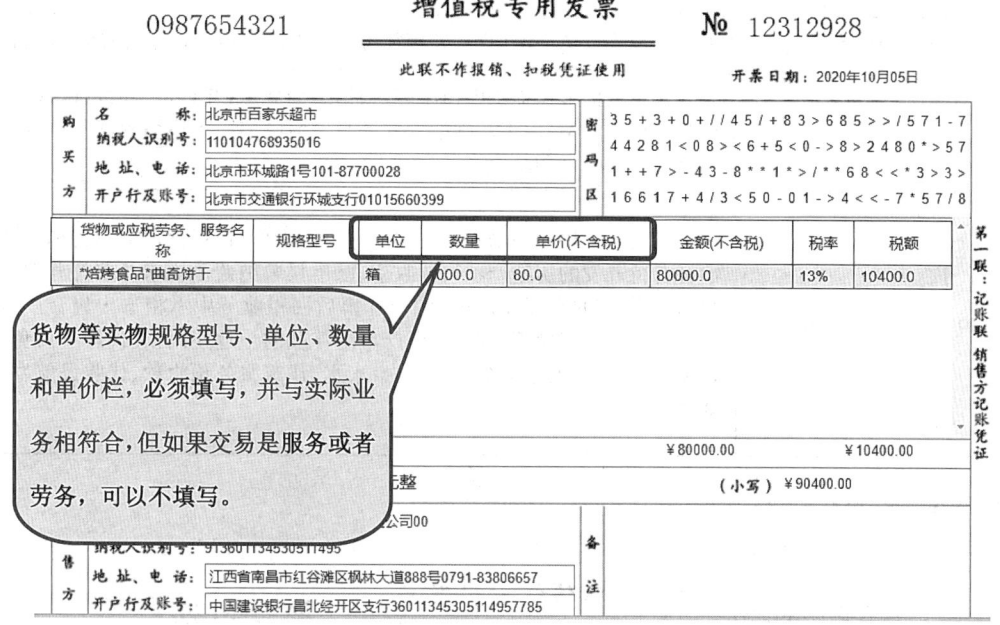

图5-49　发票中货物或应税劳务、服务名称填写

3. 税率的填写

具体如图5-50所示。

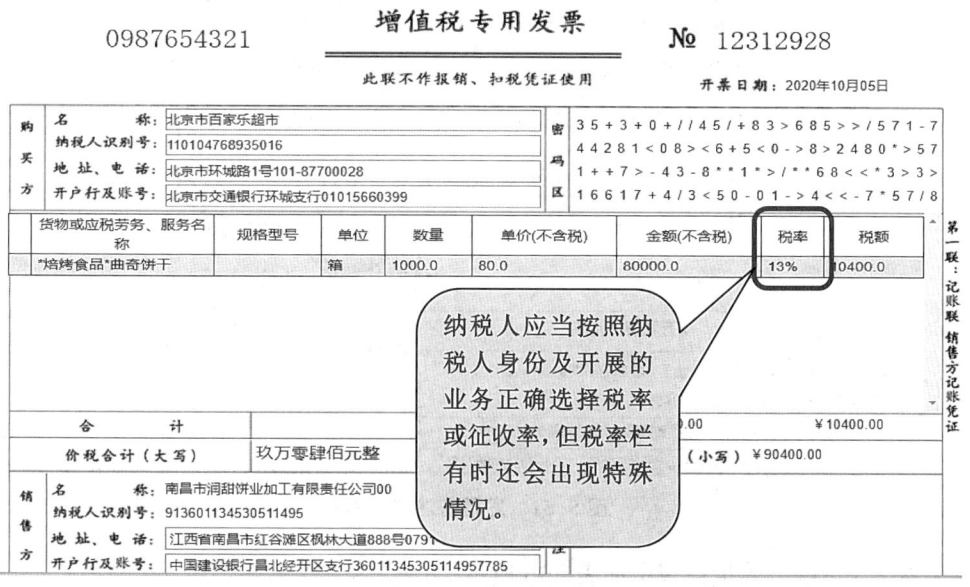

图5-50　税率填写

特殊的税率如表 5-5 所示。

表 5-5 特殊税率表

税率的特殊标识	含义
税率栏为 0% 或者免税	表示纳税人发生的应税行为适用零税率或者免征增值税政策
税率栏显示 ***	表示纳税人有免征增值税、差额征税或个人出租住房减征增值税等情况
税率栏显示 *	表示属于电信公司提供电信服务,根据总局规定,开具发票时可以选择上级节点编码开票,由于基础电信服务与增值电信服务适用税率不同,导致发票系统只能打印 *
税率栏显示不征税	这是未发生销售行为的不征税项目的特定情形,包括预付卡销售和充值、销售自行开发的房地产项目预收款、已申报缴纳营业税未开票补开票、代收印花税、代收车船使用税、融资性售后回租业务中承租方出售资产、资产重组涉及的房屋等不动产、资产重组涉及的土地使用权、代理进口免税货物货款、有奖发票奖金、不征税自来水、建筑服务预收款、代收民航发展基金等

4. 备注栏的有关规定

具体如图 5-51 所示。

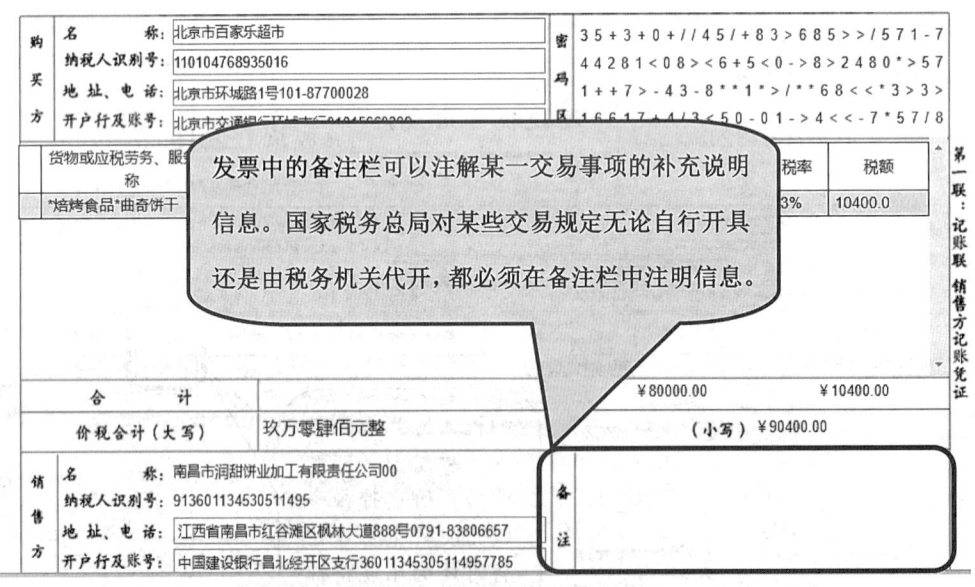

图 5-51 发票备注栏填写

发票备注栏的具体填写规定如表 5-6 所示。

表 5-6 发票备注栏具体填写规定

业务	备注信息	注意事项
运输服务	起运地、到达地、车种车号以及运输货物信息等内容	
提供建筑服务	建筑服务发生地县(市、区)名称及项目名称	
销售不动产	不动产的详细地址	
出租不动产	不动产的详细地址	
差额开票	备注栏自动打印"差额征税"字样	差额发票开具不应与其他应税行为混开
预付卡结算	收到预付卡结算款	该业务不得开具增值税专用发票
保险代收车船税发票	保险单号、税款所属期(详细至月)、代收车船税金额(滞纳金金额)、金额合计等信息	
互联网物流平台企业代开货物运输发票	会员的纳税人名称和统一社会信用代码	
生产企业代办退税的出口货物	代办退税专用	

(三) 增值税电子普通发票

增值税电子普通发票是以数据电文形式传递、保存及使用的收付款凭证,其法律效力、基本用途、基本使用规定等,与税务机关监制的增值税普通发票相同。需要注意的是,目前电子发票仅指增值税电子普通发票,其表面外观上和增值税普通发票基本一致,由税务机关统一发放给纳税人使用。电子发票的发票号码采用全国统一编码及防伪技术。分配给企业纳税人使用的电子发票上必须附有电子税局的签名机制。

纳税人应通过增值税发票管理新系统开具增值税电子普通发票,若开票方和受票方需要纸质发票时,可自行打印增值税电子普通发票的版式文件。

企业应按规定申请电子发票。首先,企业应购买税控设备。其次,企业应携带相关材料至当地税务局进行核定和申领工作。一般应携带如下材料:

(1) 公章、发票专用章。
(2) 税控盘或者金税盘。
(3) 电子发票购票人身份证原件及复印件。
(4) 营业执照副本原件及复印件。
(5) 网络(电子)发票业务申请表。
(6) 纳税人领用发票票种核定表。
(7) 纳税人票种核定流转单(注:根据所属分局的要求)。

上述材料中(5)(6)(7)三项按所属分局要求去税务局填写。

最后,选择一个电子发票服务商。

(四)区块链电子发票

区块链是囊括了分布式数据存储、点对点传输、共识机制、加密算法等计算机技术的新型应用模式。利用区块链技术开发电子发票可实现无纸化智能税务管理,从而降低开票成本、简化开票及票据使用流程、保障数据安全和隐私。

区块链技术的应用,使电子发票还具备全流程完整追溯、信息不可篡改的特点。区块链技术可以追溯发票的来源、真伪和入账等信息,解决发票流转过程中一票多报、虚报虚抵、真假难验等难题。具体如图 5-52 所示。

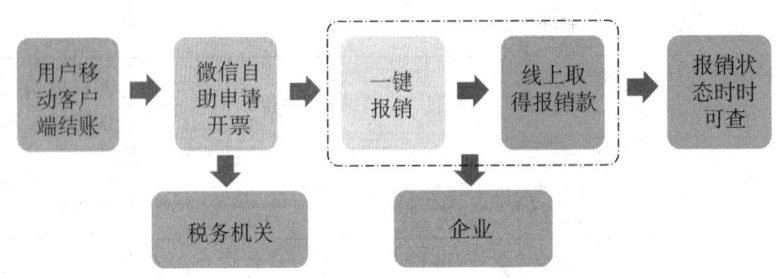

图 5-52 区块链电子发票流程

四、发票的使用管理

(一)不得虚开发票

任何单位和个人不得有下列虚开发票行为:
(1) 为他人、为自己开具与实际经营业务情况不符的发票。
(2) 让他人为自己开具与实际经营业务情况不符的发票。
(3) 介绍他人开具与实际经营业务情况不符的发票。

对于不符合规定的发票,不得作为财务报销凭证,任何单位和个人有权拒收。

(二)禁止的发票行为

任何单位和个人应当按照发票管理规定使用发票,不得有下列行为:
(1) 转借、转让、介绍他人转让发票、发票监制章和发票防伪专用品。
(2) 知道或者应当知道是私自印制、伪造、变造、非法取得或者废止的发票而受让、开具、存放、携带、邮寄、运输。
(3) 拆本使用发票。
(4) 扩大发票使用范围。
(5) 以其他凭证代替发票使用。

除国务院税务主管部门规定的特殊情形外,发票限于领购单位和个人在本省、自治区、直辖市内开具。任何单位和个人不得跨规定的使用区域携带、邮寄、运输空白发票。禁止携带、邮寄或者运输空白发票出入境。

(三)作废发票和红字发票

1. 作废发票

一般纳税人在开具专用发票当月,发生销货退回、开票有误等情形,收到退回的发票联、抵扣联符合作废条件的,按作废处理;开具时发现有误的,可即时作废。作废专用发票须在防伪税控系统中将相应的数据电文按"作废"处理,在纸质专用发票(含未打印的专用发票)各联次上注明"作废"字样,全联次留存。

2. 红字发票

本月开具的增值税发票发现错误,可以直接作废,但是跨月开具的增值税发票发现错误,不可以直接作废,需要先开具红字发票信息表,根据红字发票信息表开具红字发票。购买方已申请抵扣或者购买方未用于申请抵扣,但发票联或抵扣联无法退回的,则由购买方开具红字发票信息表,销售方开具专用发票尚未交付购买方,以及购买方未用于申请抵扣并将发票联及抵扣联退回,则由销售方开具红字发票信息表。

五、发票的保管

开具发票的单位和个人应当建立发票使用登记制度,设置发票登记簿,并定期向主管税务机关报告发票使用情况。在办理变更或者注销税务登记的同时,办理发票和发票领购簿的变更、缴销手续。已经开具的发票存根联和发票登记簿应当保存5年。保存期满,报经税务机关查验后销毁。

【活动流程】

一、登录财税教学系统

点击"工业园区",选择财务部,单击"国家税务总局省电子税务局",输入企业纳税人识别号和密码,进入国家税务总局电子税务局界面,选择我要查询|发票信息查询|发票领用结存查询,查询所领用的增值税发票种类和数量,界面如图5-53所示。

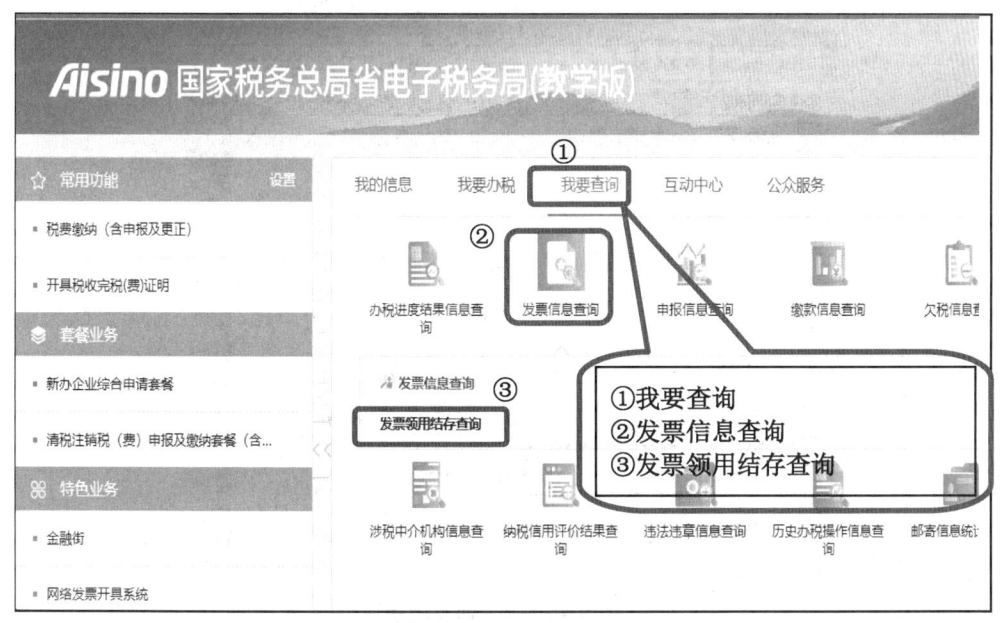

图 5-53 发票领用结存信息查询

二、开票系统录入客户档案

登录增值税防伪税控开票系统,输入企业税号,选择系统设置|客户编码,在客户编码界面单击"增加",输入客户名称、编码、客户税号、地址电话和银行账号,点击"保存"。如需更改客户信息,可以单击"编辑",如图5-54所示。

图 5-54　录入客户档案

三、开票系统录入商品档案

登录增值税防伪税控开票系统,输入企业税号,选择系统设置|商品编码,在商品编码界面单击"增加",输入商品名称、编码、税率、规格型号、单价、计量单位、含税价标志、税收分类编码,税收分类编码通过税收分类编码选择窗口完成,检索处输入饼干,选择饼干的编码103020103,然后保存,如图5-55所示。

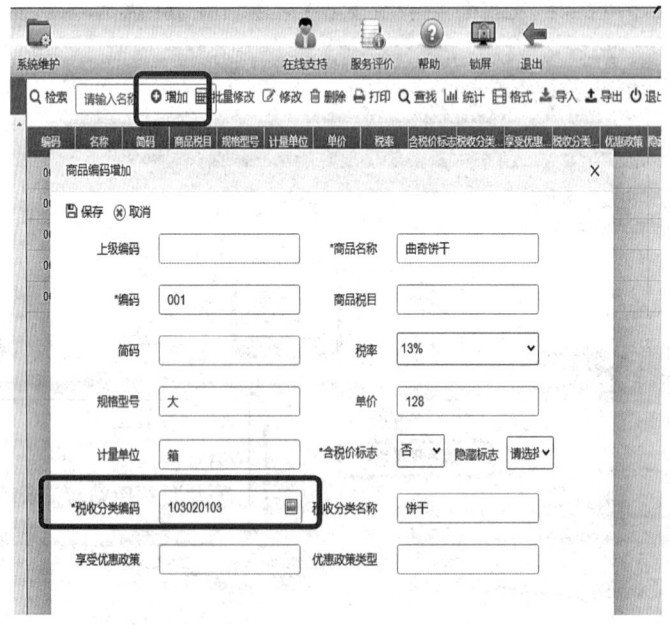

图 5-55　录入商品档案

四、登录发票填开界面

登录增值税防伪税控开票系统,输入企业税号,启动开票软件,点击"登录",选择系统设置|初始化,完成系统账套的初始化。选择发票管理|发票读入,从金税设备读取发票。然后单击"发票填开",出现增值税专用发票填开、增值税普通发票填开和增值税电子普通发票填开三个选项,由此可以进行发票的填开,如图5-56所示。

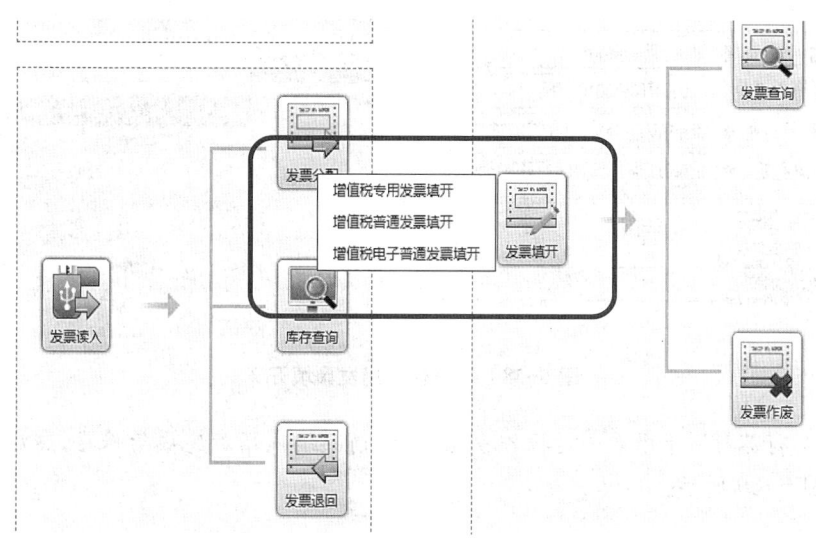

图 5-56　发票填开界面

五、填开增值税专用发票

(1)单击"增值税专用发票填开",进入开具增值税专用发票界面,由于前面已经录入完客户信息,这里可以直接点击购买方名称旁边的选择框,在弹出窗口中双击选中所需客户信息,也可以直接复制购买方信息到发票抬头,如图5-57所示。

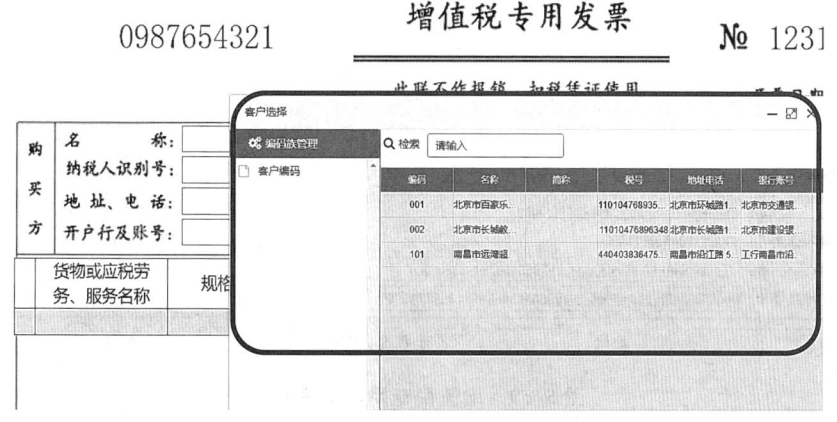

图 5-57　增值税专用发票填开 1

（2）点击货物或应税劳务、服务名称旁的选择框，在弹出窗口中双击选中所需商品档案信息行，如没有建立商品档案，可以直接输入商品信息，如图5-58所示。

图5-58 增值税专用发票填开2

（3）第二行苏打饼干跟第一行操作步骤一样，商品编码增加完成后保存，然后选择打印|不打印，如图5-59所示。

图5-59 增值税专用发票填开3

六、销售清单发票的开具

对于开票行数超过 8 行的经济业务,需要通过清单开具来完成,操作步骤为:选择增值税专用发票填开|清单|增行|完成,然后选择打印|不打印,保存发票,如图 5-60 所示。

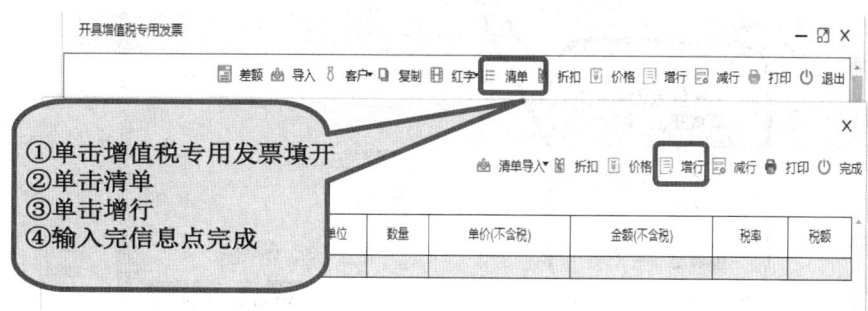

图 5-60 开具销售清单发票

七、增值税发票的作废

对于本月开具增值税发票发现错误,需要直接作废的,打开增值税防伪税控开票系统,选择发票作废,双击错误的发票信息,在增值税发票信息界面选择作废|确认,然后退出界面。

八、增值税普通发票的开具

(1) 打开增值税防伪税控开票系统,选择发票填开,单击"增值税普通发票填开",选择增值税普通发票行,执行选择|确认命令,进入开具增值税普通发票界面,具体开具步骤同增值税专用发票。

(2) 折扣发票的开具。根据增值税法律规定,纳税人采取折扣方式销售货物,如果销售额和折扣额在同一张发票上分别注明,可以按折扣后的销售额征收增值税;如果将折扣额另开发票,不论其在财务上如何处理,均不得从销售额中减除折扣额。开具步骤为:在增值税发票开具界面点击"折扣",选择折扣行数和折扣率,单击"确认",然后选择打印|不打印,以保存发票信息。

九、增值税电子普通发票的开具

打开增值税防伪税控开票系统,选择发票填开,单击"增值税电子普通发票填开",具体开具步骤同增值税专用发票。

十、红字增值税发票的开具

(1) 红字增值税普通发票的填开。打开增值税防伪税控开票系统,点击"发票管理",选择增值税普通发票填开,在增值税普通发票开具界面,点击"红字",输入需要开具红字发票的普通发票代码和发票号码,单击"下一步"和"确定",如图 5-61 和图 5-62 所示。

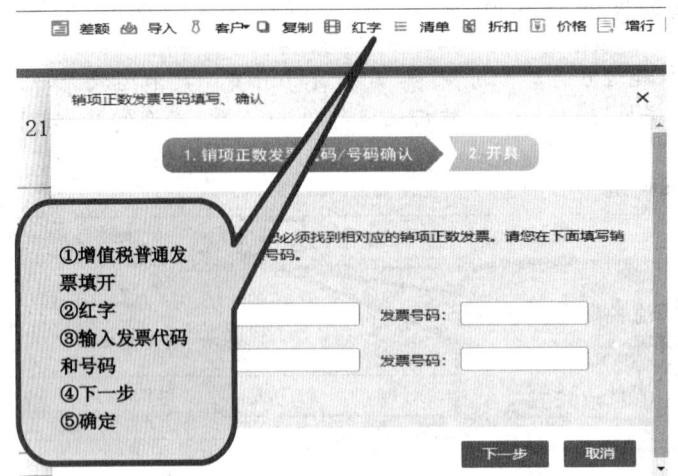

图 5-61 红字增值税普通发票开具流程

图 5-62 开具红字增值税普通发票

（2）红字增值税专用发票的填开。①打开增值税防伪税控开票系统，选择红字发票信息表|红字增值税专用发票信息表填开，输入需要开具红字增值税专用发票的发票号码和发票代码，单击"下一步"和"确定"，然后选择打印|不打印，退出开具红字增值税专用发票信息表界面，具体如图 5-63 和图 5-64 所示。

图 5-63 开具红字增值税专用发票信息表 1

图 5-64 开具红字增值税专用发票信息表 2

② 打开增值税防伪税控开票系统，选择红字发票信息表|红字增值税专用发票信息表查询导出，选中红字发票信息，单击"上传"和"确认"，退出界面，如图 5-65 所示。

③ 单击"发票填开"，选择增值税专用发票填开，在开具增值税专用发票界面选择红字|网络下载红字发票信息表|下载，输入红字发票所属日期，单击"确定"。选中红字发票信息，单击"选择"，在出现的红字发票界面选择打印|不打印，保存发票，如图 5-66 所示。

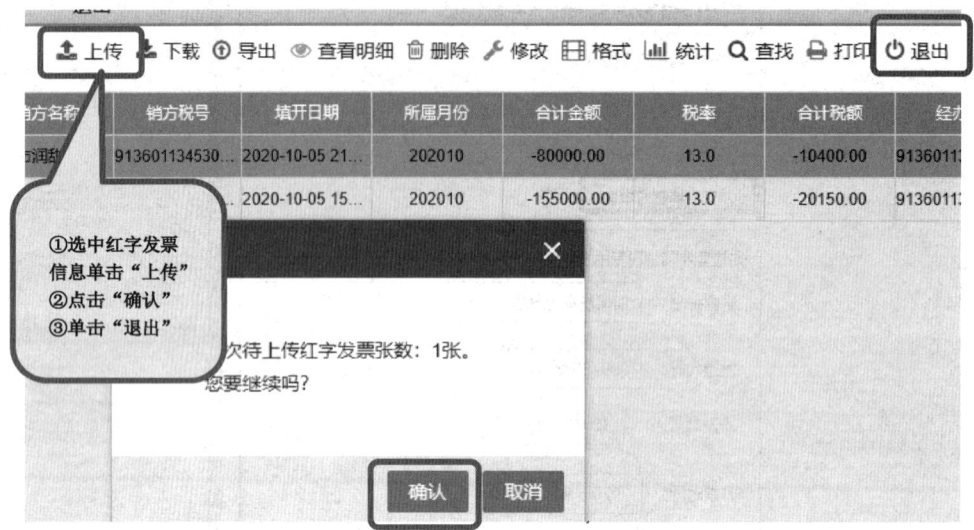

图 5-65　上传红字发票信息表

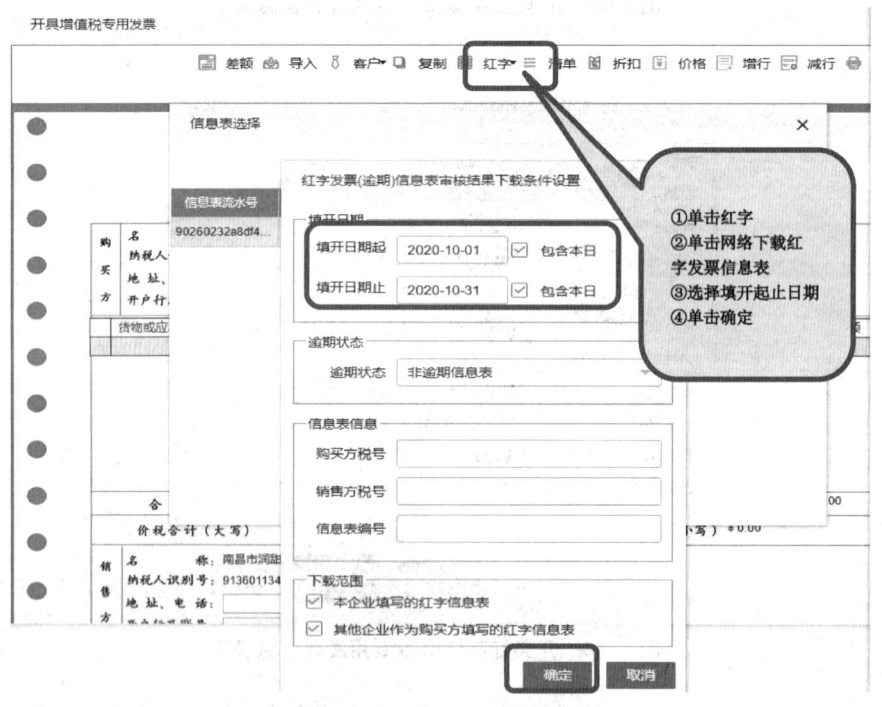

图 5-66　填开红字增值税专用发票

十一、发票查询

通过发票查询功能可以查询前面已开发票的信息,打开增值税防伪税控开票系统,点击

"发票查询",从查询列表中双击所需查询发票行,就能查看发票明细信息,如图 5-67 和图 5-68 所示。如果发票开具较多,也可以通过查找功能直接筛选所需发票。

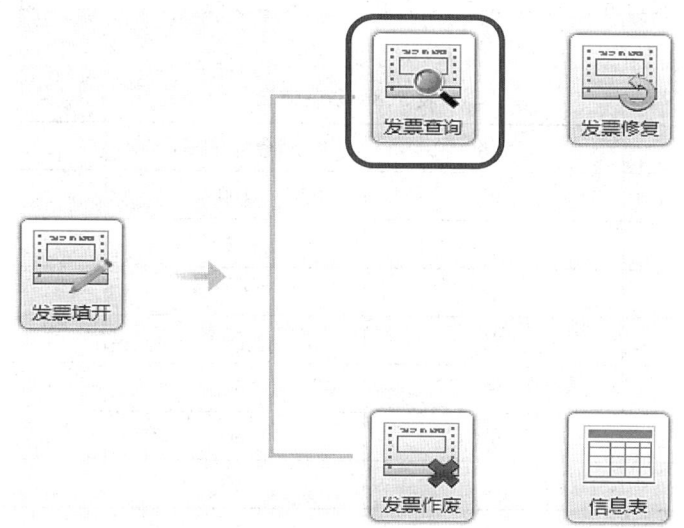

图 5-67 发票查询 1

图 5-68 发票查询 2

【活动实施】

业务 1　2020 年 12 月 17 日,向南昌市电信局销售一批饼干,开出增值税普通发票(南昌市电信局纳税人识别号:330127625346362;开户行及账号:南昌市汇海分行 227351728436362;地址、电话:南昌市开发路 3 号 0791-48163622)。货物信息如表 5-7 所示。

表 5-7　货物信息

商品名称	型号	销售数量/箱	单价/元
威化饼干	大	100	100
威化饼干	中	200	80
威化饼干	小	200	60

业务 2　2020 年 12 月 18 日,向南昌市京舒商场销售一批饼干,开出增值税专用发票(清单)(南昌市京舒商场纳税人识别号:440403836402418;地址、电话:南昌市西城区西环路 39 号 0791-48112341;开户行及账号:建行南昌市柯汇分行 338463728493478)。货物信息如表 5-8 所示。

表 5-8　货物信息

商品名称	型号	销售数量/箱	单价/元
曲奇饼干	大	100	128
曲奇饼干	中	100	100
曲奇饼干	小	100	80
苏打饼干	大	50	80
苏打饼干	中	50	60
苏打饼干	小	50	40
威化饼干	大	50	100
威化饼干	中	50	80
威化饼干	小	50	60

业务 3　2020 年 12 月 18 日,上述商品由南昌市康润饼业有限责任公司负责运输,运费 1 000 元,开出运费专用发票。

业务 4　2020 年 12 月 19 日,向南昌市好香食品有限公司转让饼干配方设计,转让费 10 万元(不含税),开具增值税专用发票。(南昌市好香食品有限公司纳税人识别号:330127625341971;地址、电话:南昌市开发区文昌路 3 号 0791-48188883;开户行及账号:工行南昌市汇海分行 227351728439302)

业务 5　2020 年 12 月 19 日,向南昌市骏飞超市有限公司销售饼干一批,开具电子发票。(南昌市骏飞超市有限公司纳税人识别号:440645498503423;地址、电话:南昌市沿海路 6 号 0791-22387902;开户行及账号:工行南昌市靖江分行 552700273648212)。货物信息如表 5-9 所示。

表 5-9　货物信息

商品名称	型号	销售数量/箱	单价/元
苏打饼干	大	50	80
苏打饼干	中	50	60
苏打饼干	小	50	40

业务 6　2020 年 12 月 20 日,南昌市京舒商场要求对 2020 年 12 月 18 日购买的商品给予 10% 的折让,开出红字发票。

业务 7　2020 年 12 月 26 日,向南昌市电信局销售的饼干,型号大的威化饼干 10 箱有质量问题,协商退货,开具红字发票。

【活动评价】

表 5-10 销售类-采购类单据的填制活动评价表

考核项目	考核内容		考核权重	评分			合计
				教师评	互评	自评	
专业技能	活动准备	发票概念	2 分				
		发票的联次与使用范围	8 分				
		发票的开具	4 分				
	活动流程	发票的使用管理	3 分				
		发票的保管	3 分				
		发票开具	30 分				
	活动实施	普通发票开具	10 分				
		红字专票开具	10 分				
		专用发票开具	10 分				
		红字普票开具	10 分				
职业素养		签到	3 分				
		合作	4 分				
		整理	3 分				

活动二 收款、付款、转账类单据的填制

【活动场景】

2020 年 12 月 30 日,南昌市康润饼业加工有限责任公司收到 12 月 17 日销售给南昌市电信局的货款,总金额为 41 810 元,同时财务处小张开出支票一张支付上月材料款。

【活动准备】

一、主要的收款、付款、转账类单据

主要的收款、付款、转账类单据包括汇票(商业汇票、银行汇票)、支票、本票、银行卡、网上支付、汇兑、委托收款、国内信用证和预付卡。本活动重点介绍支票。

二、支票的填制

(一)支票结算业务流程

由出票人提示付款的支票称贷记支票,企业采购货物等签发支票后,填写一式三联的

进账单,委托其开户银行将款项支付给供应单位,银行应盖章退回进账单第一联(回单)给购货方,办妥转账后,将进账单第三联(收账通知)交给供应单位。贷记支票的流程如图5-69所示。

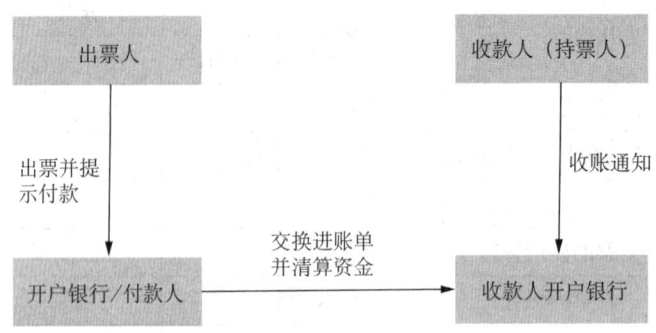

图 5-69　贷记支票的业务流程

由持票人(收款人)提示付款的支票称借记支票,通常收受的支票均属于借记支票,购货方签发支票给供应单位,由其填写进账单,委托银行收款,当即收到银行退回进账单第一联,银行办妥转账后,再将第三联(收账通知)退回供应单位。借记支票流程如图5-70所示。

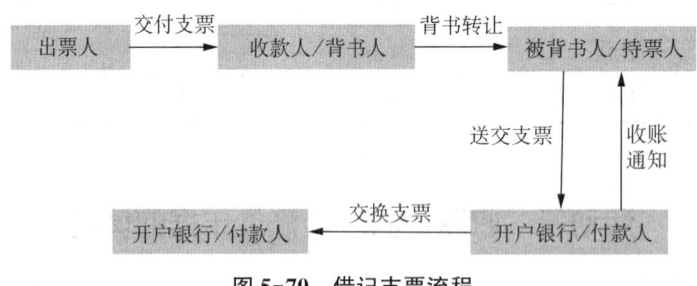

图 5-70　借记支票流程

(二) 填制要求

(1) 支票的要素主要有出票日期、收款人、大写金额、小写金额、密码、用途、印鉴章及领款人信息。

(2) 支票日期写法:出票日期必须用大写,涉及的大写数字分别是零、壹、贰、叁、肆、伍、陆、柒、捌、玖、拾;月份为1~10月的要在其前加零,为10~12月的在其前加壹,如10月应写成零壹拾月;日为1~10日的在其前加零,如9日应写成零玖日;日为10的倍数(10、20、30)的要在其前加零,如10日应写成零壹拾日。

(3) 支票金额写法:小写金额之前加人民币符号;大写金额涉及的大写字为万、仟、佰、拾、元、角、分、正(整);数字到元为止的,要在元后加正或者整。值得注意的是,大写金额与人民币字样之间不可以留下太大的空隙,否则容易被退票。

(4) 印鉴章:在支票空白处加盖印鉴章(一般是法人章与财务章),一般银行对印章要求只是清晰能过就行,但是有些银行比较严格,印章不能压到金额线上面。

【活动实施】

2020年12月30日,财务处小张开出价款为113 000元的支票支付江西农产品商贸有限责任公司上月材料款。同时,南昌市电信局的货款已到账,并收到中国建设银行的网上银行电子回单,价款为41 810元。

要求:(1)填开支票,如图5-71所示。

(2)支票应加盖_____和_____印鉴。

(2)填制中国建设银行电子回单凭证,如图5-72所示。

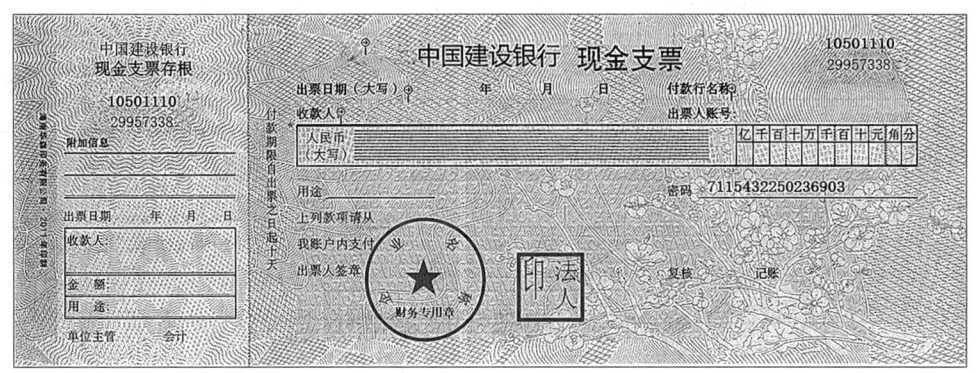

图5-71 现金支票

中国建设银行　网上银行电子回单

电子回单号码:18339401612

付款人	户　名		收款人	户　名	
	账　号			账　号	
	开户银行			开户银行	
金　额		人民币(大写):			元
摘　要			业务种类		
用　途					
交易流水号		96991692287061	时间段		
		备注:			
		验证号:81945618			
记账网点	397	记账柜员	976	记账日期	

打印日期

图5-72 中国建设银行网上银行电子回单

【活动评价】

表 5-11 收款、付款、转账类单据的填制活动评价表

考核项目	考核内容		考核权重	评分			合计
				教师评	互评	自评	
专业技能	活动准备	主要的收款、付款、转账类单据	5分				
		支票的填制	25分				
	活动实施	支票的开具	30分				
		电子回单	30分				
职业素养		签到	3分				
		合作	4分				
		整理	3分				

活动三 费用类单据的填制

【活动场景】

2020年12月25日，业务员小王出差回来后上班的第一天就到财务部办理报销，并将火车票等单据交给小张。小张要求小王整理和粘贴单据，并填写差旅费报销单。

【活动准备】

本活动以差旅费报销单的填制为例。

一、差旅费报销单填写规范

（1）费用报销凭证必须使用蓝、黑钢笔或签字笔填写，不得使用圆珠笔填写，字迹要工整，不得涂改，凡填写大小写金额的报销凭证，大小写金额必须一致，相关内容需填写完整。

（2）原则上，报销必须提供正规发票；对于确实没有正规发票的，必须区分合法发票和收据并分开填单报销。对于确实无法取得对应发票的，可以用其他发票代替，但仅限于有固定标准的费用，如业务餐费、接待费等，其他无标准的费用和原材料采购不可用其他发票代替，以防止滥报。用其他发票代替的原始收据及其他单据，均需用回形针附在费用报销凭证后面。

（3）各类发票抬头必须和报销单位名称一致，否则不能报销。原始凭证一般不得涂改；如有改动，外来发票必须由对方单位加盖公章，自制凭证由经手人盖章，否则不得报销。

（4）差旅费报销需按时间顺序逐次填写，并按照交通、住宿、误餐费等分项填写。交通

费用应注明起始地点;住宿费需注明几个晚上;一张单上如有不同的出差地点,需注明所属区域。

（6）住宿费及交通费未经领导批准如有超出公司标准报销范围的,应按标准数填单;如超出标准数的,财务部有权拒收单据。

二、差旅费报销单的具体填写说明

（1）在"报销部门"处填写所属的部门,如行政部、人事部、生产部等。

（2）如实填写报销时的日期、单据及所附单据张数。

（3）出差事由为出差需要办理的事项;出差起止日期为出差的开始日和截止日;起止地点为出发地及抵达地;交通费包括机票费、车船费和市内交通费用;住宿费为出差住宿费用;伙食费为出差餐饮费用;其他为除以上项目外的费用。

（4）"合计"各项费用应填写大写金额￥后面填写小写金额,大小写金额需要一致。预支差旅费为出差人出差前预借公司的金额,退回金额为扣除实际出差金额以后多余的预借金额,补付金额为扣除实际出差金额以后短缺的金额。

（5）票据粘贴的注意事项如下:应先将各种车船票、住宿发票分类整理好,按从上到下、从左到右的顺序依次用胶水粘贴在报销单的后面,字面朝上,呈鱼鳞状,要求保证粘贴均匀,使报销单上下左右厚度均衡。

【活动实施】

2020年12月19日业务员小王出差预借差旅费3 000元。

(1) 填写借款单,如图5-73所示。

(2) 若以现金支付,借款单应加盖_____章。

借款单
年　月　日　　　　　　　　　　　　　　　　　第　　号

借款部门		姓名		事由	
借款金额(大写)		万 仟 佰 拾 元 角 分			￥_____
部门负责人签署		借款人签章		注意事项	一、凡借用公款必须使用本单 二、出差返回后三天内结算
单位领导批示		财务经理审核意见			

图5-73　借款单

小王20日从南昌出发,往返火车票共1 472元(单程736元),市内坐车费用160元,住宿费一晚212元(总共4晚),伙食补助一天100元,12月24日从北京回到南昌。相关票据如图5-74至图5-90所示。

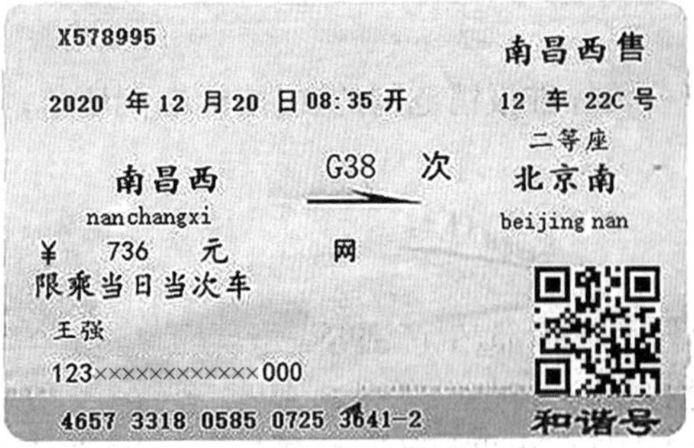

图 5-74 火车票 1

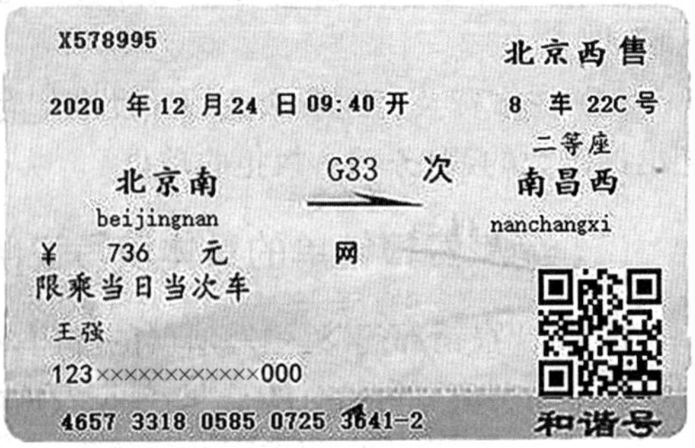

图 5-75 火车票 2

1100191140

北京增值税普通发票

记账联

No.16454205

机器编号:982888812388

1100191140
16454205
开票日期:2020 年 12 月 24 日

购买方	名　　称:南昌市康润饼业加工有限责任公司 纳税人识别号:913601134530511495 地 址 、电 话:江西市南昌市红谷滩区枫林大道 888 号 0791-83806657 开户行及账号:中国建设银行昌北经开区支行 36011345305114957785			密码区	172312-4-275<1+46 * 54 * 82 * 59 181321><8182 * 59 * 09618153</ <4<3 * 2702-9>9 * +153</0>2-3 * 08/4> * >>2-3 * 0/9/>>25-275<1		
货物或应税劳务、服务名称	规格型号	单位	数量	单价	金额	税率	税额
住宿费		天	4	200.00	800.00	6%	48.00
合　　计					¥800.00		¥48.00
价税合计(大写)	⊗捌佰肆拾捌元整				(小写)¥848.00		
销售方	名　　称:北京角楼商务酒店有限责任公司 纳税人识别号:912435156358615689 地 址 、电 话:北京市东城区五四大街 010-15789465 开户行及账号:中国工商银行北京支行 34534564588564			备注	校验码 52118 02817 08248 65199		

税总函[2016]××号××公司

第一联:记账联 销售方记账凭证

收款人:　　复核:　　开票人:　　销售方:(章)

图 5-76 住宿费发票

要求:(1) 计算小王差旅费报销金额。

(2) 填写差旅费报销单,如图 5-77 所示。

(3) 粘贴单据。

(4) 在网上了解在现行税制下火车票进项税额如何抵扣。

差旅费报销单

年　月　日　　　　　　　　　　　　　单据及附件共　　张

所属部门				姓名		出差事由			
出发		到达		起止地点	交通费	住宿费	伙食费	其他	
月	日	月	日						
合计	大写金额：			￥		预支旅费		退回金额	
								补付金额	

总经理：　　　财务经理：　　　会计：　　　出纳：　　　部门经理：　　　报销人：

图 5-77　填制差旅费报销单

【活动评价】

表 5-12　费用类单据的填制活动评价表

考核项目	考核内容		考核权重	评分			合计
				教师评	互评	自评	
专业技能	活动准备	报销单填写规范	20 分				
		报销单填写说明	20 分				
	活动实施	差旅费报销单的填制	45 分				
职业素养		签到	5 分				
		合作	5 分				
		整理	5 分				

活动四　工资类单据的填制

【活动场景】

南昌市康润饼业加工有限责任公司每月 10 日发放上个月工资,小张作为工资结算员需要准备编制 11 月份工资表。

【活动准备】

一、工资表构成

工资表又称工资结算表，是按单位、部门编制的用于核算员工工资的表格，每月一张。正常情况下，工资表会在工资正式发放前的1~3天发放到员工手中，员工可以就工资表中出现的问题向上级反映。

在工资结算表中，要根据工资卡、考勤记录、产量记录及代扣款项等资料，按人名填列"基本工资""工资总额""应发工资""代扣款项""实发金额"五大部分。

二、工资表的填制

（1）工资总额主要包括基本工资、岗位津贴、交通补贴、加班费、奖励工资等。应发工资为工资总额扣除缺勤扣发款项的余额，代扣款项包括社保、住房公积金、代扣个税和其他代扣款项，应发工资扣除社保及公积金扣款后为税前工资，实发工资为实际到手税后工资。工资项目具体的关系如下：

工资总额＝基础工资＋岗位津贴＋奖励工资＋交通补贴＋加班费
应发工资＝工资总额－缺勤扣款合计
税前工资＝应发工资－社保及公积金扣款合计
实发工资＝税前工资－代扣税－其他代扣款合计＋其他代发款合计

（2）社保及公积金包括基本养老保险、基本医疗保险、工伤保险、失业保险和生育保险和住房公积金。基本养老保险、基本医疗保险、失业保险和住房公积金为单位和个人共同缴纳；工伤保险为单位缴纳，个人不缴纳。

【活动实施】

南昌市康润饼业加工有限责任公司11月份职工工资基本情况如表5-13所示，请根据该信息编制11月份工资结算表（见表5-14）。

表5-13　工资基本情况　　　　　　　　　　　　　　　　　单位:元

姓名	基本工资	绩效工资	交通补贴	岗位津贴	缺勤天数	代扣税
小张	3 500	1 000	600	1 000		3.7
小陈	2 500	500	600	600	1	
小王	3 000	1 000	800	800		

缺勤扣款＝缺勤天数×100
养老保险＝工资总额×8%　　　失业保险＝工资总额×1%
医疗保险＝工资总额×2%　　　住房公积金＝工资总额×5%

表 5-14 工资结算表

年　　月　　日　　　　　　　　　　　　　　　　　　　　单位：元

部门	姓名	基本工资	岗位津贴	奖金	交通补助	应扣工资		应付工资	代扣款项						实发工资
						请假扣款	缺勤扣款		养老保险（　）	医疗保险（　）	失业保险（　）	住房公积金（　）	个人所得税	合计	
合计															

总经理：　　　　　财务主管：　　　　　审核：　　　　　制表：

【活动评价】

表 5-15 工资类单据的填制活动评价表

考核项目	考核内容		考核权重	评分			合计
				教师评	互评	自评	
专业技能	活动准备	工资表构成	10分				
		工资项目关系	15分				
		社保及公积金	15分				
	活动实施	工资表的填写	45分				
职业素养		签到	5分				
		合作	5分				
		整理	5分				

活动五　成本类单据的填制

【活动场景】

12月，南昌市康润饼业加工有限责任公司向江西农业商贸有限责任公司购入一批小麦面粉、淀粉、白砂糖和小苏打。仓管小刘对此填写入库单，办理相应入库手续，同时对于销售给南昌市电信局、南昌市京舒商场和南昌市骏飞超市有限公司的曲奇饼干、苏打饼干和威化饼干填写出库单,办理销售出库手续。

【活动准备】

一、出入库单类型

(一) 出库单类型

根据销售内容不同,出库单分为销售出库单、材料出库单和其他出库单等。销售出库单是指对外发生销售业务,将货物发送给客户方时所填制的出库单据。材料出库单(即领料单)是指生产领用材料时填制的出库单据。其他出库单通常是处理销售和生产领料以外的其他事项,如行政部门领用非生产、非销售材料等。

(二) 入库单类型

按照来源不同,入库单可以分为外购产品入库单和成品入库单。

外购产品入库单是指企业从其他单位采购的原材料或产品入库时所填写的单据。它除了记录商品的名称、商品的编号、实际验收数量、进货价格等内容外,有些还要记录与采购有关的合同编号、采购价格、结算方式等内容。

外购产品入库单一般为一式三联,第一联留做仓库登记实物账;第二联交给采购部门,作为采购员办理付款的依据;第三联交给财务记账。根据不同的需要,该入库单也可以适当地增加一联,交给送货人员,使其留作商品已经送到的依据。

成品入库单是用以表示企业自己生产的产品存入仓库的凭证。它除了包括商品的基本信息外,有些还应该包括产品的生产日期、质量检验等内容,产品入库单一般一式三联,一联留做仓库存根记账,一联交生产部,一联交财务核算部。填写入库单商品验收合格后,仓库管理人员要根据验收的结果,据实填写商品入库单。

二、出入库单的填写事项

(一) 必填事项

收货单位(部门)、出库日期、商品编号、商品名称、规格、单位、数量、金额和合计金额、备注等,全部按照商品核对无误后输入,且制单人、发货人、收货人均需签名确认。

(二) 注意事项

(1) 正确填写出库产品的单位名称(填写本单位),而入库单单位名称填写与本公司有合同关系或现金购买的销售方,而不是送货方(   )如第三方物流公司或生产厂家(   )。

(2) 正确填写出入库单时间,一定与货物出入库时间吻合。

(3) 据实填写货物的规格、型号、品名、单位、数量、单价、金额。

【提示】 外购产品入库单的单价对于一般纳税人来说为增值税专用发票不含税单价,对于小规模纳税人来说为普通发票含税单价;成品入库单均无产品单位成本(即入库单价),因为制造费用和材料成本需要月末成本会计采用一定的方法进行结转计算;销售出库单单价为含税售价;材料出库单(即领料单)为成本价。

(4) 合计金额为本页出入库单的合计金额(大小写),一定要大小写都有。

(5) 出入库单要有保管员、采购员、领料人等相关人员签字。

(6) 保证出入库单号的连续性,如果不慎填错,需注明作废,但不要撕毁单据。
(7) 每联要交给相应的部门,做好材料的移交手续。

三、购产销流程

企业购产销流程如图 5-78 所示。

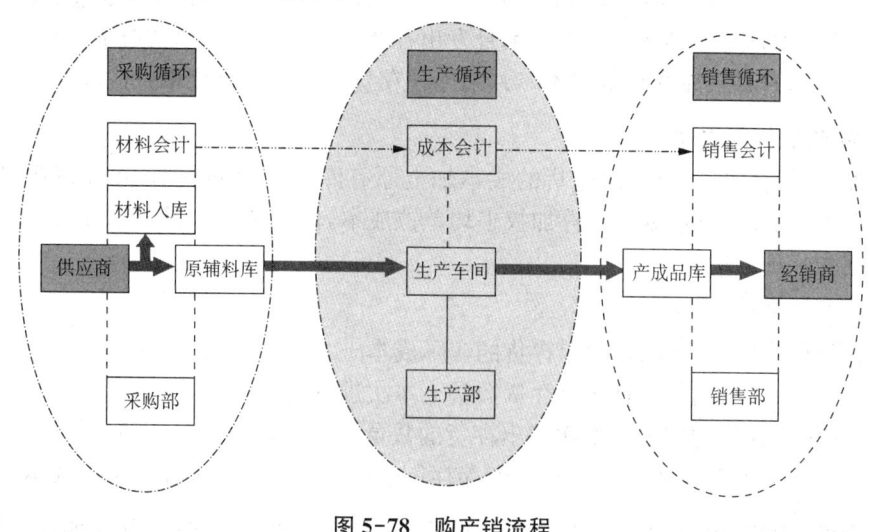

图 5-78 购产销流程

四、发出存货计价方法

企业发出的存货可以按实际成本核算,也可以按计划成本核算,如采用计划成本核算,会计期末应调整为实际成本。在实际成本核算方式下,企业可以采用的发出存货成本的计价方法包括个别计价法、先进先出法、月末一次加权平均法、移动加权平均法等。

(一) 个别计价法

个别计价法亦称个别认定法、具体辨认法、分批实际法,采用这一方法是假设存货具体项目的实物流转与成本流转相一致,按照各种存货逐一辨认各批发出存货和期末存货所属的购进批别或生产批别,分别按其购入或生产时所确定的单位成本计算各批发出存货和期末存货成本的方法。

对于不能替代使用的存货、为特定项目专门购入或制造的存货,以及提供的劳务,通常采用个别计价法确定发出存货的成本。

(二) 先进先出法

先进先出法是指以先购入的存货应先发出(销售或耗用)这样一种存货实物流转假设为前提,对发出存货进行计价的一种方法。

【提示】先进先出法下,当期末存货成本接近于市价,如果存货的市价呈上升趋势则发出成本偏低,会高估企业当期利润和库存存货价值;反之,会低估企业当期利润和存货价值。

(三) 月末一次加权平均法

月末一次加权平均法是指以本月全部进货数量加上月初存货数量作为权数,去除本月全部进货成本加上月初存货成本,计算存货的加权平均单位成本,以此为基础计算本月发出存货的成本和期末存货的成本的一种方法。

计算公式如下:

存货单位成本＝[月初库存存货的实际成本＋$\sum$(本月某批进货的实际单位成本×本月某批进货的数量)]/(月初库存存货数量＋本月各批进货数量之和)

本月发出存货的成本＝本月发出存货的数量×存货单位成本

本月月末库存存货成本＝月末库存存货的数量×存货单位成本

(四) 移动加权平均法

移动加权平均法是指以每次进货的成本加上原有库存存货的成本,除以每次进货数量加上原有库存存货的数量,据以计算加权平均单位成本,作为在下次进货前计算各次发出存货成本依据的一种方法。

计算公式如下:

存货单位成本＝(原有库存存货的实际成本＋本次进货的实际成本)/
(原有库存存货数量＋本次进货数量)

本次发出存货的成本＝本次发出存货的数量×本次发货前存货的单位成本

本月月末库存存货成本＝月末库存存货的数量×本月月末存货单位成本

一般来说,实务中经常用到的是先进先出法、月末一次加权平均法、移动加权平均法,个别计价法只在特殊领域使用。

【活动实施】

南昌市康润饼业加工有限责任公司采用先进先出法核算发出存货成本,期初库存小麦面粉100千克、单价55元/千克,淀粉160千克、单价18元/千克,白砂糖180千克、单价20元/千克,小苏打60千克、单价6元/千克,食用植物油200千克、单价30元/千克。12月5日,向江西农产品商贸有限责任公司购入小麦面粉2 000千克、单价50元/千克,淀粉1 000千克、单价20元/千克,白砂糖1 000千克、单价15元/千克,小苏打400千克、单价5元/千克和食用植物油200千克、单价40元/千克。料库入材,填制材料入库单(见表5-16)。

表15-16　入库单

年　　月　　日　　　　　　　　　　　　　　　单号_____

交来单位及部门		验收仓库		入库日期			
编号	名称及规格	单位	数量		实际价格	
			交库	实收	单价	金额
合计						

负责人:　　　　会计:　　　　经办人:　　　　制单人:

12月10日,从仓库领用400千克小麦面粉,150千克淀粉,150千克白砂糖,60千克小苏打,100千克食用植物油,用于生产大型曲奇饼干;从仓库领用500千克小麦面粉,300千克淀粉,200千克白砂糖,100千克小苏打,100千克食用植物油,用于生产大型苏打饼干;从仓库领用300千克小麦面粉,100千克淀粉,200千克白砂糖,100千克小苏打,150千克食用植物油,用于生产大型威化饼干。填制材料领料单(见表5-17)。

表15-17 领料单

领料部门:

用途:　　　　　　　　　　　　　　　年　月　日　　　　　第　号

材料			单位	数量		成本	
编号	名称	规格		请领	实发	单价	总价
合计		—		—	—	—	

存根联

部门经理:　　　　　会计:　　　　　　仓库:　　　　　　经办人:

12月17日,向南昌市电信局销售大型威化饼干100箱,中型威化饼干200箱,小型威化饼干200箱,填制销售出库单(见表5-18)。

表15-18 出库单

出货单位:　　　　　　　　　　　年　月　日　　　　　　　单号:

提货单位或领货部门		销售单号		发出仓库		出库日期	
编号	名称及规格		单位	数量		价	金额
				应发	实发		
合计				—	—	—	

存根联

部门经理:　　　　　会计:　　　　　　仓库:　　　　　　经办人:

12月30日,完工入库800箱大型曲奇饼干,1 000箱大型苏打饼干和1 500箱大型威化饼干,并办理完工入库手续。填制产成品入库单(见表5-19)。

表 15-19　产成品入库单

仓库：
交库单位：　　　　　　　　　　　年　　月　　日　　　　　　　　编号：000

| 产品编号 | 产品名称 | 规格 | 计量单位 | 数量 | | 单位成本 | 总成本 | 备注 |
				送检	实收			

仓库主管：　　　　　　保管员：　　　　　　记账：　　　　　　制单：

【活动评价】

表 5-20　成本类单据的填制活动评价表

| 考核项目 | 考核内容 | | 考核权重 | 评分 | | | 合计 |
				教师评	互评	自评	
专业技能	活动准备	出入库单类型	5分				
		填写事项	15分				
		流程图	10分				
		发出存货计价	20分				
	活动实施	材料入库单	10分				
		领料单	10分				
		销售出库单	10分				
		成品入库单	10分				
职业素养		签到	3分				
		合作	4分				
		整理	3分				

任务三　原始凭证的审核

活动一　各类原始凭证的审核

【活动场景】

小张最初在江西康润饼业有限责任公司财务部从事出纳岗位工作。由于小张工作勤勉,努力钻研业务,勤于向经验丰富的同行请教,在从事出纳工作的一年时间里,所登记保管的证、账表及资金未出现任何差错。同时,他认真履行出纳工作职责,积极向财务经理建言献策,提出了不少提高资金使用效益的优选方案,既保证企业用款需求,又盘活了资金,获得了同事的一致好评。随后,小张转岗至会计岗位。在从事会计岗位工作的几年里,小张先后从事过往来、工资、成本核算、材料核算等岗位。工作之余,小张坚持学习,顺利通过了中级会计职称考试。如今小张成为财务主管的得力助手,主要从事稽核、总账报表岗位工作。小张觉得在会计稽核岗位上,自己工作经验不足,要学习的还很多,正干劲十足地向人生更高阶迈发。

【活动准备】

一、原始凭证的审核要点

(一) 真实性审查

原始凭证是证明经济业务发生的依据,真实的原始凭证是保证会计信息真实性的基础,因此,要审核原始凭证的真实性,不真实的原始凭证不能办理会计核算。

(二) 合法性审查

对原始凭证合法性的审核,是以国家的有关方针、政策、法令、规定等为依据,审查原始凭证所反映的经济业务是否合法,有无违反财经制度的行为,企业应当杜绝不合法的业务,自觉遵纪守法。

(三) 合理性审查

对原始凭证合理性的审查,是比照企业的预算、计划及生产经营目标进行的,通过对原始凭证的审核,检查各项业务活动是否按计划、预算办事,费用是否按成本开支范围开支,是否是合理的支出,是否具有经济效益。

(四) 完整性审查

对原始凭证完整性的审查,是对原始凭证的内容和填制手续的完整性进行的审查。首先,审核原始凭证是否具备作为合法凭证所必须具备的基本内容;其次,审核原始凭证的填写有无缺陷,有关人员是否已签名盖章等。

(五) 正确性审查

原始凭证上记录着经济业务的全貌,原始凭证的审核人员应检查有关数量、单价、金额是否正确无误,是否与实际业务一致。

(六) 及时性审查

经济业务发生后,业务经办人员应及时将原始凭证传递给会计部门进行处理,没有及时处理的经济业务会影响不同会计期间的会计信息的正确性,因此,原始凭证审核人员应检查原始凭证上记录的经济业务的发生时间并对其进行审核。

审核注意事项如下:

(1) 形式审核。确认票据是否符合财务规定,是否按公司财务规定填制内部凭证,是否有正式发票,对于各类内部收据、印章不全或伪造变造的票据不能报销。报销凭证应由报销人亲自填写,并将原始发票单据整齐地粘贴在报销凭证左上角的背面,若是用支票支付的款项,还应将支票存根粘贴在发票后。

(2) 内容审核。审核各类凭证的项目、金额、日期等事项是否属实，是否符合公司财务制度规定，是否有经办人签字，原始发票和各项票据的合计金额是否与报销凭证上的金额一致，并与采购单、协议书、合同等其他相关资料进行核对。审核原始票据各项内容是否填写齐全，发票业务类别是否与支出事项一致。

(3) 授权审核。出纳应认真审核报销票据是否符合公司审批规定，并经公司各级领导签章确认。

(4) 预算审核。出纳应随时察看各项支出是否已达当月该项费用预算限额，如已达到或超过预算则不应支出，待修改预算并经公司审批后再支出。

二、典型原始凭证审核要点

(一) 发票审核的要点

验证发票真伪有以下两种方法。

1. 电脑查验

登录国家税务总局官网，在"纳税服务—发票查验"中输入发票代码、号码、开票日期等信息进行查验。首次查验需点击相应按钮安装根证书。使用增值税发票管理系统开具的发票均可查验，包括以下发票：

(1) 增值税专用发票。

(2) 增值税电子专用发票。

(3) 增值税普通发票(折叠票)、增值税普通发票(卷票)。

(4) 增值税电子普通发票(含收费公路通行费增值税电子普通发票)。

(5) 机动车销售统一发票。

(6) 二手车销售统一发票。

不在上述范围内的发票，需按照原查验渠道进行查验。该系统可查验最近 5 年内增值税发票管理系统开具的发票；当日开具的发票当日即可查验；每张发票每日最多可查询 5 次，超过次数，须于次日再行操作。

2. 手机查验

打开微信搜索小程序微售发票助手，点击"发票查验"，扫码或输入发票信息进行查验；也可打开支付宝，搜索"发票"，在相应小程序中进行查验。

注意：发票代码即位于发票左上角的一组数字，自 2018 年 1 月 1 日起调整为 12 位。金税盘(白色)开具出来的发票左上角无机器编号，且密文区为 108 位密文；税控盘(黑色)开具出来的发票左上角有机器编号，且密文区为 112 位密文。

审核时应注意以下内容：

(1) 审核公司名称、纳税人识别号是否齐全。

(2) 涉及增值税专用发票的，审核开户银行、地址、电话是否正确。

(3) 审核税收编码是否正确。根据《中华人民共和国发票管理办法》第二十二条及《增值税专用发票使用规定》第十一条，纳税人不选择商品和服务税收分类与编码的，属于发票栏目填写不全，税务机关将责令改正，并可以处 1 万元以下罚款和公开处罚情况。取得的发票，未按商品和服务税收分类与编码开具的，不能抵扣进项税额。

发票"货物或应税劳务、服务名称"栏填写必须真实,且最多只能填写8行,超过8行的,应注明"详见货物或应税劳务清单",详细列明应税货物或劳务的品种、规格、单价、数量、金额和税额等内容。清单一式两联或三联,第一联由销售方留存;第二联送购货方做账;第三联备用留存(也可没有)。

(4)审核发票各货物、应税劳务、服务对应的金额、税率、税额及合计金额是否正确。

(5)审核发票联、抵扣联是否盖有发票专用章。发票一般一式三联,第一联记账联,是销售方核算销售收入、增值税销项税额的记账凭证;第二抵扣联,是购买方报送主管税务机关和留存备查的凭证;第三联发票联,是购货方核算采购成本和增值税进项税额的记账依据。单位和个人开具发票的抵扣联和发票联必须加盖发票专用章。

(二) 借支(款)单的审核

借支单即借款单,是企业自制原始凭证的一种。借款流程如图5-79所示。

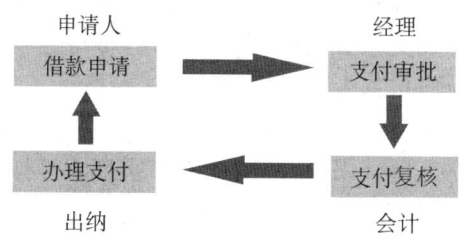

图 5-79 借支单流程

(1)借款申请。向申请人提交货币资金支付申请,注明款项的用途、金额、预算、支付方式等内容。

(2)支付审批。根据职责和权限,先由主管部门经理审核,再由总经理审批。

(3)支付复核。会计复核无误后,交由出纳办理支付手续。

(4)办理支付。出纳办理支付,并及时登记现金或银行存款日记账。

(三) 费用报销单的审核

1. 费用报销的一般流程

费用报销的流程如图5-80所示。

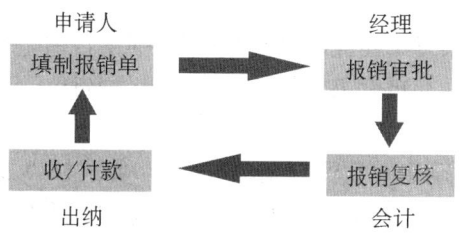

图 5-80 费用报销流程

2. 费用报销单(差旅费报销单)的审核要点

(1)经办人(报销人)填写费用报销单,并将附件按规定粘贴在费用报销单上。

(2)部门主管审核费用报销单并签字,交给财务部门。

（3）财务会计对费用报销单预审核,内容如大小写金额是否一致,有无错别字,是否涂改,书写工具是否为蓝黑水笔（不得使用圆珠笔或铅笔）,附件是否齐全,进行完整性和正确性的审核。

【提示】报销人在报销前必须先整理好各类单据,按单据类别、时间、项目等进行分类,按一定标准粘贴在报销单反面,并在附件中写明所附单据的张数。单据数量比较繁杂的要写出报销明细清单附在后面,单据分辨不清楚,粘贴不规范的,财务部可要求对方改正,不改正的有权拒绝受理。

（4）经财务会计、总经办审核、签字的费用报销单,交财务部复审。

（5）经财务主管复审后,由出纳凭审批手续齐全的费用报销单予以付款。

（四）支票的审核

1. 支票的有效期

审核支票是否在有效期即提示付款期内。支票的提示付款期自出票之日起算10日内,到期日如遇节假日顺延。签发支票必须填写当日日期,不得签发远期支票。超过提示付款期,持票人开户银行不予受理,付款人不予付款。

2. 支票的书写与印鉴的加盖

支票是否使用碳素墨水或墨汁书写,或用专用支票打印机打印。会计机构负责人是否在支票正联和背面相关栏目,加盖出票人预留银行印鉴。

3. 支票的背书

单位或个人开出现金支票,送开户银行办理提现业务前,应审核以下内容:收款人为个人的现金支票,支票背面是否填写收款人姓名、身份证名称、年月日等信息;收款人为本单位的,审核代表单位取款的出纳员是否在"附加信息"栏填写上述内容,并在右边第一个"背书人签章"栏加盖收款或持票人预留印鉴,并填写日期。

本单位收到外来的转账支票（借记支票）,办理委托银行收款业务前,会计主管应审核以下内容:如果是多次背书,看背书是否连续（即前手的背书人即为后手的被背书人）,最后被背书人栏是否填写本单位开户银行名称、是否注明"委托收款"字样,背书人处是否签章,并填写日期。本单位开出转账支票（贷记支票）,委托开户银行直接将款项划入收款人（或持票人）账户时,只须审核支票内容是否完整、正确,不用作背书,同时须填写银行进账单,一并送银行。

收款人或持票人将支票背书转让时,应注意审查前手背书是否连续,在背书人签章处盖预留印鉴,填写背书日期,并在被背书人栏填写收款单位名称。

4. 风险规避

单位签发支票前,务必确定存款账户余额、预留印鉴式样以及支付密码,避免签发空头支票（即支票金额超过存款余额的支票）、预留印鉴不符的支票及支付密码错误的支票,给单位带来经济损失。

根据在支票审核中发现的问题,进一步检查支票管理制度是否健全,支票领用、收受是否登记,支票一旦灭失是否能够及时按规定挂失止付、公示催告,在存款账户结清时是否将剩余空白支票交回银行注销等。

【活动实施】

业务1 请对小张工作中遇到的原始凭证(见图5-81至图5-102)进行审核,并将错误原因填入表5-21。

图5-81 增值税专用发票1

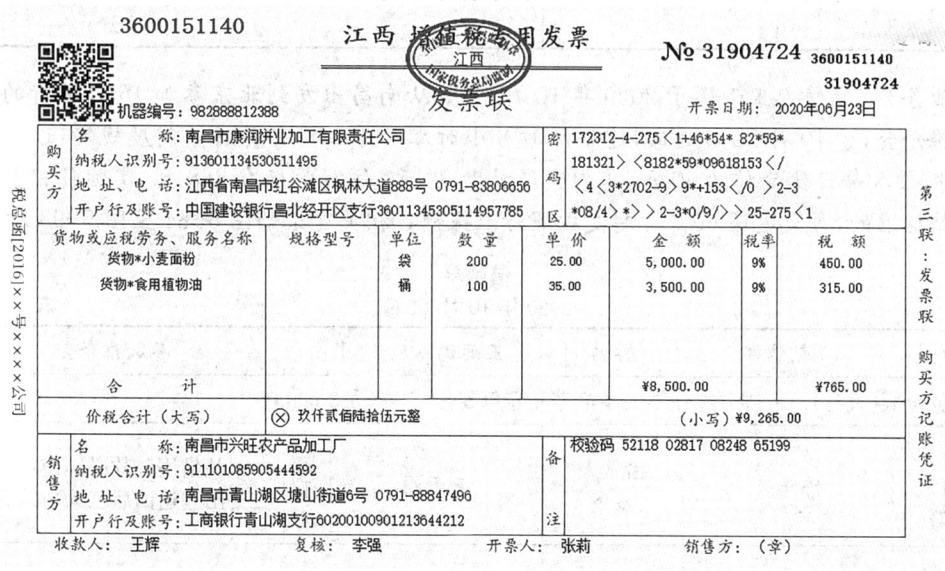

图5-82 增值税专用发票2

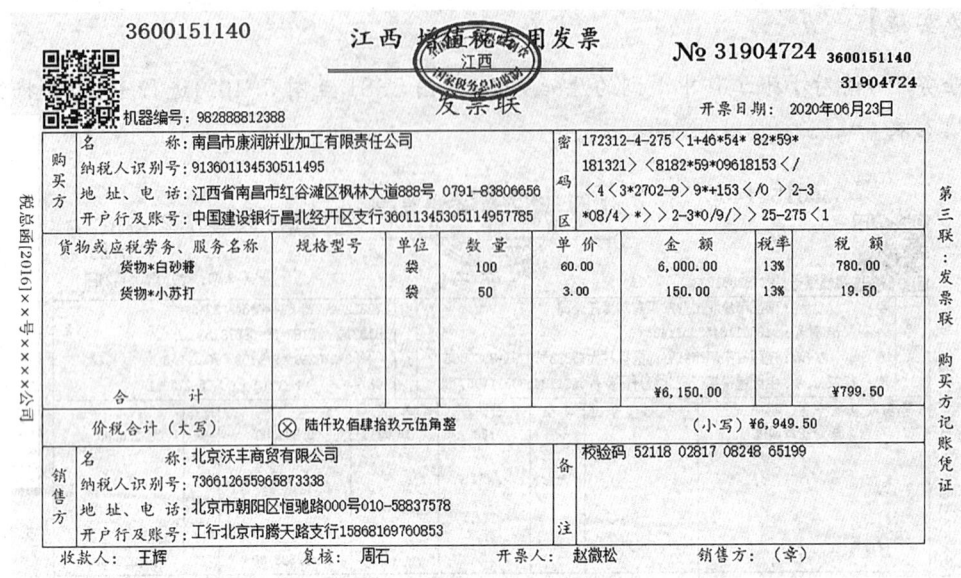

图 5-83　增值税专用发票 3

表 5-21　发票存在问题与错误

发票	正确/错误	存在的问题
1		
2		
3		

业务 2　销售部王雨嫣于 2020 年 10 月 15 日从南昌出发到北京参加 16 日举行的出口产品推介会,于 10 月 22 日返回,途中历时 8 小时零 1 分。按公司财务制度规定:途中超过 6 小时,每人每日伙食补助 60 元,市内交通补助 30 元,住宿费标准 368 元,实际住宿标准低于报销标准的,每天返还 60%。超支按照标准报销。相关凭证如图 5-84 至图 5-93 所示。

借款单

2020 年 10 月 14 日　　　　　　　　　　　　　　　第 00113 号

借款部门	销售部	姓名	王雨嫣	事由	参加推介会
借款金额(大写)		零万叁仟零佰零拾零元零角零分		￥3 000.00	
部门负责人签署	陈正兴	借款人签章	王雨嫣	注意事项	一、凡借用公款必须使用本单 二、出差返回后三天内结算
单位领导批示		财务经理审核意见	叶玲娟		杨磊

图 5-84　借款单

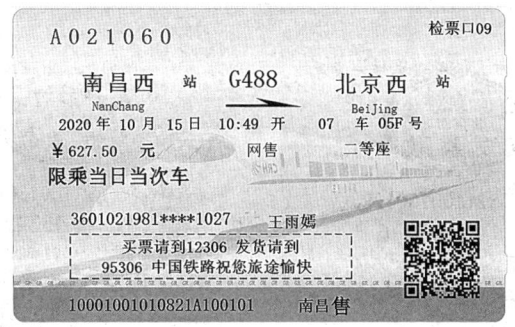

图 5-85　高铁票 1

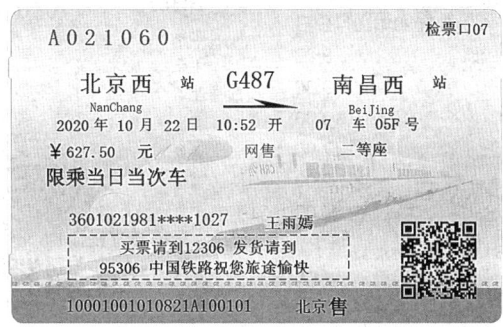

图 5-86　高铁票 2

图 5-87　出租车票 1　　　图 5-88　出租车票 2　　　图 5-89　出租车票 3

图 5-90　出租车票 4　　　　图 5-91　出租车票 5

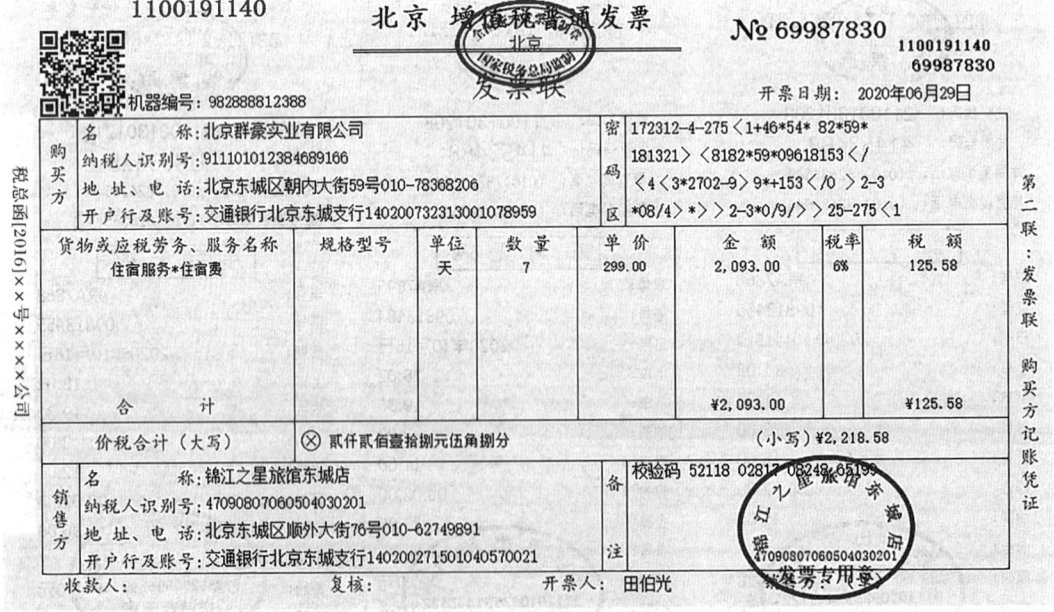

图 5-92　住宿费发票

差旅费报销单

报销部门：销售部　　　　报销日期：2020 年 10 月 23 日

出差人：王雨嫣　　　　出差事由：推介产品

出差日期：2020 年 10 月 15 日 至 2020 年 10 月 22 日 共计：8 天							
车船费					其他费用		
出发地	到达地	交通工具	附件张数	金额	项目	附件张数	金额
南昌	北京	高铁	1	627.50	住宿	1	1,929.20
北京	南昌	高铁	1	627.50	餐饮		420.00
					市内交通	5	138.00
					通信费		
					其他		120.00
合 计			2	¥1,255.00	合计	6	¥2,607.20
费用合计：¥3,862.20 元			大写(人民币)：叁仟捌佰陆拾贰元贰角整				
预借差旅：¥3,000.00 元			补领金额：¥862.20 元		退还金额： 元		
核实后报销金额：¥3,862.20 元			大写(人民币)：叁仟捌佰陆拾贰元贰角整				

审批：　　财务主管：　　会计：　　部门主管：　　领款人：王雨嫣

图 5-93 差旅费报销单

认真审核以上差旅费业务单据，将发现的问题列示如下：

____

____

____

业务 3 小张对本月收到(开出)的支票(图 5-94 至图 5-129)进行审核，将发现的问题列示在表 5-22 中。

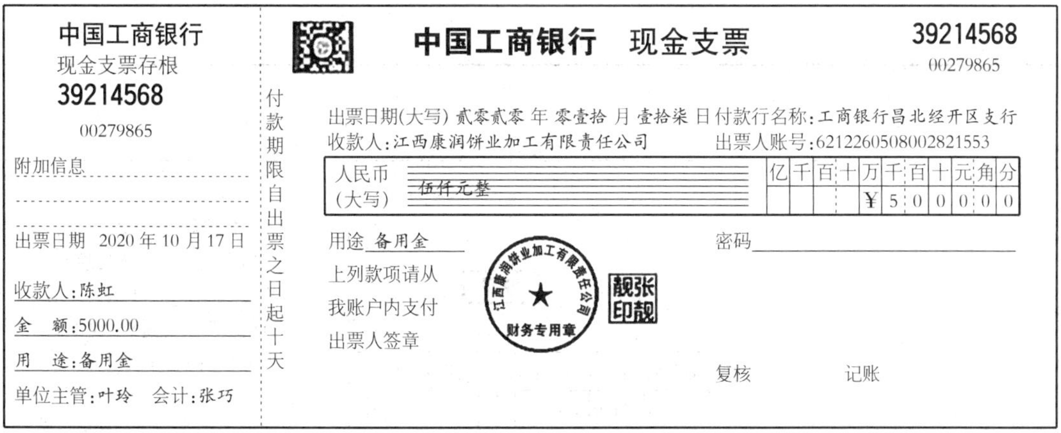
中国工商银行
现金支票存根
39214568
00279865
附加信息
出票日期 2020 年 10 月 17 日
收款人：陈虹
金 额：5000.00
用 途：备用金
单位主管：叶玲 会计：张巧

付款期限自出票之日起十天

中国工商银行 现金支票 39214568
00279865
出票日期(大写) 贰零贰零 年 零壹拾 月 壹拾柒 日 付款行名称：工商银行昌北经开区支行
收款人：江西康润饼业加工有限责任公司 出票人账号：6212260508002821553

人民币(大写)	伍仟元整	亿	千	百	十	万	千	百	十	元	角	分
						¥	5	0	0	0	0	0

用途 备用金　　密码
上列款项请从
我账户内支付
出票人签章　江西康润饼业加工有限责任公司 财务专用章　靓张 印靓
复核　　记账

图 5-94 现金支票 1 正面

附加信息：		（贴粘单处）	根据《中华人民共和国票据法》等法律法规的规定，签发空头支票由中国人民银行处以票面金额5%但不低于1000元的罚款。
	收款人签章 年 月 日		
	身份证件名称：身份证　发证机关：昌北公安分局		
	号码 3 6 0 1 0 3 1 9 9 0 1 0 1 2 6 3 2 5		

图 5-95　现金支票 1 背面

中国工商银行 现金支票存根 **37966543** 00235659	付款期限自出票之日起十天	中国工商银行　现金支票	**37966543** 00235659
附加信息：_____ _____ 出票日期 2020 年 10 月 30 日 收款人：章慧 金　额：3000 用　途：差旅费 单位主管：叶玲　会计：张巧		出票日期(大写) 贰零贰零 年 壹拾 月 叁拾 日　付款行名称：工商银行南昌昌北经开区支行 收款人：章慧　　　　　　　　　　　出票人账号：6212260508002821553 人民币(大写)　叁仟元整　　　　　　　　　　亿千百十万千百十元角分 　　　　　　　　　　　　　　　　　　　　　　　　　　　　¥ 3 0 0 0 0 0 用途　差旅费　　　　　　　密码_____ 上列款项请从 我账户内支付 出票人签章　　　　　　　　　　　复核　　　　　记账	

图 5-96　现金支票 2 正面

附加信息：		（贴粘单处）	根据《中华人民共和国票据法》等法律法规的规定，签发空头支票由中国人民银行处以票面金额5%但不低于1000元的罚款。
	章慧 收款人签章 2020 年 10 月 30 日		
	身份证件名称：身份证　发证机关：南昌市公安局西		
	号码 3 6 0 1 0 3 1 9 9 0 0 3 1 6 3 5 6 7		

图 5-97　现金支票 2 背面

项目五 业务单据认知

图 5-98 转账支票 1 正面

图 5-99 转账支票 1 背面

图 5-100 转账支票 2 正面

图 5-101　转账支票 2 背面

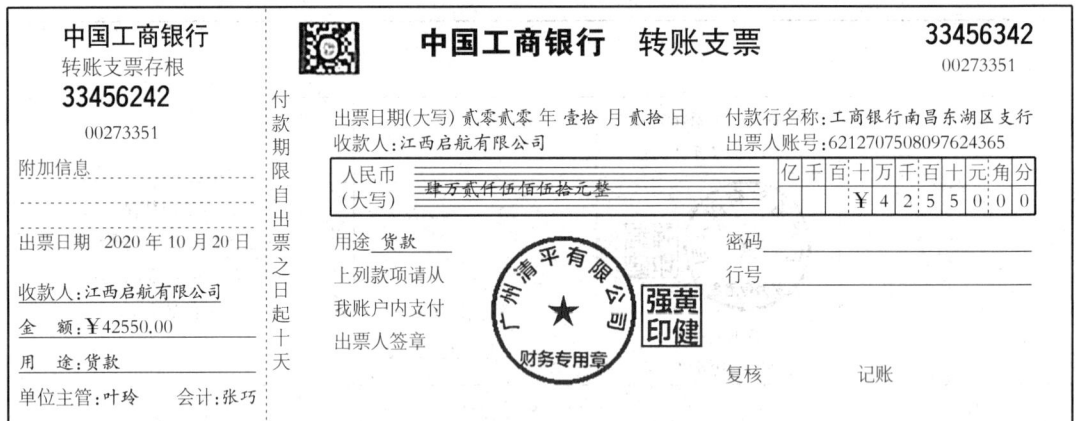

图 5-102　转账支票 3 正面

图 5-103　转账支票 3 背面

图 5-104　转账支票 4 正面

图 5-105　转账支票 4 背面

图 5-106　进账单

交通银行
转账支票存根
30184897
00295577
附加信息
出票日期 2020 年 10 月 19 日
收款人：江西宏达制造厂
金　额：¥66500.00
用　途：支付设备款
单位主管：王伟　　会计：刘静

付款期限自出票之日起十天

交通银行　转账支票　　30184897
00295577

出票日期(大写) 贰零贰零 年 零壹拾 月 拾玖 日　付款行名称：交通银行南昌东湖区支行
收款人：江西宏达制造厂　出票人账号：390010412025098329808

人民币(大写)	亿	千	百	十	万	千	百	十	元	角	分
陆万陆仟伍佰元整				¥	6	6	5	0	0	0	0

用途 支付设备款　　密码
上列款项请从　　行号
我账户内支付
出票人签章　广州清平有限公司 财务专用章　建黄印国
复核　　记账

图 5-107　转账支票 5 正面

附加信息：	被背书人　江西康润饼业有限公司	被背书人	(贴粘单处)
	江西宏达制造厂 财务专用章　设张印建 背书人签章 2020 年 10 月 20 日	江西康润饼业加工有限责任公司 财务专用章　靓张印靓 背书人签章 2020 年 10 月 21 日	根据《中华人民共和国票据法》等法律法规的规定，签发空头支票由中国人民银行处以票面金额 5%但不低于是 1000 元的罚款。

图 5-108　转账支票 5 背面

交通银行　**进账单**　(回单)　**1**

2020 年 10 月 21 日

出票人	全　称	广州清平有限公司	收款人	全　称	江西康润饼业加工有限责任公司
	账　号	390010412025098188028		账　号	414709032628016904000
	开户银行	交通银行广州福田区支行		开户银行	交通银行南昌经开区支行
金额	人民币(大写)	陆万陆仟伍佰元整		亿 千 百 十 万 千 百 十 元 角 分	¥ 6 6 5 0 0 0 0
票据种类	转账支票	票据张数	1		
票据号码	00295825			中国交通银行南昌经开区支行 票据受理章	
复核　记账				开户银行签章	

8.5×17.5 公分　0512-65011866

此联是开户银行交给持票人的回单

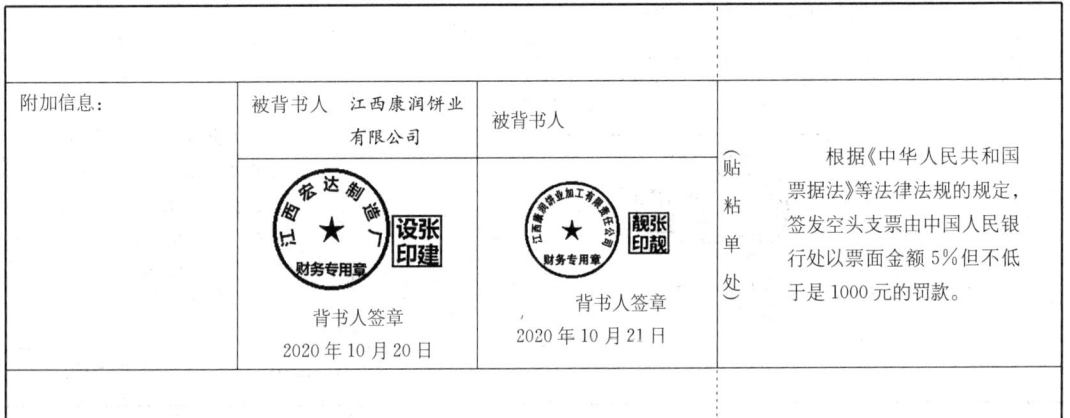

图 5-109　进账单 1

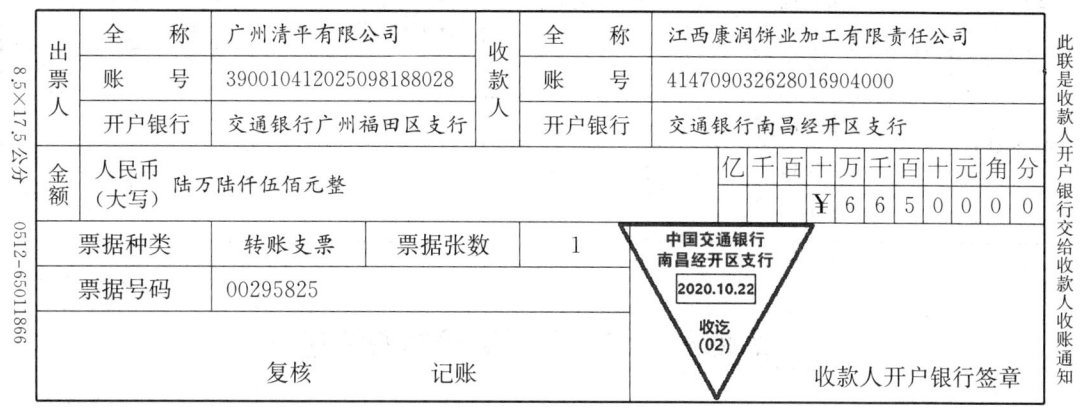

图 5-110 进账单 2

表 5-22 支票审核信息表

支票类别	审核中发现的问题	
	正面	背面
现金支票 1		
现金支票 2		
转账支票 1		
转账支票 2		
转账支票 3		
转账支票 4		
转账支票 5		

【活动评价】

表 5-23 原始凭证的审核评价表

考核项目	考核内容		考核权重	评分			合计
				教师评	互评	自评	
专业技能	活动准备	原始凭证审核方法	15 分				
		发票、借支单和差旅费报销单的审核要点	15 分				
	活动实施	发票的审核	20 分				
		借支单和差旅费报销单的审核	10 分				
		支票的审核	30 分				

(续表)

考核项目	考核内容	考核权重	评分			合计
			教师评	互评	自评	
职业素养	到课情况	2分			—	
	学习态度	3分			—	
	合作精神	3分			—	
	对成果贡献率	2分		—	—	

活动二 原始凭证审核后的处置

【活动场景】

小张将审核有错误的原始凭证退回经办人,由其根据错误类型,补充完整、修改或重新开具,之后再次审核,正确无误后,交由会计人员进行账务处理。

【活动准备】

一、审核后原始凭证的处置

(1)审核正确无误的原始凭证,交由会计人员据以及时编制记账凭证或由出纳登记现金和银行存款日记账。原始凭证的有关联次,应按正确的方法,规范地粘贴于记账凭证背面。当原始凭证较多时,可加贴粘单,将其余原始凭证粘贴在粘单上。

(2)原始凭证所反映的经济业务与现行法律、法规规定不符,或者与企业的预算、计划及经营目标不符的,属于不合理的开支,会计人员有权拒绝办理,并向单位领导如实报告。

(3)原始凭证所反映的内容不真实,存在弄虚作假的,会计人员有权拒绝办理,并向单位领导报告。

(4)原始凭证形式不完整,填写或计算错误的,需退回经办人员补充完整或者重新填制。

二、审核后典型原始凭证的处置

发票电子化后,发票开错的原因主要有:①销售方的原因,如金额、数量、税率填写错误;②购货方的原因,如退货或者对发票要求有变化而需要换票。无论哪方原因,均需在防伪税控系统中作废并重新开具,或者开具红字发票冲销。

当月发现错误的,无论是普通发票还是专用发票,处理方法都是在税控系统中找到错误发票进行作废,然后根据需要可以重新开具。作废的发票联次要齐全,并盖上公司统一的发票作废章。

如果需要跨月作废普通发票,只需要在税控系统中输入发票代码,然后开具红字发票

(需要打印一张纸质发票),账务处理时,用红字凭证冲销收入。需要注意的是,如果开票当月有利润,且已经预交了企业所得税,则无法退税。如果是增值税专用发票跨月红字冲销,应在红字发票的"红字发票信息表信息选择"窗口,根据自己的情况进行选择。需要注意的是,对于购货方已经认证并抵扣的税款,购货方需要进项税转出,否则后续开票销货方可能要承担相应责任。

如果借支单和差旅费报销单等内部原始凭证有错误,如项目填写不完整、计算错误、审批手续不齐全等,那么可以作废,重新填写,或补齐手续。

支票填写时,如果填写不完整的,可补齐项目;如果支票金额错误、背书错误,则无法修改,须作废重开。作废时,将开错的支票正联和存根联分别加盖"作废"戳记,并填写从银行取得的退回重要凭证清单,加盖预留银行印鉴。将支票(正联、存根联)和退回重要凭证清单一并交回银行,并将加盖银行印章的退回重要凭证清单第一联存档。

【活动实施】

请对小张审核中发现错误的原始凭证(见任务三活动一的活动实施),分别进行相应的处理,并填入表 5-24。

表 5-24　错误原始凭证处置情况表

票据种类		发票		支票		借支单及差旅费报销单
处置方法	发票 1			现支 1		
				现支 2		
	发票 2			转支 1		
				转支 2		
	发票 3			转支 3		
				转支 4		
				转支 5		

【活动评价】

表 5-25 原始凭证审核后处置评价表

考核项目	考核内容		考核权重	评分			合计
				教师评	互评	自评	
专业技能	活动准备	审核后原始凭证的处置	15				
		审核后典型原始凭证的处置	15				
	活动实施	发票	20				
		支票	30				
		借支单及差旅费报销单	10				
职业素养		到课情况	2			—	
		学习态度	3				
		合作精神	3			—	
		对成果贡献率	2	—		—	